高等职业教育“十二五”系列教材

公共关系实务

主　编　方莉玫　熊　畅

副主编　陆　璐　周　焓　尹喜艳　周　炫

参　编　韩红蕾　张炳信　曾凌俐

机械工业出版社

本书贯彻了《高等职业学校专业教学标准（试行）》的精神，适应社会实践的发展变化，反映新知识和新方法，切合职业教育的实际需要。本书的编写以当前国内外公共关系学的最新研究成果为基础，结合当前真实的公关案例，根据公关工作的过程和内容的要求，恰当地设置教学训练任务，深入浅出地阐述、训练了公共关系的基本实践技能。全书构思新颖，内容简练，案例丰富，符合行业、岗位需求，针对性、实战性强，实现了“教、学、做”合一。

本书分为绪论和上、下两篇。上篇是基础篇，下篇是专项篇。全书采用教学目标、任务导入、同步思考、小案例、课后训练等互动式的形式，新颖活泼，案例和实训任务生动有趣，理论分析、案例点评、任务训练与公关技能有机统一，可充分激发学生的学习兴趣，增强学习效果。

本书既可作为高职高专院校经济类、管理类、秘书类等相关专业的教材，也可作为各类企事业单位从事公关工作人员的培训教材和参考读物，还可以作为职业技能鉴定（公关员）资格考试的参考用书。

为方便教学，本书配备了教学资源包，包括 PPT 电子课件、电子教案、任务导入、同步思考和课后训练的参考答案与提示。

图书在版编目（CIP）数据

公共关系实务/方莉玫，熊畅主编．—北京：机械工业出版社，2013.3（2020.8 重印）
ISBN 978-7-111-41842-9

Ⅰ．①公…　Ⅱ．①方…　②熊…　Ⅲ．①公共关系学—高等职业教育—教材
Ⅳ．①C912.3

中国版本图书馆 CIP 数据核字（2013）第 052045 号

机械工业出版社（北京市百万庄大街 22 号　邮政编码 100037）
策划编辑：张　亮　　责任编辑：张　亮
版式设计：墨格文慧　　责任印制：常天培

涿州市般润文化传播有限公司印刷

2020 年 8 月第 1 版第 4 次印刷
184mm×260mm · 15.25 印张 · 373 千字
6 501—7 000 册
标准书号：ISBN 978-7-111-41842-9
定价：33.00 元

电话服务　　网络服务
客服电话：010-88361066　　机　工　官　网：www.cmpbook.com
010-88379833　　机　工　官　博：weibo.com/cmp1952
010-68326294　　金　书　网：www.golden-book.com
封底无防伪标均为盗版　　机工教育服务网：www.cmpedu.com

preface 前言

公共关系在20世纪初作为一种专门职业出现，到20世纪20年代，作为一门独立的学科出现于美国，并于20世纪80年代初进入中国。中国公关业发展至今，已经成为潜力巨大的新兴行业，公共关系对组织的发展发挥着重要的作用。同时，信息传播技术的发展日新月异，网络的普及使公关工作的方式和内容发生了深刻的改变。

本书的编写适应社会实践的发展变化，切合职业教育的实际需要，具有以下五方面的特色：

（1）符合职业教育规律和高端技能型人才成长规律。书中制定了适合当前高职教育实际的教学目标和训练任务，调整了教学内容体系。全书分为绪论和上、下两篇。上篇为基础篇，设置五个模块。下篇为专项篇，设置五个模块。模块式弹性教学内容结构为教师针对不同基础、不同专业的学生确定教学内容提供了多样化选择，可操作性明显增强。每个模块均设置了教学目标、任务导入、同步思考、小案例、课后训练等互动式的形式，新颖活泼，可充分激发学生的学习兴趣，增强学习效果。

（2）工学结合、理实一体，实现“教学做合一”。以当前国内外公共关系学的最新研究成果为基础，结合当前真实的公关案例，根据公关工作的过程和内容的要求，恰当地设置教学训练任务，深入浅出地阐述、训练了公共关系的基本实践技能。案例和实训任务生动有趣，理论分析、案例点评、任务训练与公关技能有机统一，从而训练学生能够综合运用公关技能，解决实际工作中的问题。

（3）与职业教育有效衔接。依照技能型人才成长规律，并根据学生心智发展的差异、学习能力的差异、就业方向的差异、人才培养目标的差异，系统设计本教材的教学目标、教学重点、课程内容、能力结构、教学方法、课程评价方式与标准，不但兼顾了学生学习内容的顺序性和整合性，还符合学生的认知规律和心理发展状况，最大限度地避免了教材内容的重叠，从而实现与职业教育的有效衔接。

（4）教材编写符合公关员国家职业标准的要求。教材的内容和公关员职业资格标准融通，与职业岗位要求对接，既能强化学生职业道德、职业素质、职业能力和职业技能的培养，满足学生的就业要求，又能为学生的职业发展和继续学习打好基础。

（5）配套相关教学资源。制作了配套的教学资源包，包括PPT电子课件、电子教案、任务导入、同步思考和课后训练的参考答案与提示。

本书由方莉玫、熊畅担任主编，陆璐、周焓、尹喜艳、周炫担任副主编，韩红蕾、张炳信、曾凌俐参加编写。具体分工如下：方莉玫编写模块一、十，并负责统稿，熊畅编写模块二、三，陆璐编写模块四、五，周焓编写模块七、八，尹喜艳编写模块九，周炫编写模块六，韩红蕾、张炳信、曾凌俐负责搜集编写资料。本书在编写过程中，参阅并引用了近年来国内外的有关研究成果，在此向有关著作或文章的原作者表示衷心感谢！

由于编者水平有限，本书难免存在不妥之处，欢迎广大读者和同行不吝赐教，批评指正。

为方便教学，本书配备电子课件等教学资源。凡选用本书作为教材的教师均可索取，咨询电话：010-88379375。

编者

content 目录

下篇　专项篇

绪论

学习目标

理解公共关系的定义和构成要素；认识公共关系与相关概念的区别和联系；把握公共关系的职能和原则；了解公共关系的发展历史和发展趋势。

一、公共关系的定义

“公共关系”一词源自英语的“Public Relations”，缩写符号为PR，中文简称“公关”。公共关系作为一门快速发展的新兴的综合性应用学科，涉及了不同的学科范畴，被广泛地应用于不同的组织和不同的领域。

公共关系是社会组织为了塑造良好的形象，扩大社会影响力，通过运用有效的传播与沟通手段与公众相互了解、相互适应，影响公众的科学和艺术。

二、公共关系的科学界定

自公共关系这门学科诞生以来，公共关系的定义就有数百条之多，众说纷纭、莫衷一是。因此，有必要对公共关系进行科学界定，认识公共关系与相关概念的区别和联系。

1．公共关系与庸俗关系

庸俗关系是指“美女+金钱、走后门、拉关系”等庸俗的社会现象。它是一种不正当的、不健康的、危害社会利益的庸俗行为。一些人认为公共关系就是“请客送礼”、“走后门”、“拉关系”的学问，把公共关系等同于庸俗关系，这是对公共关系的曲解、误解和不解，在相当广的范围内危害了正确的公共关系观念的传播，不利于公共关系事业的健康发展。公共关系与庸俗关系有以下几方面的本质区别。

（1）两者所处的社会环境不同

公共关系所处的社会环境中市场经济高度发达，信息传播量急剧膨胀，市场竞争激烈，经济活动复杂。在这样的社会环境下，社会组织从卖方市场转向买方市场，这意味着企业从商品的竞争转向公众的竞争，要想在竞争中取胜，必须在公众中树立良好的社会形象，协调与公众的关系，从而获取更多公众的支持。庸俗关系所处的社会环境中社会生产力低下、市场经济不发达、信息闭塞。在这样的社会环境下，人们以宗族关系、地域关系为组带形成利益关系网，垄断资源，并对没关系的外人产生排他性，即使劣质产品也往往供不应求，社会组织不需要开展公共关系工作，只需与其中的某个人建立关系就能获得利益，从而滋生“走后门、拉关系”等种种庸俗现象。

（2）两者所追求的利益不同

公共关系是在组织利益和公众利益有机结合的基础上，追求组织利益最大限度的提高。公共关系注重树立组织在公众心目中的良好形象，强调获取公众的理解和支持。组织利益和公众利益是一致的，两者相互协调、互惠互利。因此，公共关系能够促进社会进步和经济发展。而庸俗关系追求的是个人或小集团的利益，其结果是损公肥私，侵占他人利益，只有少数人中饱私囊，危害社会稳定和经济发展。

（3）两者所采取的手段不同

公共关系以公开的、合法的、符合社会道德准则的传播与沟通方式光明正大地开展工作，尊重客观事实，实现组织与公众的共同利益。而庸俗关系总是采取隐匿的、不正当的、违法的手段，投机钻营，谋取私利，如物质诱惑、美色勾引、权钱交易等，为公众舆论和法律所不容。

（4）两者所产生的影响不同

公共关系对组织的生存和发展具有重要意义，使组织、公众和社会共同获益，推动社会整体利益最大化，促进社会进步和经济发展。而庸俗关系侵占他人利益，损公肥私，污染社会风气，不利于社会和经济的发展。

2．公共关系与恶性网络公关

随着互联网与数字技术的发展，网络正在以不可抵挡的势头迅速渗透到世界各国政治、经济、思想以及文化等诸多领域，改变着人们的交往方式，改变着世界的面貌。互联网具有开放性、匿名性、即时性、互动性和永久保存性等特征。在网络世界里，人们不仅可以自由地选取自己感兴趣的信息，而且可以在网上自由地发布信息。网络传播的速度快、接收方便、受众范围广，在传播过程有舆论“扩大器”效应，往往还能左右报纸、杂志、电视等传统媒体的报道，人人都可能成为媒体或意见领袖，从而影响整个网络世界舆论。同时因为针对网络监管的法律不完善，所以恶性网络公关悄然兴起。恶性网络公关是指某些社会组织为了谋求私利，利用各种网络手段掩盖事实真相，玩弄网络民意，操纵舆情，欺骗公众，进行恶性竞争。公共关系与恶性网络公关有着本质的区别。

（1）两者的目的不同

公共关系的目的是以满足公众需要为前提，在不损害公众利益的基础上，谋求组织利益。恶性网络公关以谋求个人或小集团的利益为目的，一旦自身利益和公众利益、社会整体利益发生冲突，不惜损害公众利益来谋求个人或小集团的利益。

（2）两者的手段不同

公共关系活动以事实为基础，采用公开合法、符合社会道德准则的手段塑造组织的良好形象，协调组织与公众的关系，以取得公众对组织的了解和支持。恶性网络公关采取各种非法、违反社会道德准则的手段谋求私利。例如在网上肆无忌惮地造贴、发帖、删帖；制造并炒作不实信息；恶意攻击竞争对手；进行网络敲诈勒索，即以将不利于对方的资讯或文章迅速传遍网络为要挟手段敲诈勒索对方；屏蔽对自己不利的信息；欺骗性搜索引擎优化，即通过一定的技术手段把自己正面的信息往前放，把负面的信息往后放。

（3）两者的性质不同

公共关系尊重事实，讲究信誉。公共关系的重要使命是通过与公众沟通，建立组织的良好形象，构建与公众和谐发展的良性关系，它对于社会和组织的发展都具有重要意义。因此，公共关系作为一门新兴管理学已受到现代组织的重视，并被运用于实践之中。而恶性网络公关是一种不正之风，干扰公众视野，毒化互联网环境，恶化了社会组织与公众的关系，加剧了消费者和民众的不安全感，践踏社会诚信道德，冲击伦理底线，损害市场公平竞争基本原则，加剧了行业恶性竞争，阻碍社会文明进步。

3．公共关系与人际关系

人际关系是指以血缘、地缘、业缘为纽带所建立起来的个人之间的各种关系，例如兄弟姐妹、同乡、同事、同学关系等都属于人际关系的范畴。公共关系则是指社会组织与其相关公众之间的利益互动关系，是一种群体之间的社会关系，例如媒介关系、政府关系、社区关系等都属于公共关系的范畴。

（1）公共关系与人际关系的差异

公共关系与人际关系虽同为社会关系，有许多相似之处，但两者却是两个不同的学科体系，有以下几方面的差异：

1）公共关系的主体是社会组织，客体是与社会组织相关的公众。公共关系注重研究群体之间的关系，同时强调个体的共性研究，如公众的需求、意见、评价等，其特征是“公共的”、“公开的”，突出一个“公”字，从“公”的角度出发，服务于群体的利益；人际关系的主体和客体都是个体。注重个体的特色研究，如个人的气质、性格、仪表、风度等，人际关系则是“个体的”。强调“个体”，从个体的“私”的角度出发，服务于个体的利益。

在实践中，公共关系也时常体现为个体之间的交往，但这些交往行为是代表组织进行的，仍然服务于群体的利益，属于公共关系的范畴。

2）公共关系的信息传播带有鲜明的开放性、社会性、间接性和复杂性；而人际关系中的信息传播则带有明显的封闭性、个体性、直接性和单一性。

因此，不能将公共关系与人际关系等同起来，混为一谈。

（2）公共关系与人际关系的联系

公共关系与人际关系之间虽然有所不同，但是公共关系与人际关系之间还存在着密切的相互联系。公共关系与人际关系的联系主要体现为：

1）良好的人际关系是构建良好的公共关系的基础。公共关系与人际关系都属于社会关系，人际关系是公关活动的基础。公共关系的工作对象是公众，公众既可以以群体的形式存在，也可以以个体的形式出现。公共关系工作在具体的操作过程中常常表现为人与人之间的关系和交往。所以，公关活动的有效开展离不开良好的人际关系，人际交往是开展公关活动的一种手段。在公共关系活动中重视与公众的沟通、联结、融洽，为组织创造良好的人际关系氛围，培养与公众之间的信任、友谊、爱护、关心等情感。例如，20 世纪初，一度被“扒粪运动”（又称“揭丑运动”）弄得声名狼藉的老洛克菲勒，为了改变不良的公司形象，接受了世界公关之父艾维·李的建议，开始赞助社会福利事业、建医院、办学校，在街上主动向儿童施舍，并主动与普通员工打成一片，与工人的妻子跳舞，打破等级观念等。通过上述努力，终于逐步改变了巧取豪夺不顾社会公共利益的垄断寡头的形象，被人们公认为是一位乐善好施的企业家，从而使洛氏集团走出了困境。由此可见，人际交往是开展公关活动的一种常用的手段，良好的人际关系有助于塑造良好的组织形象，良好的人际关系是构建良好的公共关系的基础，通过人际交往构建和谐的公众环境是公共关系的主要目标之一。

同步思考：某企业的公关人员接待一位投诉商品质量的消费者，这种接待活动是属于人际交往活动，还是属于公关活动？

2）公共关系与人际关系在许多基本原则上是相互适用的。例如，在实践中，公共关系和人际关系都以互利互惠为最基本的准则。因为只有在互利互惠的基础上，才能建立和维持相互之间的关系互动。此外，还有诚实守信、平等和谐等都是公共关系活动与人际交往中最为基本的价值准则。

4. 公共关系与广告

广告是广告主以付费的方式在各种媒体上向目标公众发布企业及其产品和服务的信息，进行宣传说服的经济活动。广告分为商业广告和公关广告，商业广告的目的是为了获取并扩大市场销售量；公关广告又称非产品广告，其目的是增进公众对组织的了解，树立良好的组织形象，为组织创造并保持良好的公众环境。公关广告是公共关系活动的有机组成部分，可以利用其向公众展示组织的资源、实力、历史、客户和商标，告知公众组织的合并经营、人事变动和名称变更等情况。例如，隆力奇和康美药业在央视的著名企业展播，就是运用公关广告进行企业形象宣传，这就是在开展公关活动。

公共关系与商业广告之间既有联系，又有区别。其联系表现在：

1）公共关系借助商业广告对产品或服务的宣传，可以间接达到树立组织形象的目的。商业广告在一定程度上起着扩大组织影响力、树立组织形象的作用。

2）两者都具有依靠传播媒介传播信息的特征。

3）公共关系工作能为商业广告活动提供指导。例如，公共关系可以为广告的宣传主题、传播对象、传播方式和传播周期的有效确定提供指导。

公共关系与商业广告的区别主要在于：

1）工作目标不同。公共关系的目标是引起公众对组织的重视，赢取公众的信赖、好感、需求与支持，树立组织的良好形象；商业广告的目标是推销产品或服务，刺激消费者购买。

2）工作原则不同。公共关系奉行的首要原则是真实客观，讲究实事求是，要向公众讲真话，提供全面的事实真相，避免运用哗众取宠、耸人听闻的表达方式。否则，公共关系工作就难以取得预期的效果，甚至会适得其反；商业广告的首要原则是引人注目，为了追求轰动效应，可以采用虚构的、夸张的表达方式，以此吸引目标公众的注意，激发他们的兴趣和购买欲望，最终达到促进销售的目的。

3）宣传内容不同。公共关系主要以介绍组织的形象信息为主，宣传组织的文化、理念、发展目标、各种荣誉等。商业广告主要介绍产品和服务的特点、性能、质量、价格、购买方法和购买地点等。

4）传播方式不同。广告的传播方式少，主要是大众传播；而公共关系的传播方式形式多样，有人际传播、组织传播、大众传播等。

5）传播效果不同。商业广告可以直接、快速、明显地提高企业的经济效益。同时，因为商业广告具有明确的诉求对象，所以其影响范围主要局限于诉求对象，具有局部性。通常情况下，只要广告目标得到快速实现就意味着一个商业广告的活动周期结束，它的传播周期相对较短暂；而公共关系的效果是战略性的、全局性的和长期性的，通过提高组织的知名度和美誉度间接提高经济效益。同时，还会给政治、经济和社会等方方面面带来正面的影响，这种整体效益不能简单地用利润来衡量，其产生的效果是无法估量的。要实现公共关系的传播效果，需要进行长期、有效的公关传播活动，这决定了公共关系的传播周期相对较长。

6）公共关系的主体范围大，商业广告的主体范围小。公共关系的主体既可以是营利性组织，也可以是非营利性组织；商业广告的主体只能是营利性组织。

5．公共关系与宣传

宣传是指以传播媒介为手段，进行信息共享，以此获取公众的理解和支持的活动。社会组织为了增进公众对组织的了解，塑造良好的形象，扩大影响而进行的宣传活动叫公共关系宣传。公共关系与宣传既有联系又有区别。

（1）公共关系需要宣传

成功的公共关系需要利用恰到好处的宣传活动来达到预期效果。公共关系宣传是公共关系活动的一部分。在公共关系活动中要利用人们在宣传中积累的各种理论、经验、技术和技巧；同时，宣传活动也要不断吸取公共关系的新内容、新方法，树立公共关系意识，才能不断提高宣传效果。

（2）宣传不能代替公共关系

宣传和公共关系在传播方式上有明显的区别：公共关系旨在通过双向沟通来说服公众；而宣传意在通过单向灌输来改变公众。宣传只是公共关系工作中的一小部分，在进行公共关系工作时，宣传是必不可少的，但宣传本身是不能代替全部公共关系工作的。

三、公共关系的构成要素

公共关系由三大要素构成，即作为主体的社会组织、作为客体的公众和将主体与客体连接起来的传播沟通过程。

1．公共关系的主体

公共关系的主体是社会组织。社会组织是人们在共同目标基础上，按照一定的宗旨、任务和形式建立起来的履行一定职能的社会机构。社会组织是公共关系的主体，是公共关系活动的组织者、承载者、实施者和行为者，是公共关系活动的核心。公共关系是社会组织的活动，不同于个人的活动。如果该活动由个人代表组织完成，属于公共关系范畴，否则属于个人活动。

2．公共关系的客体

公共关系的客体是公众。公众是指与社会组织存在某种关联的个人、群体和组织。公众是社会组织实施公共关系活动、传播交流信息的对象和承受者。公众构成了社会组织生存和发展的社会环境，对社会组织产生重要影响。因此，社会组织必须对各类公众的利益、需要和关注点都保持高度的敏感，协调与他们的关系，从而获得他们的支持。

3．公共关系的传播与沟通

将公共关系主体与公共关系客体连接起来的媒介是传播沟通过程。社会组织通过传播沟通过程与公众相互联系、相互作用、相互影响，从而达到形成较高的知名度、美誉度和认可度的目的。在现代社会，广播、电视、互联网已成为非常重要的传播与沟通手段，这使得公关主体和客体之间的传播与沟通过程呈开放性的网状形态，不同于以往封闭的、单向的直线形态。

四、公共关系的发展简史

1. 国际公共关系发展史

20世纪初期，公共关系作为一种专门职业而萌芽，到20世纪20年代，公共关系作为一门独立的学科出现于美国。现代意义上的公共关系，至今不过100年的历史。然而，公共关系作为一种客观存在的现象却源远流长。

（1）国外古代公共关系的起源

在古代，人们为沟通协调相互之间的关系，发挥舆论作用，便有了与现代公共关系活动类似的思想和行为。但是，这些思想和行为并不是真正意义上的公共关系，只能称为“准公共关系”。

（2）现代公共关系的产生

1）现代公共关系的萌芽时期。现代概念的公共关系起源于美国，而美国的公共关系始于美国的独立战争。当时美国南北双方的政治集团都把争取公众、主导舆论作为斗争的焦点。这使得公共关系最初是作为政治宣传工具出现的。

2）现代公共关系的动荡时期。从19世纪到20世纪初，这是公共关系最动荡、最黑暗的时期，也是公众最受蔑视，被欺骗、被愚弄的时期。这个时期公共关系的代表人物是巴纳姆，他的观点是“公众应该受到愚弄”、“凡宣传皆好事”。

3）现代公共关系的诞生时期。企业的管理者们逐渐发现，尽管公司拥有丰富的资本、劳动力和自然资源，但如果对公众漠视不理，缺乏影响公众舆论的技能，也无法成功运营。他们开始意识到与公众建立良好关系、改善与新闻媒体的关系的重要性。在这样的背景下，历史上第一位成功的公关顾问艾维·李出现了，这标志着现代公共关系诞生并步入职业化时期。

艾维·李被誉为“现代公共关系之父”，他于1877年7月生于美国的佐治亚州，早年曾在华尔街做过记者，1903年开始在一些企业中担任新闻代理人，正式投身宣传工作。艾维·李认为一个组织要获得良好的声誉和发展，就要把事情真相告诉公众。他从事公共关系工作的原则是“公众必须迅速被告知”和“向公众说真话”，这些原则也成为了现代公共关系的基本原则。在这个时期，社会组织开始重视对公众进行公开的信息传播。

4）现代公共关系的科学发展时期。尽管艾维·李被誉为“现代公共关系之父”，拥有丰富的公共关系实践经验，但他没有提出科学而系统的公共关系理论。真正使公共关系系统化、科学化的重要人物是现代公共关系的先驱——美国著名的公共关系理论家和实践者爱德华·伯纳斯（Edward Bernays），他被誉为“公共关系学的创始人”。

伯纳斯认为企业不仅要向公众说真话，还要在决策之前研究公众的喜好，在确定公众的价值取向和态度之后，再有目的地从事宣传工作，以迎合公众的需要。伯纳斯的思想比艾维·李前进了一步，能够根据公众的态度开展公共关系工作。

5）现代公共关系的成熟时期。1952年，美国著名学者斯科特·卡特里普（Scottn Cutlip）和阿伦·森特（Auen Center），共同出版了一本公共关系学的权威著作《有效的公共关系》。

在这本书中，他们提出“双向对称传播”的公共关系模式，即通过与公众对话的方式，实现组织与公众的沟通，在与公众相互交流的过程中获得公众的理解和支持，在此基础上就某一问题达成共识，把公众的利益与组织的利益联系起来，认为公共关系是组织与公众之间的一个互动过程，把握住了现代公共关系的本质。该书还提出了“四步工作法”，这成为了公共关系工作的基本工作流程。卡特里普和森特的公共关系理论比伯纳斯的思想又前进了一步，标志着现代公共关系进入成熟时期，现代公共关系学的理论体系基本构成。公共关系此后的发展都是在该体系内不断完善。

卡特里普和森特合著的《有效的公共关系》一书经过不断的修订后，成为公共关系领域最具权威性的教科书，被美国公共关系协会定为美国高校公共关系课程的标准基础教材。

2. 公共关系在中国的兴起和应用

中国是历史悠久的文明古国，在古代就出现了大量类似于公共关系的思想和行为。例如，春秋战国时期，秦国宰相商鞅在推行变法时为了获取民众的信任，在国都市场南门立下一根三丈长的木杆，声称有能够搬到北门的就赏给十镒黄金。百姓对此感到惊讶，没有人敢去搬木杆。商鞅就又宣布命令说，有能够搬过去的就赏给五十镒黄金。随后，有一个人搬木杆到北门，商鞅立即赏给他五十镒黄金，以表明没有欺诈。接着，第二天就颁布变法的法令。商鞅“行必信，言必果”的做法，使得变法的法令在民众心目中树立了威信，这在历史上被称为“徙木取信”。商鞅为变法创造了良好的舆论氛围，可以看成是一次成功的公共关系策划。再如，战国时期出现了许多不同凡响的谋士和食客，他们服务于不同的利益集团，在复杂的战争环境中周游列国，四处游说，演绎了无数具有高超公共关系艺术的精彩事迹，出现了“与朋友交，言而有信”，“言而无信，不知其可也”，“天时不如地利，地利不如人和”等影响至今的公共关系思想。苏秦和张仪两位纵横家是这时期的代表人物，被称为我国公共关系的鼻祖。

然而，公共关系作为一种新的社会思想和活动，并不是从中国古代发展而来的。20 世纪 50 年代公共关系登陆中国台湾和香港。20 世纪 80 年代，中国大陆开始引进现代公共关系的理论和实践，并得到迅速传播。有人把公共关系在中国大陆的发展历程大致分为引入期、普及期、成熟期三个阶段。

（1）引入期

20 世纪 80 年代是公共关系的引入期。这个时期，人们对公共关系大多缺乏深入了解，在工作中往往简单照搬和模仿国外公共关系的做法。

（2）普及期

20 世纪 90 年代是公共关系的普及期。这个时期，公共关系经历了热潮和降温，公共关系从普及走向规范。公共关系的理论得到发展并逐渐系统化，公共关系实践不断取得硕果，向较高的层面发展。

（3）成熟期

从 2000 年开始我国公共关系进入成熟期。2000 年 3 月，公关人员被正式列入需持证上岗的职业，2000 年 11 月，我国第一次举行了全国统一的公关人员资格考试，有近 7 000 人参加考试，标志着公关员与律师、会计师、医师一样，从此走上了职业化、专业化和规范化的道路。中国国际公共关系协会在这一年宣布，将把每年的 12 月 20 日定为“中国公关节”。

从公共关系在我国的发展历程中可以预见，公共关系在中国未来的发展中将会发挥着越来越重要的作用。

五、现代公共关系的发展趋势

1. 网络公关规范化

网络公共关系（Public Relations On Line），简称网络公关，是社会组织利用互联网上的各种传播形式迅速有效地收集信息并将信息传递给特定或非特定的网络受众，从而在电子空间中实现组织和公众之间的双向沟通，以此达到提升形象、化解危机、优化生存环境和影响公众等公关目标的科学和艺术。无论是企业、政府还是非营利性机构，一般都建立了自己的网站，通过互联网与特定的公众沟通，利用互联网传播自己的品牌，网络公共关系已经成为现代公共关系的重要部分。随着社交网站与微博等网络传播新形式的普及，进一步推动了网络公关的发展。

2008 年以前，网络公关产业化还不明显，中国国际公共关系协会对公关行业的历次年度调查报告中也从未提及该项业务分支。到 2008 年，据中国国际公共关系协会调查估计，网络公关全行业的营业额达到初具规模的 8.8 亿元，占整个公关行业的 6.3%，传统公关公司中从事网络公关的还不足 50%，2010 年已迅速飙升至 95%。

与传统媒体相比，互联网具有无可比拟的优势，主要表现在互联网具有开放性、即时性、互动性和永久保存性，互联网作为公共关系的工具拥有强大的传播效果和巨大的公关潜力。然而，另外一方面，社会组织的负面信息会通过互联网快速传播并被放大，可以在短时间内对组织产生惊人的破坏力。同时，互联网还是一个浩瀚的信息大海，不具有一定的经验和技术，很难发现与组织相关的潜在机遇和威胁。因此，网络公关应运而生。

由于网络信息监管滞后以及公关行业伦理建设的不健全，导致网络公关的发展现状是鱼龙混杂和乱象丛生，在 2009 年 12 月 19 目，央视经济半小时栏目对网络公关的种种丑恶行径予以曝光。但是，网络公关有其存在的重要价值和意义，不能因为不规范的现状而对其全盘否定，网络公关亟需规范化，这是其今后的发展趋势。

2. 政府公关日益重要

政府形象是公众对政府组织的总体印象和综合评价，包括政府的国际形象和政府在国内民众心目中的形象。政府公共关系是指通过多种公共关系调查手段获取公众对政府的评价，运用多种传播沟通手段建立、协调和改善与公众的关系，影响、引导公众舆论，为政府塑造形象、维护形象、控制形象、纠正形象、优化形象，使政府能够更好地行使职能，重塑和创新公信力。

当代社会是全球化的社会，各国公民的交往、国与国的交往、国家与国际组织的交往都日益紧密，伴随而来的是国与国之间的竞争也日益激烈。良好的国际形象是政府宝贵的财富，有利于推行其外交政策，得到其他国家、国际组织的理解和支持，为国内政治稳定、发展经济创造良好的国际环境。同时，政府在国内公民中树立负责、民主、透明的良好形象有利于其推行各项政策，提升政府合法性，实现政府管理目标。

在近年来处理各种公共安全突发事件与群体性事件的过程中，中国政府的公关意识逐渐形成，公关实践的经验也逐渐丰富。特别是微博与政府网络危机公关已引发关注。

3. 区域形象公关成为亮点

区域形象公共关系是指整合运用多种传播沟通工具和手段塑造、推广区域形象，进一步扩大区域影响，提高区域的知名度、公众认同度和美誉度，从而达到提升区域形象的目的。区域形象公关主要有国家形象公关和城市形象公关。

随着经济文化的发展壮大，中国积极进行国家形象推广，希望真正融入世界性话语体系。2011 年，随着胡锦涛访问美国，中国在美国播出了国家形象宣传片。纽约时代广场上每四分钟滚动播放一次的广告片，列出了中国各个方面的名人，色彩与节奏可以称得上是美轮美奂。

有人提出了锻造国家公关的三种武器：第一种武器是快速、主动与公开的媒体外交；第二种武器是争取海外意见领袖的支持，打造第三方话语同盟；第三种武器是培养、造就和利用具有国际影响力的本土公众人物，改变长期以来政府作为中国国家公关单一主角的状况。

城市形象公关是指根据城市本身特点和受众需求，将城市的内涵进行提炼，形成独特的形象，然后通过各种传播手段，将形象中蕴涵的核心价值表达出来，从而达到塑造独特的城市形象，并为受众所认知和接受的目的。

城市形象公关的关键在于充分挖掘城市本身的特色，从受众的需求角度进行城市品牌的定位和传播。城市形象的传播要进行长期规划和统一布局，制定统一的城市品牌传播战略及具体的传播系统，并且要对城市形象进行后期维护。

在城市竞争日趋激烈的今天，我国各大城市推广城市形象的公关手段和工具也越来越丰富多样，如公关广告、事件营销、口碑传播等多种公关手段，也用到了城市主题口号、广告歌曲、体育赛事、大型活动、城市品牌形象大使等沟通工具和方式。特别是事件营销，这是近年来国内外十分流行的一种公关传播手段，重大事件在传播过程中产生的辐射度和影响力对城市品牌形象的塑造具有非凡的作用，是推动城市发展的一个绝佳契机。

区域形象公关逐渐成为亮点，而对该领域的研究也成为了热点。例如，2011 年 7 月 6 日，“公共关系与国家形象”主题报告会暨中国国际公共关系协会成立 20 周年庆典活动在北京人民大会堂举行，推动区域形象公关成为当年公共关系研究的一大热点。

4．危机公关成为热点

随着经济的快速发展，社会竞争日趋激烈，加之各种因素的影响，社会组织处于复杂多变的环境之中，危机随时会降临。中国本土的危机公关可以分成政府危机公关与企业危机公关。

在互联网高度发达的环境下，信息传播快速便捷，组织一旦出现危机，马上就会“臭名远扬”，这会直接损害组织形象，引发组织生存危机。

因此，在危机潜伏阶段，如何建立科学化的预警体系，防范危机；在危机蔓延阶段，如何监测社会舆论，快速反应，正确引导舆论走向；在危机解决阶段，如何长期持续地与相关公众进行沟通交流，树立组织正面形象。这将成为公共关系工作中重要的任务。

5．企业社会责任引起关注

企业社会责任（Corporate Social Responsibility，简称 CSR）是指企业在创造利润、对股东承担法律责任的同时，还要承担对员工、消费者、社区和环境的责任。企业的社会责任要求企业必须超越把利润作为唯一目标的传统理念，强调要在生产过程中对人的价值的关注，强调对消费者、对环境、对社会的贡献。企业社会责任作为公共关系实践中的重要组成部分越来越受到关注，有识之士已经指出基于社会责任的公关策略是企业发展的有力工具。

在全球化经济进程中，社会组织逐渐意识到：企业的发展应与社会发展紧密联系起来。企业只有长期、持续地履行社会责任，才能长期、持续地取得商业上的成功，成为公众心目中值得尊重的知名品牌。通过开展保护地球环境，实现社会平等，帮助社会解决问题等活动履行企业社会责任，建立组织良好的社会信誉和形象，从而获得公众的认同与支持。同时，需要将社会责任的理念融入企业的战略规划、管理控制、生产流程、服务理念、企业文化和企业传播的各个环节。

在世界500强企业中，不少企业所承诺和履行的社会责任已经成为企业品牌形象差异化的重要标志，这些企业品牌价值的提升与其优秀的CSR公关策略密切相关。

科特勒等人在《企业的社会责任》一书中将企业社会责任活动划分为六大类：①公益事业宣传，旨在唤起社区意识以关注与支持某一公益事业；②公益事业关联营销，旨在将产品销售额与公益事业捐款相联系；③企业的社会营销，旨在影响人民改善某种不良的社会行为；④社区志愿者活动，鼓励员工与合作伙伴奉献时间参与社区某项公益活动；⑤企业慈善活动，以直接出资捐赠的形式支持社会公益事业；⑥对社会负责的商业行为，指企业通过生产、经营等具体措施和行动来履行对社会责任的承诺。科特勒对社会责任活动的划分为企业制定CRS公关策略提供了宏观框架。

六、公共关系的职能和原则

1. 公共关系的基本职能

公共关系的职能是指公共关系在组织中发挥的作用、产生的效益和应承担的责任。具体而言，公共关系的职能是为组织协调与公众的关系、塑造良好形象、优化生存环境、使组织获得生存发展的机会，从而在激烈的竞争中取胜。公共关系的职能主要有：采集信息、咨询建议、沟通协调、提升形象。

（1）采集信息

采集信息是指通过各种渠道和方式获取与组织相关的各种信息的过程。在现代信息社会中，占有优质信息资源的多寡，往往决定了社会组织能否在激烈的竞争中占据优势。

公关信息的收集范围包括产品形象信息、组织形象信息和组织环境信息。可以通过观察法、查阅法、访问法、问卷法、网络法、交换法和购买法等采集信息的方法广泛收集具有价值、实用、准确的信息，为组织决策提供依据。

（2）咨询建议

公共关系咨询建议是指组织的公关部门或专业公关机构经过深入调研和科学分析，向组织的决策部门提供有关形象建设等方面的建议，使决策更加科学化和系统化，从而进一步改善公众关系状态，实现有效提升组织形象和信誉的目的。咨询建议的主要内容有：①组织形象建议，主要是关于组织形象定位和设计的建议、关于组织形象矫正的建议、组织形象推介的建议、组织形象维护的建议；②产品形象建议，在充分了解市场的需求、公众的消费心理和竞争对手的产品形象的基础上，分析本企业产品的竞争优势、潜力和不足，向组织的有关部门提供产品市场状况和发展趋势咨询，为本企业产品的质量、性能、包装提供建议；③组织目标建议，在广泛采集信息的基础上，为组织制订合理的发展目标提供客观的、有价值的咨询和建议，使组织目标既能符合客观需求，又能反映组织发展的要求。

（3）沟通协调

公共关系学中的沟通协调是指组织为了协调与其公众之间的关系，进行信息沟通，从而提高组织内部的凝聚力和创造力，获取组织公众的认同和支持，为组织的生存和发展营造良好的公众环境。公共关系是组织与相关公众之间相互了解和沟通的渠道，它起着诠释和整合不同的意见和观点，平衡各方面关系的作用。

公共关系的沟通协调分为内部沟通协调和外部沟通协调。内部沟通协调的任务主要是协调组织内部的人际关系和部门关系；外部沟通协调的任务主要是协调与组织相关的一切外部公众的关系，例如，协调客户关系、政府关系、媒介关系、社区关系等。

（4）提升形象

组织形象是社会公众对组织综合的印象和评价。良好的组织形象被誉为社会组织的“无形资产”，能够促进组织目标的实现，有助于获取广大公众对组织的决策和行为的信任和支持。因此，塑造形象是公共关系的重要职能之一。一个组织要在公众心目中树立良好形象，必须牢固树立扩大组织影响、提升组织形象的意识，不断调整组织的政策和行为，争取公众的信任和支持，为组织营造良好的社会舆论。

组织形象分为组织自身的形象和产品（或服务）的形象。提升组织自身的形象应做到创建品牌、创造强大的企业文化、建设优美的工作环境和和谐的人际环境、塑造员工良好的外在形象和内在素质。提升产品（或服务）的形象应做到为社会提供优质的产品和服务。

提升组织形象需要经过较长时间的积累才能达到，其中90%靠组织的实际行动，10%靠宣传。应通过自觉的有计划的公关活动，收集公众意见，根据公众意见采取实际行动，同时，为组织制造媒体效应、口碑效应、议题效应等，以此形成对组织有利的社会舆论，提升组织形象。

2．公共关系的基本原则

公共关系的基本原则是指在开展公共关系工作时必须遵循的基本准则。公共关系工作极其复杂繁琐，没有普遍适用的模式，却有普遍适用的原则。遵照执行公共关系的原则可以使公共关系工作取得事半功倍的效果，避免走入误区。公共关系的基本原则有以下四点：

（1）真实守信原则

真实守信原则是指组织在开展公共关系工作时，要尊重事实、诚实守信。在开展公关工作时要求做到：①向公众传递真实信息时，言行一致，信守承诺，用事实、行动向公众说话；②当组织出现危机时，要向公众说真话，决不掩盖和隐瞒，及时采取相应措施解决问题；③开展公关活动要以事实为根据，要进行实事求是的调查研究工作，才能在实际行动中达到预期目标。

（2）互惠互利原则

互惠互利原则是指协调公众与组织的利益，实现双方利益的最大化，促使组织与公众共同发展。社会组织要依赖于公众的支持才能生存发展，因此，公共关系在为组织谋求利益时，应首先保证充分满足公众的利益，然后才能获得自身的赢利和发展。

（3）沟通交流原则

沟通交流原则是指社会组织要尊重公众，树立与公众加强沟通交流的意识，达到与公众相互理解、相互信任和相互适应的目的，从而使组织与公众之间建立良好的公共关系。一方面，组织应通过各种渠道广泛收集有关公众的信息，了解公众的动向和需求，以此作为行动和决策的依据。另外一方面，组织应借助各种传播媒介，采取各种形式把组织的信息告知公众，使公众了解、理解组织，从而提高组织的知名度、美誉度和支持度。

（4）全员公关原则

全员公关原则是指对组织内部全体成员进行公共关系教育，培养其公关意识，使其形成公共关系的自觉性，在组织内部形成浓厚的公共关系氛围。

组织中每一位成员的一言一行都代表了组织的形象。组织的公关工作需要全体成员尽心尽责共同努力才能建立组织的良好形象，达成公关目标。如果忽视了全员公关的原则，往往会使经过长期努力才取得的公关成果毁于一旦。

课后训练

一、案例分析

案例一：2008 年，中国铝业公司（中铝）斥资 22 亿美元收购了位于秘鲁的特罗莫克铜矿。中铝特罗莫克铜矿每年铜产量将达到 20 万吨，钼产量达到 1 万吨。该项目预计 2012 年下半年开工生产，营运期约 35 年。该铜矿所在的莫洛科查镇是传统矿区，5 000 多居民居住于此。多数居民居住在围绕矿区混乱搭建起来的棚户，居民生存环境差。

为此，中铝投资兴建了可容纳多达 1 050 所房屋的新城镇搬迁安居工程，还会同协商当地政府，开展调研和策划，积极听取和咨询该社区居民意见，并专门制作影视专题片，向居民展示新城镇风貌。新城镇中的每个家庭都将拥有自己的房屋以及自来水、排水系统、24 小时电力供应和便捷的交通条件。新城镇搬迁安居工程切实解决了长期困扰当地矿区居民的生存安居问题，有效化解了原住民和采矿企业之间的利益纠纷和矛盾。中铝大规模的迁建工程，相当程度上避免了秘鲁其他地方矿产开发中屡见不鲜的当地居民的抵制。

（——资料来源：李长海《<福布斯>专栏作家积极评价中企拉美履责情况》）

案例二：在我国，目前企业导致的社会问题主要表现在以下几个方面：①企业的商品诚信问题，例如 1998 年的山西朔州假酒案、2001 年的广东毒大米事件以及 2008 年的三聚氰胺毒奶粉案。②企业的交易诚信问题，例如在 2003～2007 年间，西门子曾向 5 家中国国有医院行贿。③企业与劳工的关系问题，例如中国一直存在的农民工工资和劳动环境问题、2010 年上半年的富士康跳楼事件。④企业与环境的关系问题，例如 2009 年的陕西凤翔县血铅事件。⑤企业的资源消耗问题，据统计，从 1980～2000 年，全国有 280 亿吨煤炭资源被浪费。由此可知，企业在其生产经营过程中，不仅要考虑自身的经济利益，而且要考虑众多的利益相关者的利益，即企业要承担社会责任，在生产发展过程中，要保证利益相关者的利益最大化，而不是自身利益的最大化。

（——资料来源：那保国《粗糙集—模糊积分模型：一种评价企业社会责任的新方法》）

案例三：海尔总裁张瑞敏认为："企业最重要的是为社会作出最大的贡献，尽到社会责任后，利润将是一个很自然的事情。"

案例四：2010 年 9 月 13 日，包括法国和中国在内的 93%的国际标准化组织成员国通过了 ISO26000 标准，该标准对愿意了解自身决策和行动产生的影响并对此承担责任的各类组织规定了指导方针。随着企业社会责任的推进，相应的指标体系在逐渐完善，从最初的只关注质量和环境，到现在具体到社会道德标准，具体到保护劳动工人的合法权益，并且越来越多的国家已经意识到要参与其中，这对于经济的发展有促进作用。

请结合以上案例思考：企业履行社会责任的意义、企业社会责任缺失的表现及其影响、提高企业社会责任履行水平的策略。

二、实训题

请根据下表的企业社会责任指标，选择 5 家企业，评价分析其社会责任履行情况。

企业社会责任指标体系

一级指标	二级指标	三级指标
对员工的责任	劳动合同	与所有人签订劳动合同
	强迫或强制劳动	拒绝/“押金”与证件自由
		员工按时上下班自由
		拒绝危险岗位工作自由
	工作时间	遵守周最多工作时数：60 小时
		遵守周最少休息日数：1 天/周
	薪酬与福利	清楚告诉员工薪酬构成
		执行最低工资标准
		按时发放工资和津贴
		额外发放加班工资
		劳动保险费用支付
	工会组织、集体谈判	职工参加工会自由
		集体协商制度实施
	骚扰与虐待	禁止使用体罚等虐待方式
		禁止对员工进行骚扰
	童工歧视	是否使用童工
		拒绝员工雇用歧视
	职业健康与安全	允许宗教信仰自由
		规章制度公开化程度
		员工培训
		帮助员工规划职业生涯
		重大安全事故发生率
		职业病发生率
		工作场所卫生设施
		员工宿舍条件

一级指标	二级指标
对股东的责任	提高投资收益率
	提高商品的市场占有率和使股票升值
	注重企业的长期稳定发展
	公开年度社会责任报告
	及时准确披露公司信息，不编造、隐瞒
对顾客的责任	向顾客提供质优价廉的商品和服务
	迅速处理顾客抱怨和退货要求
	不进行夸大虚伪广告
	开展绿色营销，影响和改变消费观念
	产品维修和售后服务
对竞争者的责任	公平参与市场竞争
	维护企业的信誉，净化市场秩序
对债权人、供应商的责任	积极主动偿还债务，不无故拖欠
	履行合同，及时向供应商付款
	与供应商公平交易
对环境的责任	避免污染环境的生产/经营行为
	致力于生产环保型产品/服务
	积极参与环境治理和保护
	综合开发利用资源，维护生态平衡等
对政府的责任	照章纳税
	遵守法律
对慈善机构的责任	积极向慈善机构捐赠
	对社会弱势群体的帮助
对社区的责任	积极支持企业所在社区的建设
	支持并参与社区活动
对文化、教育、体育事业的责任	设立奖学金或奖学基金，赞助教育事业
	赞助文化艺术团体或文化艺术事业
	建设社会体育设施

（—— 资料来源：辛杰《基于利益相关者的企业社会责任指标与表现评价》山东社会科学 2008 年第 11 期 P86）

Shang Pian

上篇

基础篇

模块一　公关主体管理训练

任务一　公关主体的构成与运作
任务二　公关从业人员培训

任务一　公关主体的构成与运作

学习目标

知识目标： 了解公共关系主体的定义、分类和特征，熟悉公共关系公司、公共关系部和公共关系协会的运作模式。

能力目标： 能够运用所学知识为具体的社会组织分类，并把握其特征；能够根据社会组织的具体情况设置公关部和配备人员；能够根据公共关系公司的业务范围设置机构。

任务导入

“荷兰官”是专门生产烹调酒的企业。由于新闻媒介广泛传播一些权威的食品评论家对烹调酒的攻击性言论，导致该企业受到致命的打击。食品评论家指出，“烹调食品时，用上等酒代替烹调专用酒作调料，做出来的菜味道会更好。”有一位食品评论家还干脆地说，“烹调酒只会让食品变质”。

面对舆论界的强大攻击，该公司决定求助于公共关系公司。公共关系专家们认为最有效的办法是让权威说话。于是他们邀请了一些名牌大学酒店管理专业的教授进行品尝研究，对烹调酒做出了公正的评价。接下来的问题是如何把权威说的话传播开去？他们特地到美国纽约的劳伦特大饭店，举行了一次别开生面的味道品尝新闻招待会。会上同时提供两份同样的菜肴，一份用上等好酒作调料，一份用烹调酒作调料，让记者们自己作“味道对比”。在记者们品尝时，专家教授们又当场宣读他们的研究成果以提供“理论指导”，使品尝者们真正品尝出“门道”来。在此基础上，他们还安排专家教授与公众对话，直接解答公众的疑问。很快，“烹调酒做菜，味道最佳”、“教授们证明烹调酒做菜味道好”等一系列报道出现在全国各大报刊上，公共关系活动使舆论界出现了一百八十度的大转弯，使“荷兰官”

生产的烹调酒家喻户晓。

公共关系公司的公关活动为"荷兰官"的产品营销服务，化解了食品评论家对烹调酒的负面评论，树立起公众对烹调酒的良好印象，提高了产品的知名度。

1. 根据不同的分类标准，"荷兰官"和公共关系公司分别是怎样的社会组织？

2. 在该案例中，公共关系公司的工作思路和原理是什么？公共关系公司自身需要公关吗？

一、公关主体构成

（一）公共关系主体的定义

公共关系的基本构成要素是：作为主体的社会组织、作为客体的公众和将主体与客体连接起来的传播沟通。由此而知，公共关系的主体是社会组织，公共关系的客体是公众，沟通传播则是连接社会组织与公众或主体与客体的桥梁。

社会组织是人们在共同目标基础上，按照一定的宗旨、任务和形式建立起来的履行一定职能的社会机构。社会组织是公共关系的主体，是公共关系活动的组织者、承载者、实施者和行为者，是公共关系活动的核心。

同步思考：

某公司总裁以个人名义向某地震灾区捐款，这是不是公共关系活动？

（二）公共关系主体的分类

1．根据工作任务，社会组织可以分为公共关系组织和非公共关系组织

（1）公共关系组织是指具备公共关系职能，专注从事公共关系工作的各类组织和部门。可以分为四类：

1）专业的公共关系公司，如公共关系事务所、公共关系广告公司、公共关系咨询服务公司、公共关系策划公司等。

2）组织内部设置的公共关系部门，如公共关系部、公共关系处、公共关系科等。

3）公共关系团体组织，如公共关系协会、公共关系学会、公共关系教学研究会、公共关系专业委员会等。

4）发挥一定公共关系职能的其他各类组织或机构，如宣传部、外事办、工会、广告公司、外联处、交际处、信访办等。

（2）非公共关系组织：除了公共关系组织以外的其他各级、各类组织。

2．根据社会功能，社会组织可以分为经济组织、文化组织、政治组织和宗教组织

（1）经济组织是以追求经济利益为目标的营利性组织。如生产性企业、商业企业、金融企业等各类经济组织。

（2）文化组织通过从事文化活动来满足人们的文化需要。文化组织有学校、科研机构、图书馆等。

（3）政治组织包括政党组织、国家政权组织、国家武装力量组织和国家司法机关等。在中国，除了执政的中国共产党以外，还有其他各民主党派团体。

（4）宗教组织是以某种宗教信仰为宗旨而形成的组织。我国现有佛教、天主教、基督教等宗教组织。

3．根据目标特点，社会组织可以分为营利性组织、非营利性组织

（1）营利性组织。与前面介绍的“经济组织”相同，以盈利为目的，它是最基本的社会组织单位，也是公共关系研究的主要对象。

（2）非营利性组织。组织的运营不以获取利润为目的，而是以社会的整体利益为目标。分为四类：

1）服务性组织：不以营利为目的，以服务对象的利益为目的。如学校、医院、社会公用事业机构等。

2）公共性组织：为整个社会服务的公共组织。如政府、军队、消防部门、治安机关等。

3）公益性的团体组织，如基金会、社会志愿者协会、慈善机构等。

4）互利性组织：以组织内部成员间互获利益为目标的组织。如工会组织、职业团体（学会、协会、研究会）、宗教团体等。

（三）公共关系主体的特征

社会组织的基本特征表现为：

（1）群体性。组织是由一定数量人员组成的群体。组织的成员们相互协作，自愿为组织目标的实现而努力工作。

（2）目的性。拥有共同目标是社会组织建立的条件。

（3）系统性。社会组织具有一定的运作形式和结构。运作形式是指组织内部管理、控制、协调的方法，如规章、命令、行为规范等。运作结构是指组织活动组合模式，包括成员分工、相互协作和权利分配。

（4）社会性。组织是社会发展的产物，一方面受社会环境的制约，另一方面影响、改变社会环境。社会组织与社会环境之间存在广泛的信息联系。

（5）独立性。每一个社会组织都是相对独立的群体，具备一定的物质基础，可以以自己的名义单独地开展丰富多样的活动。

（6）动态性。社会组织是一个动态发展的系统。包括：①社会组织本身不断发展变化，②适应社会环境的发展变化。

同步思考：

请以自己所就读的学校为例分析社会组织六方面的特征。

二、公关主体运作

这里主要介绍公共关系组织中的公共关系公司、公共关系部和公共关系协会的运作模式。

（一）公共关系公司

公共关系公司又称公关咨询公司、公关顾问公司或公共关系事务所，由各具专长的公关工作者组成，按市场化运作方式，是专门为各种社会组织提供公关产品和公关服务的机构。世界上第一家公共关系公司是 1903 年艾维·李在纽约创办的宣传顾问事务所，为客户提供以处理纠纷为主要内容的公关服务。

中国第一家公共关系公司——博雅环球公共关系公司

1985 年 8 月，世界最有影响力的公共关系公司之一的美国博雅公司与新华社下属的中国新闻发展公司签订了协议，共同为在中国的外国机构提供公共关系服务，为此成立了中国第一家本土公共关系公司——原隶属于新华社的博雅环球公共关系公司，成为当时在中国公关市场最活跃的公关公司。该公司在政府公关、新闻发布和大型展览等领域做了很多非常有影响力的活动。

1987 年博雅环球公共关系公司和商业部及《经济参考报》共同举办的“振兴优质国货”活动，吸引了 80 多家知名企业参加，第一次提出了“新闻软文”这个概念。

为了迎接第 10 届亚运会开幕，1986 年由博雅环球公共关系公司操作，耐克公司和《中国体育报》共同举办了中国市场上第一次抽奖活动，当时收到的来信堆满了好几间屋子，影响力非常大。

——资料来源：中国公共关系网（文字有改动）

1．公共关系公司的业务范围

（1）专题调查研究。对客户所关心的某个专题进行调查研究，或收集、汇编有关情报资料。

（2）公关活动的策划和实施。为客户策划和实施各种类型的公关活动。如策划新闻传播、社会公益活动、市场营销、促销活动、品牌推广、纪念庆典、贸易展览会、论坛研讨。

（3）为客户提供公共关系服务。为客户制定公共关系计划，并组织实施，评估公共关系活动效果；协助客户与公众建立和维持良好的关系，提供专业的危机公共关系服务；通过做形象调查、形象设计等提高客户形象；为客户进行公共关系问题的分析与诊断，提供决策咨询；提供网络公关服务，例如，产品推广、事件营销、口碑营销、危机处理、舆情监测、企业传播、整合传播等；进行公共关系培训。

（4）代理一般公关事务。例如，设计制作、传播代理、媒体执行等。

2．公共关系公司的类型

公共关系公司按业务范围可以分为：

（1）综合服务型公共关系公司。业务范围广，提供多种公共关系服务，如我国第一家专业公关公司——中国环球公关公司就属于这种类型。

（2）专项服务型公共关系公司。仅为客户提供特定项目的服务，或专为客户进行市场公共关系调查，或专为客户组织某种公共关系活动。

（3）顾问型公共关系公司。一般仅限于为客户提供咨询、意见或建议。

20 世纪 70 年代末以来，国际上出现了公关公司与广告公司合并的趋势。美国最大的 20 家公关公司中，有 10 家成为了广告公司的分公司或下属的一个部门。如 1978 年，著名的博雅公关公司被富特—利恩—贝尔广告公司兼并，成为其下属机构。这是因为，公关公司需要传媒，而独自设置这样的机构投入很大，不如与现有的专业化水平很高，而且已经拥有雄厚基础和资源的广告或其他传媒合并或合营。这类公关公司，主要以大众传媒，尤其是广告为公关手段，为客户服务的方式单纯。

——资料来源：白巍《公关论》

3．公共关系公司的组织架构

（1）公共关系公司内部的组织架构一般由三个部分构成：

1）管理部门。管理部门包括总裁、副总裁和项目总监，其中项目总监的主要工作是具体组织、制定和实施为客户服务的公共关系项目。

2）技术部门。该部门一般由项目总监、副总裁和公共关系专家组成。其任务是在公司承办的各项业务开始时或实施过程中，审查项目的可行性、效益高低和监督实施情况，并负责统筹安排人力、物力、财力，及时为各个项目提供指导和咨询，避免事故，保证质量。

3）业务部门。业务部门是根据公司的业务范围和专业特色设置的具体业务部门。

（2）跨国公共关系公司按工作区域设置组织架构。如图 1-1 所示。

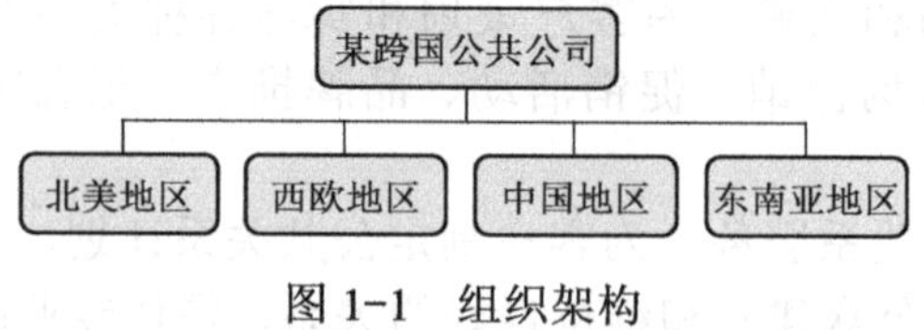

图 1-1　组织架构

中国环球公共关系公司的组织机构图如图 1-2 所示。

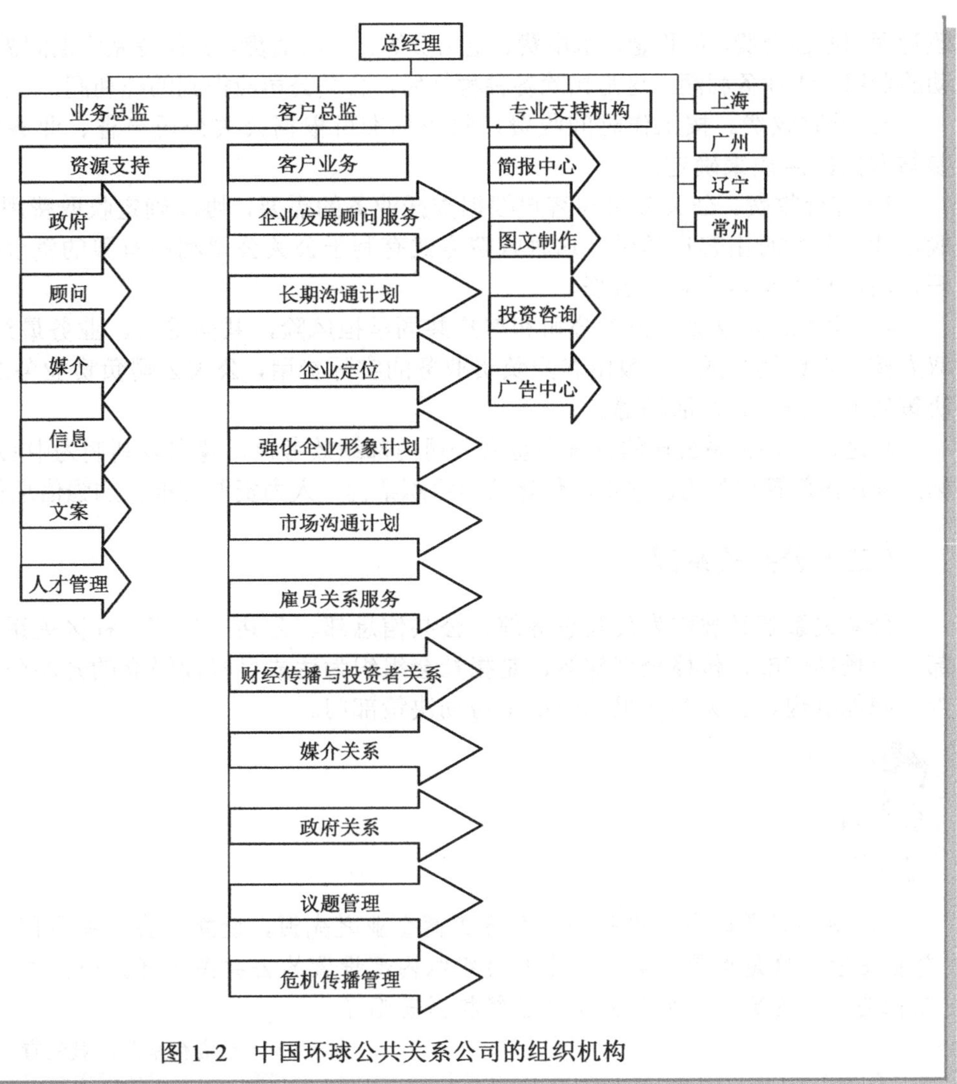

图 1-2　中国环球公共关系公司的组织机构

4. 公共关系公司的管理

（1）工作原则：遵守国家法律法规和有关方针政策；保守客户秘密；尽心尽力为客户服务；不同时为相互竞争的客户提供服务。

（2）一般工作程序：

第一阶段：①与客户沟通，了解客户委托业务的内容和要求；②开展调查研究，分析论证可行性，决定是否接受客户委托的业务。

第二阶段：①签署委托协议书和其他文件；②与客户交流沟通达成共识对委托业务策划安排，并实施；③效果评估。

（3）公共关系公司收费方式：

1）项目收费。项目收费是将客户委托的业务分解成不同的项目进行收费。这种收费方式的优点是专款专用，有利于保证客户业务的完成质量，便于管理和考核。缺点是较少考虑客户业务的整体策划设计效果。项目收费包括以下内容：①劳务费。包括该项业务实施期间工作人员的工资和与该项业务有关的高级管理人员、顾问、专家的报酬。②行政管理费。用于公司行政管理和办公经费，如租金、水电费、电话费等。③活动费。在业务完成期间需要进行各种活动的费用。④业务利润。这是扣除各种税款后，公关公司应得到的纯利润。

2）计时收费。按工作时间收费，收费标准可根据公关公司声誉、业务的难易程度和参与专家的声望来确定。

3）综合收费。公关公司与客户根据委托业务的需要，协商确定收取费用的总金额。一般在业务开始时由客户预付。这种收费方式有利于公关公司利用有限的资金统筹安排、合理使用，缺点是客户难以监督。

4）业务成果收费。公关公司和客户共同承担风险，共同受益。业务最终取得收益时，双方按一定比例分成。一般由客户负责业务的实际费用，公关公司负责业务的调查、计划、决策研究、公共关系活动等。

总之，公共关系公司的管理应重视公司内部绩效考核，建立以利润为中心的各项考核指标，强化内部管理和运营水平，优化公司组织架构、人力资源标准，加强信息化建设。

（二）公共关系部

公共关系部又被称为公共事务部、公共信息部、公共广告部、社区关系部、传播沟通部、市场推广部、传播企划部等，是指社会组织为达成目标而设立的开展公共关系工作的内部职能机构。公关部在组织中属于协助决策部门。

1908年，美国电话电报公司首开工商企业之先河，设立了公共关系部，并由一名副总裁主管，这是世界上第一个在社会组织内部设置的公共关系部。公共关系发展至今，在社会组织内部设立公共关系部已经相当普遍了。

——资料来源：黄曼青《公共关系学》

1. 公共关系部的作用

同步思考：上海锦江集团是我国较早设立公共关系部的企业，锦江集团公共关系部直属集团经理领导，主要任务是为集团拓展业务，提高知名度和美誉度。多年来，该公共关系部运用积极性公共关系，以“全方位公共关系”为工作方针，开展了一系列的公共关系活动。例如，开门迎客，打破普通公众心目中锦江饭店庄严高贵的形象，赋予其亲切、平和、宜人的情调色彩，吸引了大量顾客；特色服务，采集各国风俗人情和贵宾个人生活特点，使入住的宾客有宾至如归的感觉；维系与老顾客的感情；广泛介入社会生活，扩大影响，举办各种公关活动，使经济效益和社会效益双丰收；在建设集团“企业文化”方面积极出谋划策等。该公关部为锦江集团改变单一的以饭店为主的经营范围，扩展为集旅游、宾馆、设备生产与安装、服务生产与经营等多种生产和经营于一体的集团作出了突出的贡献。

请结合上海锦江集团公共关系部做的工作分析公共关系部的作用。

公共关系部对组织有以下几方面的作用：

（1）采集存储信息。公共关系部采集一切与组织生存、发展相关的信息，被称为组织的"信息情报部"，发挥着组织"耳目"的作用。例如，某些企业的公共关系部收集本企业每位职工的个人信息，诸如职工的家庭状况、爱好和生日等等。公共关系部会在职工生日当天以企业名义送上一份合适的小礼物，让职工体会到企业对他的关心，从而增强了对企业的归属感，提高工作积极性。

（2）协调组织内外部关系。协调组织内外部关系是公共关系部一项重要的职能。通过协调各种关系达到"内求团结、外谋发展"的目标。例如，某些企业的公共关系部也是公众接待中心，协调组织与公众之间的各种摩擦、纠纷和矛盾，需要接待组织内外部各类公众的来访、来信、投诉，以及组织各种展览、参观、访问、交流会、谈判及各项专题活动等。

（3）提供咨询和建议。公共关系部通过搜集整理信息，预测发展趋势和机遇，为决策层的决策提供建议。因此，公共关系部被称为组织的"思想库"或"智囊团"。

（4）宣传与外交。公共关系部是组织的"新闻发言人"、"喉舌"、"外交官"，向组织内外部公众发布各种信息，宣传组织的政策，解释组织的行为，增加组织的透明度。

青岛狮王日用化工品有限公司公关项目

青岛狮王日用化工品有限公司为了让更多的消费者了解狮王牙膏这一新品种，特意在全国"爱牙日"这天，向本市新入学的小学生每人赠送一张附有《口腔卫生》有关内容的课程表和精美书签，它们至少要被使用一个学期，于是"小狮王"在这些孩子心目中留下深刻的印象，不仅如此，这只教孩子们爱护牙齿的"小狮王"也得到了家长和老师们的喜爱。此促销活动成功的原因就在于企业抓住了儿童和家长的感情特点，以"情"作为公共关系活动的主题，充分体现了对下一代健康的关心，从而引发了消费者的购买动机。

——资料来源：夏年喜. 世界上最迷人的公共关系大师. 工商出版社.

（5）组织形象设计。设计、营造组织形象，树立组织良好的声誉，使组织达到高知名度、高美誉度和高信任度的最佳状态。

东方大酒店以人为本

新加坡东方大酒店树立了"顾客至上，以人为本"的组织形象，为顾客在力所能及的范围内提供"超级服务"。一次，四位来东方大酒店咖啡厅的客人，因人多嘈杂，随口说了一句"吵死了，听不清"。这句话让一位服务小姐听到了，她马上为他们联系了一间免费客房供他们讨论问题。对此，四位客人十分吃惊、感动。两天后，四位客人给酒店送来了感谢信："感谢贵酒店前天提供的服务，我们受宠若惊，并体会到什么是世界上最好的服务。我们四人是贵酒店的常客，从此，我们除了永远成为您忠实的客户外，我们所属的公司以及海外来宾，亦将永远为您广为宣传。"

——资料来源：周朝霞《公共关系——理论与实务》高等教育出版社

（6）为员工提供公共关系培训

公共关系培训包括公共关系意识教育和日常公共关系能力的教育。通过公共关系培训使企业内部的全体成员建立公共关系意识，提高公共关系能力。

宾馆公关项目案例

有一天，有位北京旅客住进了广州的一家宾馆，到宾馆后，这位旅客放下行李就外出办事去了，当他晚上回到宾馆时，却惊奇地发现从灯光、窗帘、台布到床罩，全部换成了红色，这位北京旅客非常高兴，忙问服务员小姐怎么知道他喜欢红色，小姐笑笑说："您进我们大厅，我就注意到您拎的包是红色的、领带是红色的、皮鞋是红色的，所以我猜您一定特别钟爱红色，我就给您这个房子重新布置了一下。您还需要什么帮助，请尽管吩咐。"这位旅客对此赞不绝口，回北京后逢人便说这件事，成了该宾馆的义务宣传员。

——资料来源：夏年喜《世界上最迷人的公共关系大师》工商出版社

同步思考：广东核电公司根据大亚湾核电站的特殊性设立了公共关系处，提出了明确的任务：树立形象、处理信息、编辑资料、发布新闻、科普宣传、接待参观等，并建立了1 700平方米的公众信息中心。武汉欧联东西湖啤酒有限公司成立了公关部，其职能是"建立大众公关意识"，让全体员工认识到形象市场与产品市场相互依存的关系，强调为营销服务，并统管公司各类传媒。杭州娃哈哈集团公关部的职能是公关、营销、广告宣传三位一体，强调为创建名牌服务。

上述三个企业公关部的工作内容各自有什么特点，各自发挥了什么作用？

同步思考：上海锦江大饭店是一家闻名遐迩的高级宾馆，也是我国较早设置公共关系部的企业之一。在饭店公共关系部成立之初，其活动仅仅限于对外宣传、接受及处理顾客投诉等。但是，随着锦江饭店业务经营范围的不断扩大，该饭店公共关系部的从业人员在认真总结实践经验的基础上发现，对外宣传、接受及处理顾客投诉尽管是很重要的工作，然而这些工作仍是一种防守型的公共关系活动，已经不适应饭店飞速发展的需要了。

为了改变这种状况，变消极为积极，变防守为进攻，公共关系部还应该做哪些工作？

——资料来源：熊超群《公共关系策划实务》广东经济出版社

2．公共关系部的设置原则与人员配备

（1）公共关系部的设置应遵循以下原则：

1）精简原则。精简原则具体体现在人员精干高效。配备的人员数量与所承担的工作任务相适应，因事设人。一般而言，10人以下的公关部为小型，30人以上的公共关系部为大型，介于二者之间为中型。公关部的人员数量与本组织面对的公众人数和经营额大小成正比。美国一家公共关系协会曾对公共关系部的规模做了调查，认为以下比例较为合适：年销售额为5亿～10亿美元——20人；2.5亿～5亿美元——13人；1亿～2.5亿美元——6人；0.5亿美元以下——4人。

2）适当原则。公共关系部内部的管理跨度和管理层次应体现适当原则，简化工作程序，分工适当，因职设人，职责明确。

管理跨度指能够被有效控制的部门或个人的数量，是一个“横向”概念。

管理层次指机构内部不同等级的数目，是一个“纵向”概念。

一般而言，如果管理的人数范围不变，管理跨度与管理层次是互为反比的。即管理的跨度越大，管理层次就越少；反之，跨度越小，则管理层次就越多。因此，公共关系部的设置应体现适当的管理跨度与管理层次原则。

同步思考：请举例说明管理层次过多或管理跨度过大分别会造成什么样的负面影响？什么人员数量的管理跨度和管理层次是适当的？

总而言之，公共关系部的设置应以实际情况为依据，与企业性质、规模相适应。

（2）公共关系部的人员配备。公共关系部应配备多少人员、配备哪些专业技术人员，与组织的规模、组织对公共关系的需要程度和领导者对公共关系的重视程度相关。

具体而言，公共关系部一般需要五类人员：

1）调查研究人员。要求：掌握各种调查研究方法，具备调查实践能力，以实事求是的科学态度拟定调研计划，设计调研问卷，分析调研数据。掌握社会学、心理学、统计学、市场学、管理学的相关知识。

2）策划人员。要求：能够实事求是地向公众传递信息，并根据实事的变化来不断调整策划的策略和时机；按照系统的观点和方法对公关活动进行科学的谋划统筹；善于创造性思维，打破传统、别出心裁，使公关活动生动有趣，从而给公众留下深刻而美好的印象；熟悉各种类型公关活动的功能作用、特点要求，有较为丰富的公关实践经验；具有良好的团队意识和合作能力，能与他人合作进行创造性研究。

3）组织管理人员。要求：熟悉掌握公关工作的内容、原则、操作方法和实施要求；组织管理能力和系统控制能力强，既善于统筹全局和发展，又能洞察应付琐碎事务；具备较强的沟通协调能力和亲和力。

4）写作编辑人员

要求：拥有较强的写作或编辑能力，熟悉各种媒体基本情况，具有新闻传播工作的实战经验。

5）其他专门技术人员。这类人员通常有设计师、律师、摄影师、产品检测人员等。

以上是公关部常用的五类公关人员，如有特殊情况，可以临时抽调或聘用一些有专长的人满足工作需要。

3．公共关系部的地位和内部机构设置

（1）公共关系部在组织内部的地位一般可以分为以下几种类型：

1）部门所属型。这种类型的公关部通常附属于组织内的其他职能部门，如隶属于行政部门、销售部门，或广告宣传部门。这种类型的公共部受到某一职能部门的管辖，其地位不是很突出。公关工作只是一种偶然性的活动。一般适合小型企业或组织采用。从组织系统和组织地位来看，属于第四级机构。如图 1-3 所示。

2）部门直属型。这种类型公关部与组织内部其他职能部门平行，要成功地开展工作，要积极与其他职能部门密切配合。从组织系统和组织地位来看，属于第三级机构。如图 1-4 所示。

3）领导直属型。这种类型的公关部直接隶属于组织最高领导层的管辖，直接向最高决策层和管理层负责，由总经理或副总经理担任公关部的负责人。公关机构不仅仅是个执行

部门，更多的是要参与决策，制定政策，为组织设定一系列的形象计划。这种类型有利于公关部着眼于组织各个部门的工作，方便全面灵活开展公关工作。从组织系统和组织地位来看，属于第一或第二级机构。

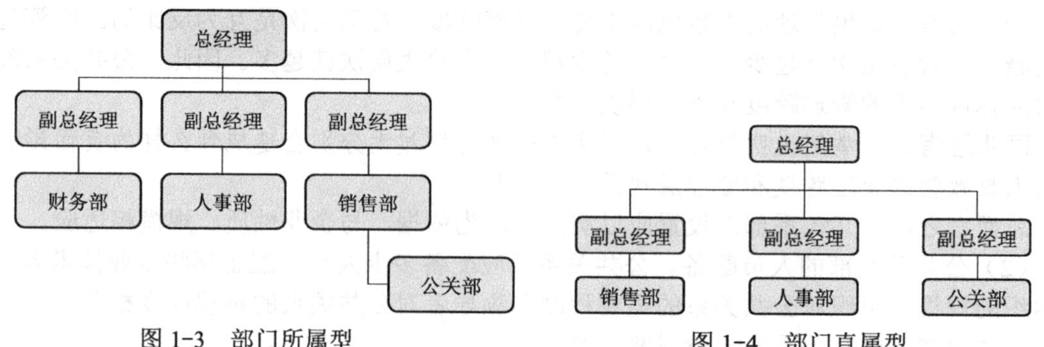

图 1-3　部门所属型　　图 1-4　部门直属型

4）职能分散型。在许多企业的机构设置系列中，不设公共关系部，但可将公共关系的职能分解在其他部门。如有的企业在营销部门中有专门从事企业及产品形象宣传和调研工作的职员，在宣传部门中，有专门的职员负责与新闻媒介联系的工作等。

（2）公共关系部内部机构设置

1）区域型。根据公共关系工作的区域来设置公共关系部。大中型企业或公众分布面比较广的社会组织一般采取这种设置。如图 1-5 所示。

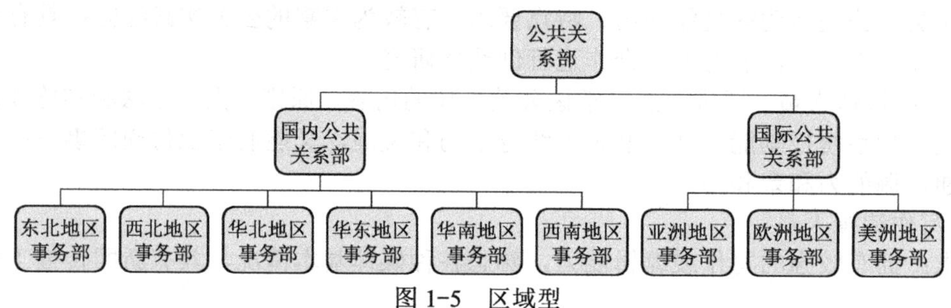

图 1-5　区域型

2）对象型。根据不同类型的公众来设置公共关系部。如图 1-6 所示。

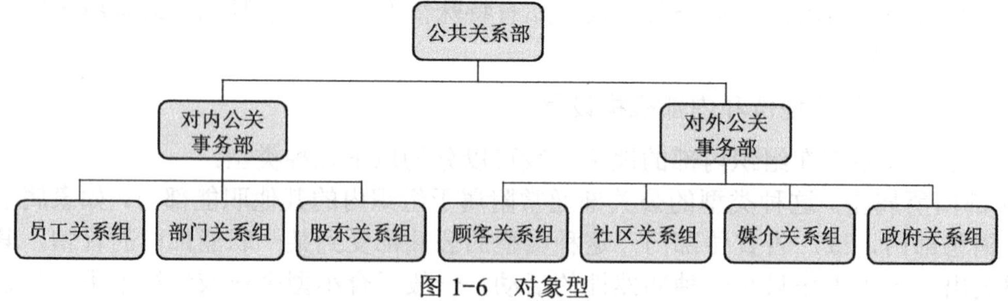

图 1-6　对象型

3）任务型。根据公共关系人员的工作任务和职责来设置公共关系部。如图 1-7 所示。

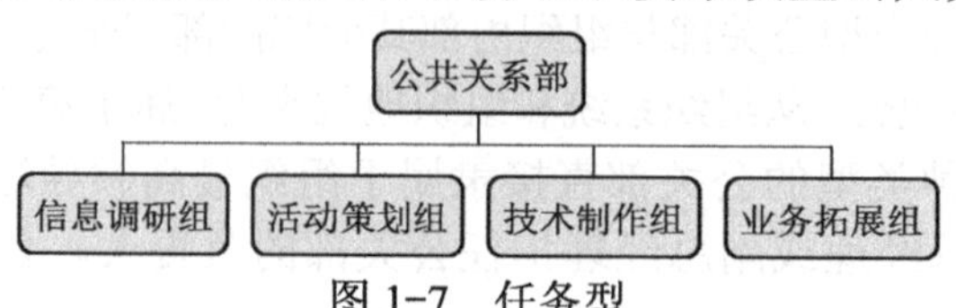

图 1-7　任务型

4）复合型。根据组织实际需要把前三种设置方式综合起来设置公共关系部。如图 1-8 所示。

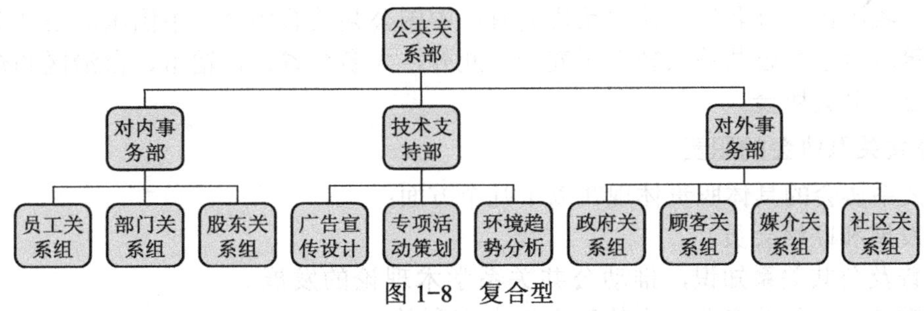

图 1-8　复合型

4．公关部的工作程序

公关部的工作程序一般分为四步，即调查分析、制订方案、实施传播、效果评估，被称为“四步工作法”。

5．公共关系公司和公共关系部的比较

（1）信息掌握。公共关系部对本行业、本组织的情况了解得更加深入，更熟悉本组织的业务和人事，更能切合实际地开展工作。公共关系公司的信息来源更广泛，信息占有量更大，可以为客户提供更全面的信息作为决策的依据。由于公共关系公司长期从事公关业务，与社会各界保持密切的联系，已经建立起一套较完善的信息收集网络，因此可以掌握广泛的信息资讯。

（2）专业性。公共关系公司的人员由各具专长的专家组成，经验丰富，业务水平高，专业性更强。

（3）客观性。公共关系部身在组织之中，受利益关系影响，观察分析问题难于做到客观公正。公共关系公司与组织之间没有复杂的利益关系，能够以旁观者的角度冷静、公正地观察和分析问题，客观性更强。

（4）灵活性、及时性。公共关系部由于受到组织内各种关系制约，处理问题比较保守；公共关系公司可以根据客户的需求大胆、灵活地提供多种解决问题的方案，公共关系公司的灵活性更强。公共关系部解决问题的机动反应性和及时性比公共关系公司更强。

（5）参与度和责任感。公共关系部作为本组织的一部分，在解决问题中的参与度和责任感比公共关系公司更强。

公共关系部和公共关系公司各有所长，各有所短。中小社会组织如果由内设的公关部负责所有的公关事务会使运作成本过高，效益低下，特别是在操办大型公关活动时，一方面可能力不从心，一方面反而容易造成浪费。但是，如果把所有的公关事务都委托给公关公司处理会加重组织的经济负担，对某些问题的处理效果未必理想。因此，企业组织应该根据组织的具体情况，综合利用公关部和公关公司的优势，扬长避短，以取得最佳的公共关系效果。一般情况下，日常的公关工作由组织内设的公关部承担。专业性较强的大型公关活动和组织缺乏相应关系资源、运作经验的公关活动都应该委托给公关公司办理，或请公关公司协助策划实施。

（三）公共关系协会

公共关系协会是从事公关理论研究和实务活动的人按照一定的规章制度自发组织起来的、非营利性的民间群众组织。其宗旨是团结热心公共关系事业的各行各业人士，开展公关理论研究，交流公关信息，提供公关咨询策划服务和公关培训，满足社会对公共关系的需求，促进公关事业发展。

目前，我国比较有名的公共关系协会有：中国公共关系协会、中国国际公共关系协会和中国高等教育学会公共关系教育研究会。此外，大多数省、直辖市、自治区和众多的地区都有自己的公关协会。

1．公共关系协会的职责

公共关系协会的具体职责体现在以下几个方面：

（1）发展和联络会员。

（2）普及公共关系知识，推动公共关系学术理论的发展。

（3）维护公关行业专业人士的基本权力和利益。

（4）制定公关行业职业道德规范和行为准则。

（5）交流信息，开展各类公关服务，提供专业的公关培训。

（6）印刷资料，编辑、出版公共关系方面的书籍和刊物。

2．经费来源

公共关系协会的活动经费主要靠自筹，包括团体会员和个人会员的会费；为社会开展咨询策划活动、公关培训工作所取得的服务费、学费；所属经济实体的营业收入和企业赞助等。

公共关系协会按照章程的规定运作。

任务二　公关从业人员培训

学习目标

知识目标：了解公关从业人员的工作职责和基本素质。

能力目标：成为一名合格的公关从业人员。

任务导入

案例一：日本索尼公司公关项目案例

日本索尼公司的彩电就是靠公共关系人员的韧劲打入美国市场的。20世纪70年代中期，索尼彩电在美国名不见经传，根本无人问津。当时任索尼公司国外部部长的卯木肇先生一筹莫展。据说有一天夕阳西下时，他经过一处牧场，看见一位稚气的牧童牵着一头雄壮的大公牛进了牛栏，其他牛都跟在“头牛”的后面鱼贯而入。卯先生突然由此受到启发，决定把当地最大的电器推销商——马希利尔公司作为索尼彩电进入美国市场的“头牛”。第二天，卯木肇先生就去求见马希利尔公司的经理，但得到的回答是：“经理不在!”接下来，他又去了第二次、第三次、第四次，第五次时他才终于见到那位经理。“我们不卖索尼的产品，你们的产品降价拍卖，像泄了气的足球，踢来踢去无人要。”这就是那位经理斩钉截铁的回答。卯木肇先生决定采用“韧”的方法，继续“缠”住这位经理，当那位经理说索尼的售后服务太差时，卯木肇就立即设置了特约服务部，并在报纸上公布服务部的地址和电话号码，保证随叫随到。紧接着，卯木肇召集了30多位工作人员规定每人每天拨5次电话，请马希利尔公司订购索尼彩电。终于，马希利尔公司的经理同意了。在“头牛”的带动下，芝加哥地区100多家商店纷纷要求经销索尼彩电，不到三年，索尼彩电在芝加哥地区的市场占有率就达到了30%。

——资料来源：夏年喜《世界上最迷人的公关大师》工商出版社

案例二：

2011年，中国公关界的元老级人物信诺传播顾问（北京）有限公司副总裁张心宏接受中国公关网的专访时，认为目前公关行业最急需解决的是人才和规范。同时指出要用良心做职业公关人。公关最终是攻心，攻心需要公关从业人员更加遵纪守法，更加诚实可信，要对得住良心。他认为自己做了20年公关，回过头来，万变不离其宗的一点是《圣经》上的话，“你要保守你心，胜过保守一切，因为一生的果效是由心发出”。人心坏了，长久不了，所以要特别好好保守自己的心。

1. 请谈谈目前我国部分公关从业人员的职业道德存在哪些问题？
2. 请思考如何做一名合格的公关从业人员？

一、公关从业人员的工作职责

公共关系从业人员是指专门从事公共关系工作的人，主要负责组织的公众信息传播、关系协调与形象管理事务的调查、咨询、策划和实施等工作。

公关从业人员具体的工作任务和职责要由公关公司和企业组织实际的公关业务、职能确定。

美国公关协会在一本名为《公关职业》（Careers in Public Relations）的小册子中，描述了公共关系从业人员的工作任务、职责，共8项：计划、关系（即与各种公众保持和加强联系）、写作和编辑、信息（即向媒体提供信息）、制作（即制作图文传播制品等）、特别活动（即新闻发布会等专项公关活动）、演讲、调研和评估。

斯科特·卡特里普等著的《公共关系教程》中，则列出10项：撰写和编辑、媒体关系和报道、研究、管理和行政、咨询、专项活动、演讲、制作、培训、接触联络。

二、公关从业人员的素质

公共关系工作是一项专业性很强的工作，对其从业人员有特殊的要求。专业的公关从业人员应具备以下几方面的素质：

（一）强烈的公关意识

公共关系意识是公关从业人员必须具备的职业意识，是各种必备素质的核心，是组织建立良好公共关系的必要前提，对提高公共关系活动的成效起着重要作用。公关意识包括以下内容。

1. 服务公众意识

公共关系又称公众关系，就是处理与公众的关系，公关人员必须具有尊重和服务公众的意识，并在工作中体现这种意识，以此赢得公众对企业的信任、合作和支持。现代公共关系教育的先驱、美国著名公共关系学者爱德华·伯内斯在1923年提出：公共关系工作是为了“赢得公众的赞同”，“公共关系应首先服务于公众利益”。

35次紧急电话

日本东京的奥达克余百货公司具有强烈的服务公众意识，不仅使公司避免了一次危机事件，还为公司赢得美誉。

一次，一位名叫基泰丝的美国记者，来到日本东京的奥达克余百货公司。她买了一台索尼牌唱机，准备作为见面礼，送给住在东京的婆婆。当时售货员彬彬有礼，特地为她挑选了一台未启封的机器。基泰丝对该店的服务非常满意。

回到住所，基泰丝开机试用时，却发现该机没有装内件，因而根本无法使用。她不由得火冒三丈，准备第二天一早就去奥达克余交涉，并迅速写好了一篇新闻稿，题目是《笑脸背后的真面目》。

第二天一早，基泰丝在动身之前，忽然收到奥达克余打来的道歉电话。50分钟以后，一辆汽车赶到她的住处。从车上跳下奥达克余的副经理和提着大皮箱的职员。两人一进客厅便俯首鞠躬，表示歉意。接着，副经理亲手将一台新的合格的唱机，外加蛋糕一盒、毛巾一套和著名唱片一张送给基泰丝。基泰丝对这一切感到很意外，充满疑惑：他们是怎么找到这里的？副经理打开记事簿，宣读了一份备忘录。上面记载着公司通宵达旦地纠正这一失误的全部经过。原来。昨天下午4点30分清点商品时，售货员发现错将一个空心货样卖给了顾客。她立即报告公司警卫迅速寻找，但为时已迟。此事非同小可。经理接到报告后，马上召集有关人员商议。当时只有两条线索可循，即顾客的名字和她留下的一张“美国快递公司”的名片。据此，奥达克余公司连夜开始了一连串无异于大海捞针的行动：打了32次紧急电话，向东京各大宾馆查询，没有结果。再打电话问纽约“美国快递公司”总部，深夜接到回电，得知顾客在美国父母的电话号码。接着又打电话去美国，得知顾客在东京婆家的电话号码。终于弄清了这位顾客在东京期间的住址和电话，这期间的紧急电话，合计35次。

这一切使基泰丝深受感动。她立即重写了新闻稿，题目叫做《35次紧急电话》。

2．塑造形象意识

良好的组织形象是一个组织的无形资产和无价之宝。公关从业人员应当树立牢固的形象意识，以自己的一言一行塑造、维护和传播组织的形象和品牌，提高组织形象和品牌的知名度、美誉度和信誉度。

同步思考：著名国际企业可口可乐公司的老板曾经讲过，假如全世界各地的可口可乐工厂，一夜之间被大火烧得一干二净，第二天世界各地报纸头版头条将会是，各家银行争先恐后向可口可乐公司贷款。不出三个月，可口可乐就可以恢复到原来的规模。

请思考：可口可乐获得贷款并迅速重建的原因是什么？

3．沟通协调意识

公共关系人员既要传播本组织的信息，又要收集一切与组织生存、发展相关的信息，还要协调各方面关系。在沟通中寻求理解与支持，来增强组织内部的凝聚力和外部的和谐力，以此谋求和谐发展。

4．立足长远意识

公共关系的目标是塑造、维护和传播组织形象。这不可能一蹴而就，需要长期努力，不断积累，才能成功。为此，公共关系人员必须立足长远，一方面要长年坚持不懈、一点一滴地做好公共关系工作，另一方面不能急功近利，要立足于公关活动的经济效益，更要着眼于长期的公关战略目标，既要追求公关活动的经济效益，更要注重公关活动的社会效益。要正确处理眼前利益和长远利益、组织利益与社会利益的关系。绝不能为眼前利益牺牲未来发展。

5．开拓创新意识

公共关系是一门科学，更是一门艺术，其生命力在于开拓创新。任何成功的公关活动都有其独特之处，全盘照搬别人的做法注定失败。因此，公关人员必须与时俱进，具备开拓创新意识，不断探索新的模式和做法。

6．互利互惠意识。

公共关系活动应当建立在双赢的基础上，组织之间既是竞争对手又是合作伙伴，寻求共同发展。当组织利益与公众利益发生冲突时，应把公众利益摆在首位，维护组织利益的同时不能损害公众的利益。

（二）良好的心理素质

1．热情而冷静

热情乐观的心理能使公共关系从业人员充满想象力和创造力，保持广泛的兴趣，主动热情地帮助和关心别人，这样才能实现与公众的良好沟通，取得公众的信任，利于完成公关工作。同时，公共关系人员面临的公众和事情是非常复杂的，这需要公共关系人员遇事沉着冷静，善于分析情况，采用妥当的措施，避免因感情用事，而失去理智，对个人和组织形象造成负面影响。

2．开放而谨慎

公共关系工作是一项开放型的工作，需要公关人员以开放的心理不断接受新事物、新知识和新观念，善于与各类性格的人打交道，并建立良好的关系，在工作中能够大胆开拓创新，积极探索。同时，还要小心谨慎，注重细节。公关无小事，任何小失误都可能引发大危机。

人类的心理防卫圈有两层，一层为外圈，一层为内圈。依据个人内外圈的松紧程度不同，可以将其分为两种类型：外松内紧型和内松外紧型。外松内紧型的人善于和各种各样的人交往，而在内心深处则防护很紧，不轻易向别人显示自己的真实思想；内松外紧型的人不善于和陌生人交往，而对较为熟悉的人心理防卫很松，可以无话不谈。显然，公关人员的心理防卫圈应该是外松内紧型。

——资料来源：魏翠芬《公共关系理论与实务》

3. 自信而宽容

公共关系是一种富有创造性、挑战性和竞争性的工作，有时还具有一定的风险性，这就需要公共关系人员具充满自信心，对工作满腔热情，不畏艰难，勇于负责，持之以恒。这种自信是建立在调查研究和慎重而科学的决策基础之上的，绝非盲目的自信。

法国哲学家卢梭曾经说过："自信心对于事业简直是奇迹。有了它，你的才智可以取之不尽，用之不竭。一个没有自信心的人，无论他有多么大才能，也不会有成功的机会。"这一至理名言，对企业的公关人员具有重要的指导意义的。有了自信，才有胆量，有了胆量，才能不卑不亢，落落大方，从容自如地开展公关工作。

宽容的心态表现在能认真地听取、吸收各种意见和建议。善解人意，处处为公众提供方便，与他人在各种活动中"求同存异"。这样有利于公共关系人员协调好各种关系，与各种类型的人建立起良好的人际关系。

4. 灵活而坚毅

公共关系工作没有固定的模式，它所面临的情况千变万化、纷繁复杂，这需要公共关系人员具备敏锐的感知力和较强的应变能力，能够灵活地处理复杂的问题。在实现组织目标的过程中，公共关系人员还应有顽强的毅力。在工作中，遇到困难和挫折，应克服困难，勇于进取，如果心灰意冷，丧失信心，将一事无成。公共关系人员的顽强毅力是公共关系事业成功的保证。

5. 合作而担当

公关人员之间精诚合作，才能做好公关工作。只有彼此协作，团队行动，才能发挥出个人难以达到的效果，完成重大的任务。公关人员还需要有敢于担当的心态。勇于迎接崭新挑战，大胆探索开拓。敢于面对问题，主动承担责任。只有这样，才会去努力克服困难，解决问题，提高自己的水平，成为杰出的公关人才。

（三）全面的知识结构

公共关系既是一门多学科的理论，也是一门实践性强的实务，公共关系从业人员需要具有丰富、广博的知识修养，是一专多能的"杂家"。一般而言，公共关系从业人员的知识结构包括以下内容：

1. 公共关系的基本理论和实务知识

基本理论知识包括公共关系的基本概念，公共关系的三要素（社会组织、公众和传播的概念和类型，公共关系的历史，公共关系的职能），公共关系活动的基本原则，公关工作的程序，不同类型的公共关系机构的构建原则和工作内容等；基本实务知识包括分析公众心理的知识，协调公众关系的知识，公关调查的知识，公关策划的知识，公关活动实施与评估的知识，处理公关危机的知识等。

2. 与公共关系密切相关的学科知识

具体包括：①传播学及相关学科知识：传播学原理，媒介理论与实务，广告学，谈判理论与技巧，演讲与口才，公关应用写作，社交礼仪，计算机应用等。②管理学及相关学科知识：管理学，行为科学，社会学，市场营销学，心理学，组织文化，会计学等。③法律及方针政策知识：公司法，合同法，广告法，经济法，反不正当竞争法，党和政府的有关政策、法令、法规，社会的政治、经济、文化诸方面的现状和未来发展趋势等。

3．开展特定公共关系活动所需的专业知识和技能

例如，企业产品由内销转外销，组织需要开展国际公共关系工作，公关人员应熟练地掌握一门或多门外语。

公共关系人员的知识结构应该是一种动态、开放的结构，能够随时吸收新的知识，不断丰富和发展自己。

（四）杰出的工作能力

公共关系人员的工作能力有以下几方面：

1．收集和处理信息的能力

就本质而言，公共关系工作是一种信息工作，沟通传播信息是公共关系一项基本职能。因此，公共关系人员必须具有强烈的信息意识。能熟练运用现代信息技术收集信息，并对信息有高度的敏感性，善于观察别人不易察觉的信息，及时处理信息，为组织决策提供咨询建议，使组织赢得成功的先机。

信息捕捉能力公关项目案例

美国亚默尔肉类公司的公共关系人员有一次从报上看到一则有关墨西哥发生生猪瘟疫的病例，他们立即想到，如墨西哥果真发生此病，一定会从加州和德州边境传到美国，而加州和德州是美国最重要的肉类供应基地，一旦发生生猪瘟疫，肉类供应就会成大问题，到时候肉价会大涨，公共关系人员立即将情况向公司老板作了汇报，引起了老板菲力普・亚默尔的重视。他立即派人去墨西哥调查情况，证实了消息是正确的。于是，公司果断决策，立即集中了全部资金购进了加州、德州的生猪，并及时运往美国东部。不久，墨西哥以及美国一些州瘟疫蔓延，牲畜大量死亡，肉价飞涨。这时，亚默尔公司将肉全部抛出，公司净赚900万美元。

对于企业来说，机遇随时会有，就看能不能很好把握。闻名世界的北京长城饭店刚开业时，生意十分萧条。1984 年，公共关系部巧夺天工地借助里根总统访华这一千载难逢的机遇，为长城饭店制造了一个全球性的大新闻，世界上500多家报纸、电台几乎同时报道了里根总统在长城饭店举行告别宴会的消息。从此名声大振，成了接待各国元首的重要地点之一。

——资料来源：袁祥华《现代公共关系学》南京大学出版社

2．语言表达能力

主要有口头语言表达能力、文字语言表达能力、体态语言表达能力。这是公关人员必备的基本技能。

体态语的含义

有一位工作很有成效的公关小姐，不光善于表达，而且能准确地从对方的动作和情绪中了解对方的心理活动。她笑着说：“只要你留心，你就会发现，虽然对方没有用口说话，可是他浑身都在说话呀！比如在正常状态下，人坐的时候脚尖也就自然提高了。因此，我只要看对方的脚尖是着地还是提高就可以判断他的心里是平静的还是紧张的了。又比如在正常情况下，吸烟的人熄灭烟蒂不可能很长。因此，如果你发现对方手中的烟蒂还很长却已放下熄灭了，你就要准备，他打算告辞了。”

“此外握拳的动作是表现向对方挑战时自我紧张的情绪，握拳时使手指关节发出响声或用拳击掌，均系向对方表示无言的威吓或发出攻击的信号。在交谈中或在开会等场合用手指或铅笔打桌面或在纸上乱涂乱画，都是利用小幅度的手指动作来表示对对方的话题不感兴趣、不同意和不耐烦。有时候，有的人还手脚并用，手指在上面做各种小动作，在下面抖腿或用脚尖拍打地面，除了表示上面的意思外还表示情绪上的紧张不安，以阻挠对方把话题继续说下去。”

“两腕交叉是常见的一种下意识腕部动作。交叉的双腕比自然垂下的手臂更显得粗大，因而更易于引人注目。因抚摸腕部（手表），调整袖扣或拿在手里的其他物品而形成的腕部交叉叫假交叉或掩饰性的交叉，这类动作多半是为了掩饰自己的紧张不安或为了安慰自己，有时也是一种自我解嘲的动作。”

公关小姐的这席谈话，都是公共关系人员应掌握的基本功。这位公关小姐之所以能从对方的动作表情中，把握对方的思想情绪，关键是她善于观察，并掌握了一定的肢体语言知识。在现实生活中人们用各种方式传递信息，表达情感，作为一个公共关系人员要与公众进行沟通，除了要有礼貌待人的风度，能言善辩的技巧外，还要懂得一些肢体语言知识，学会理解非语言信息，才能更好地实现沟通和交流。

——资料来源：陶应虎《公共关系原理和实务》清华大学出版社

3．组织协调能力

公共关系人员的组织协调能力是指公关人员在从事公共关系活动过程中，通过计划、组织、安排、协调来实现组织目标，完成预定任务的能力。无论是公共关系调查、公关策划、计划实施和评估，还是重大仪式庆典、举行记者招待会、新闻发布会等大型公关活动，公共关系人员作为活动的组织者和参与者都需要进行周密的计划和组织，调动协调各方面的力量支持和配合。因此，公关人员必须具有较强的组织协调能力。

我国广州中国大酒店的公共关系人员，曾精心组织拍摄了近3 000多名员工的合影照，并利用广大员工穿着不同颜色的工作服，构成一个醒目的中国大酒店的“中”字图案，还将照片制成明信片。如此庞大的工程，安排得井然有序，充分显示了公共关系人员的组织协调能力。

——资料来源：袁祥华《现代公共关系学》南京大学出版社

4．应变适应能力

公关活动中经常会出现一些突发事件和事先难以预料到的问题，需要公关人员根据实际情况，镇定从容地应对，思维灵活，迅速想出解决的办法，以有效地解决问题。是否具备良好的应变适应能力是衡量一位公共关系人员成熟与否的重要标志。广博的知识、良好的个人素质、丰富的实践经验和准确的事前预见性可以使公关人员获得良好的应变适应能力。

5．开拓创新能力

公共关系工作是一项富于挑战和创新的工作。公共关系人员必须具有丰富的想象力和创造力，把公关工作做得新颖别致、卓有成效，才能满足公众求新、求异的心理需要，增强公关活动的效果。

湖州广场警务活动成战略型公共关系的范例

3月14日是国际警察日，在这个特殊的节日里，湖州的公安民警选择了走进群众，倾听民意。全市各级公安机关广泛开展了“推动‘民意评警’促进警民和谐”的广场警务活动。

一场新书首发仪式揭开了活动序幕，这本厚厚的《警务广场——民意导向型警务新模式》凝结了近年来湖州公安机关涌现的感人故事和先进人物，总结了为民服务的经验。

对此，湖州市委常委、公安局长金伯中说：“建立民意导向型警务模式，把民意转化为警务决策和警务行动，真正让警务围绕民意转，让民警围绕百姓转。”

在这样的标准下，每年的国际警察日，广场警务活动都是湖州公安机关的“保留节目”。

手持扫帚和铁锹，走上湖城街头清理卫生死角；听说血库告急，100多人在献血车前排起了长队，献上自己的青春热血；在湖州时代广场，治安、经侦、禁毒、消防等部门开展了广场大型宣传咨询活动。

在吴兴区的龙泉街道某小区，一张桌子，一块桌布，一条横幅，龙泉派出所所长王永年正和普通百姓拉家常。“我是龙泉派出所的所长，这是我的名片，有什么事情需要我们警察办的，您也可以直接给我打电话。”他在向群众递送防范建议手册等宣传资料的时候，总是不忘附上一张自己的名片。据悉，为了方便群众，全所21名民警都印有1000张名片。

湖州市公安局还依托警务e广场局长网上恳谈室开展了主题为“走群众路线，谈民意评警”局长在线交流活动，与广大网友开展互动。

“以保民安、得民心为核心诉求，疏导民意、回应民意为主要途径，启动了畅通民意、由民意引导警务的警务广场，将一系列的专项活动统驭在公关战略当中”，中国人民公安大学的孙娟教授对湖州公安机关的“警务广场”模式作了高度评价，“警务广场为我国警察公共关系实践提供了一个富有开拓意义的战略型公共关系的范例”。

——资料来源：浙江在线，作者：童俊　郭楼

6．人际交往能力

公共关系人员要善于待人接物，善于处理各类复杂的人际关系。具备良好的人际交往能力，可使公共关系人员赢得更多公众的信任和支持，保证公共关系工作的顺利开展。

欧莱雅集团、杜邦集团、通用汽车、奥美集团等知名企业都曾经招聘公共关系人员。这些企业在招聘时对应聘人员都有一些共同的要求，归纳起来，主要包含以下几条：

（1）最好有2～8年公共关系公司、新闻媒体、广告公司或市场营销职位的工作经验。

（2）熟悉媒体运作流程，能选取较好的新闻角度撰写新闻稿并将其投放至媒体。

（3）极强的中英文书面表达能力，能撰写各种英文工作材料和新闻稿件。

（4）极强的中英文口头表达能力，能熟练运用英文演讲、汇报工作。

（5）极强的人际沟通技巧，有团队意识，能在高压下工作。

（6）在没有监管的情况下能独立、按时地完成任务。

（7）学习能力强，注意细节。公共关系界巨头——奥美集团除了以上条件外，特别提出，应聘者需要熟悉多个行业，有较强的案头研究能力；能独立联系客户，取得订单；职业化程度较高，气质大方得体，有亲和力。

——资料来源：陶应虎《公共关系原理和实务》清华大学出版社

（五）公关人员的职业道德准则

英国著名公共关系专家弗兰克·杰夫金斯曾说："我们生活在一个公共关系极度敌视的世界，敌视的主要原因就在于人们在公共关系活动中偏离甚至丢弃了道德规范，这样，不但使人们对公关产生抵触情绪，还导致了公关自身陷入困境。"《公关员国家职业标准》（2005年版）中规定公关员的职业守则为：①奉公守法，遵守公德；②敬业爱岗，忠于职责；③坚持原则，处事公正；④求真务实，高效勤奋；⑤顾全大局，严守机密；⑥维护信誉，诚实有信；⑦服务公众，贡献社会；⑧精研业务，锐意创新。

这里将公关人员的职业道德准则归纳为以下三个方面：

1．遵纪守法，注重社会效益，努力维护公共关系职业的整体形象

遵守基本的法律、法规和社会公认的道德规范，是公共关系人员最基本的职业准则。要有强烈的社会责任感，当组织的个体利益与社会整体利益发生冲突时，公共关系人员应维护社会整体利益。不能为了个体利益，违法乱纪、违背社会道德采取不正当的手段和方式，损害社会整体利益或他人正当权益。

2．恪尽职守，自觉维护组织信誉

公关人员要有执着的敬业精神，忠于职守，对当前和以往的客户或雇主都始终忠诚如一。任何时候都要尊重所服务的机构和公众双方的正当权益，以赢得有关方面的信赖，时刻自觉维护组织信誉。

3．公正真诚，不传播虚假信息

公共关系就是把真相告诉公众，公共关系工作人员应该做到真诚待人，将诚信视为公共关系实践活动的核心。在实际工作中注重信息传播的真实性，不能为了个体利益故意传播虚假的或使人误解的信息。公正真诚既是公共关系人员对公众权益的尊重，也是从根本上长久维护组织良好信誉的保证。

4．保守秘密

在国内外公共关系活动中，公共关系工作人员必须严守国家和组织的有关机密。

5．尊重公众，维护公众利益和个人尊严

公共关系是爱与信的运动。获得公众的爱与信任的前提是以公正的态度对待公众，维护公众的利益，对公众负责。

课后训练

一、案例分析

顾客争座时，肯德基怎么办？

2000年8月，江西第一家肯德基餐厅落户南昌，开张数周，一直人如蜂拥，非常火爆。不想一月未到，就有顾客因争座被殴打而向报社投诉肯德基，造成一场不小的风波。

事件经过大致如下：一位女顾客用所携带物品占座位后去排队购买套餐时，座位被一位男顾客坐住而发生争执。先是两位顾客因争座发生口角，尽管已引起其他顾客的注意，但都未太在意，此时餐厅的员工未能及时平息两人的争端。接着两人争吵上升到大声争吵，店内所有顾客则都开始关注事态，邻座的顾客则停止用餐，离座回避，带小孩的家长担心事态危险和小孩受到粗话影响，开始领着小孩离店。最后二人争吵上升到斗殴，男顾客大打出手，殴伤女顾客后离店，别的顾客也纷纷离座外逃和远远地看热闹。女顾客非常气愤，当即要求肯德基餐厅对此事负责，并加以赔偿。到此时，其影响面还局限于人际范围，如果餐厅经理能满足顾客的要求，女顾客就不至于向报社投诉。但餐厅经理表示"这是顾客之间的事情，肯德基不应该负责"，拒绝了女顾客的要求。女顾客马上打电话向《南昌晚报》和《江西都市报》两报投诉。两报立即派出记者到场采访。女顾客陈述了事件的经过并坚持自己的要求，而餐厅经理在接受采访时对女顾客被殴表示同情和遗憾，但是认为餐厅没有责任，不能作出道歉和赔偿。两报很快对此事作了报道，结果引起众多市民的议论和有关法律专家的关注。事后，根据消费者权益保护法，肯德基被认为对此事负有部分责任，向女顾客公开道歉，并赔偿了部分医药费，两报对此也都作了后续报道。

案例思考：

1．从公共关系角度来看，顾客争座，肯德基到底该不该管？

2．通过这一事件，我们应该汲取哪些教训？

二、实训题

1．请以小组为单位选择两家企业进行调查，从公共关系部的设置、人员配备和工作内容三方面进行比较分析。

2．请采访一家设有公共关系部的企业和一家公共关系公司，了解社会到底需要什么样的公关人才？

3．请搜集公共关系公司资料，并结合所学知识为这些公共关系公司分类，并分析其业务范围。

模块二　信息管理训练

任务一　信息采集训练
任务二　信息运用训练

任务一　信息采集训练

学习目标

知识目标： 认识收集信息的渠道和方法，明确收集信息的范围和要求；认识信息筛选的要求和方法；认识信息分类的要求和方法；了解信息校核的范围、要求和方法；理解信息存储的载体、装备和方法。

能力目标： 能够全面、准确、快速地收集与组织相关的信息；能够快速准确地筛选出对组织有价值的信息；能够合理存储信息，方便信息的查找和利用。

任务导入

某生产男性内裤的企业，为了促销其产品，该企业针对男性客户大作诉求，媒体选择也一律以男性接触的媒体为主，举凡男性喜欢的活动、频道、栏目、时段、版面都是这家企业选择的目标，各种活动和广告的创意也都还不错。问题是，大笔的广告、促销费花了，却不见销售成绩有什么起色！为什么？经过市场调查才发现，百分之六十五左右的男性，他们的内裤是由太太或妈妈买的。虽然展现的创意不错，但由于信息掌握得不全面，导致诉求的对象错误，因此所有的沟通无效，当然销售成绩无法提升。

——资料来源：姚惠忠《公共关系理论与实务》

公关人员为何要采集信息？

一、信息收集

信息是以物质介质为载体的对事物存在的方式和运动状态的反映。当今世界已进入“信息时代”，信息资源已成为重要的经济资源，被视为“无形的社会财富”。公关信息管理指建立公关信息管理机构，通过若干渠道和调查方式，专门进行公关信息的收集、筛选、分类、校核、存储，对公关信息进行研究开发，为开展公共关系工作提供信息服务。

（一）收集信息的渠道

信息收集是指通过各种渠道和方式获取与组织相关的各种信息的过程。例如，通过对组织内部资料的搜集整理、书籍报章杂志的内容收集整理、网络信息收集整理，与个人或团体的交流等方式收集各种相关信息。

1．大众传播媒介

大众传播媒介分为印刷媒介和广播电视媒介，包括广播、电视、报纸、期刊及其他文献载体，是现代社会获取信息的重要途径。

2．图书馆

图书馆拥有专业数据库，数据库中的信息具有内容新、价值高共享性强等特点。

3．网络搜索引擎

借助互联网上的搜索引擎如百度，找到相关信息。为保证搜索成功，须认真选择输入引擎的关键词。

4．组织的内部公众和外部公众

具体可以采用产品试用、投诉电话、意见箱、公众咨询、负责人接待日、值班经理制、有奖征集建议、热线电话等方式收集相关信息。

青岛啤酒股份有限公司处理投诉的资深专家王恩菊认为，企业的顾客投诉是企业发现自身不足的机会。以青岛啤酒为例，在全国各地有 50 家工厂，要了解这些工厂产品质量情况，顾客的反馈与监督应是求之不得的。

三鹿企业如果重视投诉，可在蛛丝马迹间发现问题。曾参与产品质量法立法工作的国家认监委中国信息安全认证中心党委书记袁俊明认为，三鹿奶粉事件造成的影响实际上也涉及一个如何正确处理投诉的问题。因为三鹿奶粉并非一开始问题就这么大，它有一个相当长的过程，最后处理不当，造成了严重后果。

三鹿奶粉一开始接到投诉，出于不希望影响太大的心理，派人把那些投诉抹平，但并不去分析食用者为什么出现病患、病患到底和它的产品有没有关系，不去追根寻源，这并非一个负责任企业应有的态度，从而造成了严重的后果。如果一个企业重视消费者的投诉，就会在蛛丝马迹间发现问题，进而防微杜渐。

中国室内装饰协会秘书长宋广生认为，投诉能够兴一个行业，也能败一个行业。三鹿奶粉事件使整个中国奶制品行业受损，室内环境监测委员会的成立，也正是因为当初老百姓对装修气味的投诉，现在发展成为一个行业。

因此，能否重视来自公众的信息是一家企业甚至一个行业成败的关键。

——资料来源：中国企管网（文字有改动）

5. 现场交流渠道

现场交流渠道是指事件发生现场的信息，信息量大且真实性高、新鲜。例如，会议现场、展示现场、销售市场、建设现场等。

6. 信息机构渠道

信息机构储存丰富的信息资源，可以委托信息机构定向收集相关信息。还可以委托第三方机构收集信息，例如，湘潭市某食品厂委托湘潭大学化学系为该厂收集有关食品专利信息，由于获取了最新的食品开发技术，该厂很快从困境中摆脱出来，产品迅速占领了市场。

使用第三方情报代理服务

使用第三方情报代理服务，如365Agent、铱星企业情报系统、中国企业竞争情报网等，可以实时获取互联网上的竞争情报信息。

第三方情报代理服务模式主要有两种：①通过信息自动收集系统，实时收集各大门户网站、行业网站与地方新闻网站等各类知名权威网络媒体发布的信息，经过计算机初步筛选后由人工筛选，按行业进行分类，通过一站式网络门户模式向订购服务的企业提供行业情报的全文检索与主动推送服务，365Agent 即属于此种服务模式。②情报代理服务机构收集各类行业与企业的信息，订购情报信息服务的企业可以根据需要，在第三方代理服务门户网站上生成如本企业情报信息、行业实时新闻、行业研究报告、竞争对手情报信息等个性化情报服务栏目，用户可以通过身份验证进行浏览与查询，铱星企业情报系统、中国企业竞争情报网即属于此种服务模式。利用第三方情报代理服务的优点是：可以实时掌握行业动态，了解全国各地的行业、本企业与竞争对手的活动信息；信息查询与利用方便快捷。缺点是：无法按照企业特定的需要进行信息收集；第三方情报代理机构提供的信息大部分是新闻报道，信息质量不高，利用价值不大；信息存储在服务机构服务器里，企业无法批量存储到本地进行信息的分析与挖掘。

——资料来源：鞠洪斌、马林山《企业竞争情报系统建设中的情报信息收集》

7. 关系渠道

关系渠道是指业务往来关系、横向人际关系、纵向从属关系渠道。在日常工作、参观访问或出席各种会议中通过关系渠道都可以收集到大量信息。还可以通过公众的来信、来访、来电得到信息材料。

8. 权威机构和权威专家

向各行业的权威机构和权威专家咨询，以获取信息。例如，中国证券监督管理委员会是证券业的权威机构。

9. 调查渠道

调查是有目的、有重点、主动收集信息的重要方法。例如，开展市场调查。

（二）收集信息的范围

公关信息的收集范围包括产品形象信息、组织形象信息和组织环境信息。产品形象信息指公众对产品和服务的意见和建议；组织形象信息包括公众对组织机构的评价信息、公众对组织管理水平的评价信息和公众对组织人员素质的评价信息；组织环境信息包括组织外部环境信息和内部环境信息。外部环境信息指组织所处社会政治、经济、立法、技术、文化、自然环境、市场竞争等方面的信息，既包括国内信息又包括国际环境信息。组织外部环境信息是决定组织采取对外公关战略的主要因素，其中包括企业的"政治营销"手段、品牌策略、广告策略、公益活动策略等。组织内部公关信息指企业内部进行的公关行为信息。比如上、下级之间，部门与部门之间以及同事之间的交流与沟通信息。再如，组织内部的企业文化信息。

进入世界500强的美国企业大部分都设有情报部门。如IBM、微软、陶氏科宁、可口可乐等公司的情报系统不仅能检测竞争对手的动态和环境变化，还具有对环境的早期预警功能，使公司能够掌握商品的供求状况、行情的变化和竞争对手的动向，灵活应对各种变化的环境，及时捕捉商机，赢得主动权。

对于那些参与国际商场竞争的企业来说，世界各国的政治、经济、文化、民族风俗习惯等信息也很重要。有时一个表面看似无关的信息，却可能对市场行销有着重大影响，日本丰田汽车成功进入了美国市场就是一个典型的例子。该公司一向十分关注中东各方冲突的形势，他们一方面通过外交渠道了解情况，另一方面专门派人到中东进行考察，收集有关中东局势的情报。通过对收集资料的整理分析，得出结论：20世纪70年代中叶，中东必然会爆发一场新的战争，而美国会一如既往地支持其盟国以色列，致使阿拉伯国家对美国实行石油禁运。连锁反应是，美国国内石油能源短缺，燃料价格暴涨，政府实行限额供应，影响以石油为能源的汽车行业。据此结论，丰田汽车公司大力研究开发节能型汽车。1973年中东战争爆发，石油价格果然大幅度上涨，高能耗的汽车滞销，丰田汽车公司迅速将其小型节能型汽车投放美国市场，成功地打开了美国市场销路。

——资料来源魏翠芬《公共关系理论与实务》

（三）收集信息的要求

收集的信息要具有价值性，实用准确；收集信息要及时、适时，注重时效性，使有价值的信息不因错过时机而失效；收集信息要有层次性，从不同来源、不同渠道收集信息；收集信息要有针对性，针对实际需要，根据工作性质和任务，获取有使用价值的信息；收集信息要有广泛性，广泛收集与组织相关的各种信息，保持信息的历史联系或专业内容联系，所采集的信息能连续地反映事物发展的全过程及其规律性。

某服装公司自创建以来与外商签订了大量合同，产品销路畅通，多数出口国外。公司的发展得益于在经营过程中始终注意对各种相关信息的收集积累。公司制定了信息收集范围与原则，要求员工加强对日常工作中形成的信息材料的收集，要求通过各种信息渠道，广泛收集来自各方面的有价值信息。例如，国外的灰色文件（如内部刊物、贸易文献、地方政府报告等）上面都有重要的经济信息，但常规渠道往往很难获得，该公司的员工想办法通过驻外使馆人员、出国旅游人员、外贸人员以及驻外记者、出国访问者等单位和个人帮助收集。

在公司上下的努力下，公司的经营管理建立在信息充分、利用有效、对市场反应灵活的基础上。信息在公司的经营管理中发挥着重要作用，成为制胜的关键因素。

同步思考：如何判断信息传播链中信息的价值与准确性

某公司的信息从即将公布到进入公众领域之前的基本传递顺序为：即将宣布某事的消息在公司内部传播→正式公布之前，经纪人、供应商、经销商中一些消息灵通的人士已经知晓→事件在公司内部正式公布→有关消息通过展销会、商业报刊、销售人员传递到产业界→普通报纸对事件加以报道→相关信息可能被收入数据库→相关文章被载入光盘或编辑成册收入图书馆。

请分析信息传播链中信息的价值与准确性。

（四）收集信息的方法

（1）观察法。观察法是指公关人员根据一定的研究目的、研究提纲或观察表，用自己的感官和辅助工具去直接观察被研究对象，从而获得资料的一种方法。观察法简单、灵活，获取的信息客观性强，但获得信息量有限、深层次信息少。

（2）查阅法。就是通过查阅各种媒体资料（如电视、电影、杂志、报纸、书籍等）来获取信息的收集法。该方法获取信息方便、适用性强。

（3）访问法。通过向对方提问、与对方面谈获取信息的方法，包括电话询问、书面询问、现场访问和小组座谈。访问法要求公关人员具备良好的沟通能力。

（4）问卷法。问卷法是由公关人员将设计好具体问题的调查问卷发放给被调查者作答而获取信息的方法。问卷法收集的信息客观性强、效率较高，但问卷的质量、回收难以保证，需要被调查者积极配合。具体的实践形式有民意测验、服务调查问卷和市场调查问卷等。

（5）网络法。利用网络搜索引擎可以低廉、方便、快捷地收集到大量信息，但信息质量参差不齐，需要花大量的人力筛选过滤。

建立公众档案

国内首家开展日商投资的新概念使用品免费店——陶乐坊已有会员 8 000 人，这些会员都是通过网上注册并每年缴纳 100 元人民币会员费，可免费享受 5 个试用品的权利，但商家规定会员需履行通过网络填写市场反馈表的义务，如三次不予反馈，则自动取消会员资格。这种网络调查，实际上是为商家建立公众档案服务的。

——资料来源：蒋明军《公共关系策划》

智能情报信息收集系统

采用网络智能情报信息收集系统，可以快速收集企业所需要的特定网络情报信息。其特点是根据情报收集规划的需要，对特定的网站进行监测与定时扫描，将满足采集条件的信息抓取下来，另外也可以按照一个或一组关键词，对搜索引擎搜索的结果进行自动采集与过滤。系统把采集的信息通过智能处理并存储到情报信息库中进行利用。目前，企业通常都是采用智能信息收集系统采集互联网情报信息。

网络智能情报信息收集系统的优点是：企业一次性投入可以永久使用，总体而言信息采集与使用成本较低；企业可以根据特定需要灵活定制收集规则，获取特定的情报信息，使用效率高；系统可以有多重信息过滤机制，可以大大提高信息收集的质量；收集的信息时效性极强；一次性设置完毕，系统便自动根据规则主动监测、跟踪与扫描特定的网站，自动抓取满足过滤条件的信息，并批量下载下来，自动存储到情报信息库中，中间环节无需人工干预，是真正意义上的智能化情报信息收集系统。缺点是对于系统的操作人员要求比较高，初次设置较麻烦；监测的网站出现变动，收集规则需要人工进行相应的修改。

——资料来源：鞠洪斌、马林山《企业竞争情报系统建设中的情报信息收集》

（6）交换法。在自愿、合法、保密的前提下将本组织拥有的信息材料与其他组织的信息材料进行交换，实现信息共享。交换法获得的信息及时、适用、针对性强，但信息获取量小、范围窄。

（7）购买法。通过订购、现购、邮购、代购等方式，购买文献资料、商用数据库的信息等。购置法获得的信息量大、查询方便、时效性强、可信度高、针对性强，但使用成本较高。

（8）奖励法。通过设置激励机制来收集信息。例如，日本的本田公司有一项特殊的鼓励员工提建议的制度，该公司专门成立了一个由5名专家组成的“部门委员会”，负责讨论、审核企业员工提出的各项建议，并根据建议的重要程度打一定的“分”。某个员工一旦积累够了300分，就可以获得到国外旅游一次的待遇。本田公司这项鼓励员工提建议的制度，实际上就是一种激励机制。这项制度既能调动员工的责任心，又能使公司获得有价值的信息。

二、信息的整理

（一）信息的筛选

信息的筛选是指对收集到的大量信息进行判别和选择，判断信息的真伪和价值，有效排除不需要的信息，提取真实、有价值 、能满足需求的信息。

1. 信息筛选的要求

信息筛选要分析信息需求、适用性，选择对工作有指导意义、与业务活动密切相关的信息。剔除虚假、过时、重复、缺少实际指导意义的信息。重点留意富有新意、具有特点的信息，尽可能抓住能反映工作新变化的信息。

在筛选信息时，要注意信息的时效性，即信息发布的时间效度。例如，针对同一问题，2011 年由世界自然保护基金会公布的数据比 2006 年科学家统计的数据的可信度高。有些信息在某一时间段内对本组织有利用价值，但过了这段时间就会变成无效信息。

在辨别信息真伪时，可以运用权威性原则。例如，由权威学者、权威学术期刊、政府官方网站发布的信息可信度较高。还可以运用多重信道可重复性原则，多重信道传输着相同的信息，可信度较高。例如，不同学科多位权威学者各自独立测试，获得同样的信息，就具有多重信度，可信度相对较高。此外，可以利用比较与分类、分析与综合、抽象与概括、归纳与演绎等逻辑方法对所收集的信息分析，判断真伪。

2. 信息筛选的方法

（1）根据信息来源进行筛选。不同来源的信息，重要性、可信度不相同。由权威人物和权威机构公布的信息，重要性和真实性相对较高。

（2）根据标题和正文内容筛选。信息的标题一般可以反映信息的内容和价值，首先根据标题判断信息资料是否与需求相符。其次，浏览正文，初步确定是全部选用，还是部分选用，甚至不用。接着对拟用信息再认真阅读，判断是否有利用价值。如果可用，再看有无内容不准确、不完整和表述不清楚的问题。

（3）有关同类问题的信息的筛选。遇到有关同一类问题的几份信息时，或是选择几份信息中的重点、特点，综合成一份信息材料；或是择优录用，选择宏观的、典型的，淘汰微观的、一般的。

（4）筛选信息的处理。在筛选时，遇到的有价值的信息，或是做记号、复印、剪裁；或是摘录到手册或卡片上；或是做标注、注释、说明，注明剪裁下的信息资料的日期、出处。

经过筛选的信息要分别处理。对可用的信息，分轻重缓急进行信息的加工处理；对暂时不用但可以备查的信息，进行暂存；对不用的信息，按有关规定进行暂存、移交或销毁。

（二）信息的分类

信息的分类是指根据信息所反映的内容性质和特征的异同，采用一定的方式，将信息整合、优化，形成一个便于有效利用的系统的过程，其目的是变无序信息为有序信息，方便信息利用和传递。

1. 信息分类的方法

（1）字母分类法，是指按照地区、主题、作者、单位、标题的字母顺序分类组合进行分类的方法。字母分类法操作简便，不需要索引卡，但查找信息时需知道具体的名称，某个字母下排列的信息较多时，查找费时。大型系统使用时，较难确定每一字母需要的存储空间。

（2）地区分类法，是指按信息产生形成所涉及的地区或行政区划等特征进行分类的方法。所划分出来的每个类别都按字母的先后顺序排列。地区分类法操作简便，利于查找具有地区特性的信息。采用该方法需要有一定的地理知识。

（3）主题分类法，即将信息内容按主题进行分类并以主题充当类目的一种分类法。主题分类法能使信息按照逻辑顺序排列，方便检索，但分类标准不好掌握，主题较难确定，归类不易准确。

卓越亚马逊网站按主题为商品分类

图书
影视、音乐
手机数码、家用电器
电脑、游戏、软件、办公
家居、厨具
食品、美妆、个护健康
玩具、母婴
运动、户外和休闲
服装、鞋靴、箱包配饰
钟表首饰
汽车用品

序号	分类主题	二级类目					
1	图书	中文图书	教材教辅考试	进口图书（Imported Books）			
2	影视、音乐	影视	音乐	教育音像			
3	手机数码、家用电器	手机、通讯	摄影、摄像	数码影音	电视、音响	大家电	小家电
4	电脑、游戏、软件、办公	电脑产品	DIY 电脑硬件	游戏	软件	办公用品	
5	家居、厨具	家居	家居装修	厨具	电视、音响	大家电	小家电
6	食品、美妆、个护健康	食品	美容化妆	个护健康			
7	玩具、母婴	玩具	母婴用品				
8	运动、户外和休闲	健身训练	露营及户外	运动服饰	体育用品	所有产品	
9	服装、鞋靴、箱包配饰	服装服饰	鞋靴	皮具箱包			
10	钟表首饰	钟表	珠宝首饰				
11	汽车用品	GPS、车载电器	汽车养护维修	汽车装饰	自驾游用品	所有汽车用品	

卓越亚马逊网站按主题为商品分类，由图书，影视、音乐，手机数码、家用电器等 11 个大类组成，所有类目均按主题列类，每个大类下列出若干二级类目。

（4）时间分类法，是指按信息形成日期先后顺序分类的方法。仅适合于时间特性强的信息，需要与索引系统配合使用。

（5）学科分类法，学科是人类对客观事物进行观察、研究所形成的某类知识领域，是相对独立的知识体系。学科分类法是按学科对信息资料进行分类的方法。应用这种分类法去组织信息，能够将各种不同的信息从学科知识内容属性上区别开来，信息的排列体现出系统性和发展性。例如，万方数据知识服务平台会把部分信息材料按学科分为工业技术，文化、科学、教育、体育，经济，医学、卫生，交通运输，政治、法律，数理科学和化学，天文学、地球科学，语言、文字，社会科学总论，农业科学，环境科学、安全科学，航空、航天，文学，生物科学，哲学、宗教，艺术，历史、地理，军事等 19 类。

（6）数字分类法，将信息按数字从低到高顺序排列，每个类别给定一个数字，用索引卡标出数字所代表的类别。索引卡按所标类目名称的字母顺序排列，用分隔卡片显示每一个字母。索引卡一般用卡片式索引盒存储，占空间少。有的单位使用计算机数据库保存索引。当要查找某信息时，先从索引卡中按字母顺序找出该类目名称，得到信息的数字，再从相应的文件柜中找出标有该数字的文档。

数字分类法可以通过在数字后面添加号码进行存储扩展，适宜计算机储存，适合于大型信息系统。但查找信息需要参照索引卡片，花费时间。如果分类号码有误，查找信息麻烦。

以上六种分类方法应按照实际情况灵活交叉运用。值得注意的是，可以利用颜色、标签区分类别。针对分类结果，将每个字母、地区、主题等文档使用特定颜色文件夹或在文件夹外边加彩色标签，区分信息类别。给索引卡涂上不同颜色，以便检索；还可以建立交叉参照卡（如图 2-1 所示）。对于能归类到两个位置的信息，如交叉学科、多主题信息，为了便于查找，可建立交叉参照卡。填写交叉参照卡存储在归档系统的相关位置。查找到该位置，查看卡片就知道另一个查找线索。

交叉参照卡

军事（学科）/保健用品（主题）

详见

教育（学科）/汽车用品（主题）

图 2-1　交叉参照卡

同一信息既属于军事又属于教育，既属于保健用品又属于汽车用品，可以建立交叉参照卡提示相关查找线索。

2．信息分类的要求

分类的依据是信息的特征，按照信息的不同内容、来源、时间、性质和作用，根据一定规范的要求，特征相同的信息归为一类，成为母类。母类下再划分为不同的类别，叫子类。子类下还可根据具体情况细分，形成有秩序、有层次的分类体系。

认真确定分类体系，明确分类标准和分类层次。按照科学性、系统性、逻辑性和实用性的要求，对信息材料准确归类，子类之间界限清楚，不互相交叉或包容。

同步思考：某公司公关部积累了大量信息材料，整理信息的工作由公关部员工李某负责。李某认为信息太多，采用时间分类法比较简单。于是他按照信息形成日期先后顺序分类、排列。信息整理完毕后，由于工作需要，李某要查找一份关于奖惩办法的文件，但是记不清文件的形成时间，只好按照时间顺序一份一份地查找，费了很长时间才将这份文件找到。

请结合李某的做法思考如何才能使信息的查找更加便捷？

（三）信息的校核

信息的校核是对经过筛选的信息做进一步的核查校对，对信息的真实性和准确性进行认定。

1. 信息校核的范围与要求

要对信息中的事实、典型事例、观点、数据、图表、符号以及时间、地点、人物、有关政策、法规、重要计划、主要数据等查对出处，核实原件。要做到以原始数据为基础，排除主观因素的干扰。要根据信息材料的用途决定校核的具体内容，并非所有收集的信息材料都要进行校核。

某酒店公关部为了了解员工个人基本情况，更好地开展公关工作，进行了一次面向全体员工的个人基本信息登记。公关部的两名工作人员负责登记表的收集、汇总和处理。两名工作人员将登记表收集齐全后，根据以往的登记材料进行核对，发现有些信息，如工龄、学历、进修情况等，与以往的记载有出入。两名工作人员与有关部门或人员就相关内容和数据进行了校核，对经过校核确实有误的信息进行了修改，特别注明了修改的时间，确保了信息的真实、准确。

公共关系人员通过各种渠道收集的信息中包含各种数据和事实，这些数据和事实如果不真实，就会丧失其自身的使用价值，甚至给公关工作带来危害。因此，公共关系人员要对收集的信息进行校验核实，证明信息的真实性，剔除不真实的信息，更改已经变化的信息。

2. 信息校核的方法

（1）逆查法。逆查法对收集到的信息所涉及的有关问题，进行逆向的审核查对。这种方法的优点是：能迅速抓住重点，将问题查深查透，节省时间和人力，

（2）比对法。比对法对反映某一事实的各方面的信息材料进行比对分析，判断说法、结论是否一致，如果各方面的信息材料分歧较大，应采取其他校核方法认定真伪。

（3）核对法。核对法利用掌握的一手资料和最新的权威性材料，与收集的信息材料进行比对分析，发现并纠正信息中存在的差错。

（4）逻辑法。逻辑法利用比较与分类、分析与综合、抽象与概括、归纳与演绎等逻辑方法对信息中表达的事实和叙述方法进行分析，判断真伪。

（5）调查法。调查法通过实地调查对收集的信息材料进行核实，验证信息的真实性和准确性。

（6）数理统计法。数理统计法运用数理模式计算、鉴定信息材料中出现的数据和定性分析，剔除虚伪和失真的信息。

以上六种信息校核的方法可以互相补充，结合使用。公共关系人员综合运用自己的知识、经验和能力，对信息是否失真加以认定，分析考证信息的真实性与准确性，提高校核信息的质量，保证信息真实、可靠。

（四）信息的存储

1. 信息存储的载体

（1）纸质载体。纸质载体的信息材料可以分为蓝黑墨水类信息材料、激光打印类信息材料、针类打印机类信息材料和碳素墨水类信息材料四种。纸质载体的信息材料具有记载和阅读方便的特点，比磁性或其他媒体的存储程序更标准、更稳定，但信息排放有误会影响查找效率。纸质载体的信息材料要注意防湿防尘防火、防霉防菌防虫、防强光和紫外线等。

（2）磁性载体。磁性载体的类型主要有：

1）磁带、软磁盘。磁带是一种磁性带状存储介质，可脱机保存，但存取速度慢，易磨损，存储信息需要配置相应的磁带机。软磁盘是一种体积小、重量轻、成本低，可脱机存放的磁性盘片。但存储容量比磁带小，存储的信息难以长期保存，数据容易丢失。磁带、软磁盘作为信息载体保存时要求环境的温湿度保持恒定，注意避免灰尘的侵蚀，要远离磁性物体和环境磁场作用，防止磁带消磁。对于较长期存放的磁带要定期绕动，防止磁带粘连与生霉。录制孔应打开写保护，以防误操作丢失信息。还应防止跌落和震动。不能触摸数据读写区，磁盘保存中要立放，防止挤压变形，写保护口置于写保护状态。软磁盘应严格进行病毒检测的确认。

2）硬盘。硬盘是一种主要的计算机存储媒介，存储容量大，存取速度快，传输率高，可靠性强，分为内置式硬盘和可移动硬盘。内置式硬盘不易拆卸，不易脱机保存，不适于保存期长的文件。

3）光盘。光盘可用于记录图像、声音和文字信息。存储容量巨大，可靠性高，保存信息时间长，数据传输速度快，单位成本低，应用范围广。光盘的保护应着重预防划伤、受热、受挤压变形和老化。数据光盘一旦划伤或挤压变形将可能导致整张盘的数据无法读出。避免用手直接触摸数据面，放置时数据面朝上平放，以免弄脏或划伤。用完后及时放回保护套或盒中。

4）缩微品。含有缩微影像的各种载体的总称，包括有缩微胶卷和缩微胶片。信息容量大而体积小、重量轻，便于存储、管理和查找。易于复制，放大或转换成另一种形式的缩微品，能保持原件字像的原形，利于保护信息原件，可长久保存，不易变质。制作成本和存藏、管理、寄发的费用低，规格整齐并易于保洁。保管缩微品要注意调节存储场所的温度与湿度，防尘防潮防有害气体，避免强光照射，定期检查。

以磁介质为载体的磁带、软磁盘、硬盘和光盘，相对纸质印刷文献来说对保存环境要求较高，保存的时间不能很长，一旦所存储的介质损坏造成信息材料丢失就很难再恢复，并且不容易发现其丢失的文献内容，必须进行定期信息转移，以保持信息的长期可读性。而纸质载体的信息材料的存储方式一般都比较直观，信息的长期存储和信息丢失比较容易发现，两者具有明显的差别。

光盘在使用时由于受数据记录质量、红外线照射、盘面污损、外力损伤等因素影响，其物理寿命一般在 5～200 年之间；磁带由于受保存地点温度、湿度、灰尘、使用不当等因素的影响，其物理寿命一般在 5～30 年之间；硬盘由于受到震动、撞击、电压不稳、病毒的侵入等因素影响，其物理寿命一般也仅在 5～10 年之间。缩微胶片被认为是唯一能够接受的档案信息存储载体，其保存的寿命至少可达 300 年。

值得注意的是，随着信息读取设备和使用软件的更新，必须定期把磁性载体的信息迁移到新的载体上，这样才能借助新型信息读取设备和使用软件进行信息的保存、阅读。

（3）计算机。保存于网络系统的信息能通过计算机迅速查找，但设备费用高昂，信息可能被病毒破坏，容易丢失。要对信息进行定期备份，并将备份另行存放。重要信息要制作书面备份。此外，网络系统的信息要借助于专门的软件才能进行检索、保存、阅读和使用。随着网络信息资源设备和软件生产更新速度的加快，在保存网络信息资源的同时，还必须保存该网络信息贮存的软件利用环境，以便日后能使用该网络信息资源。

2. 信息存储的装备

在进行信息存储时，还必须配备信息存储的装备。例如，保护套、保护盒、磁盘盒、文件夹、文件盒、文件袋、文件柜与文件架等。

3. 信息存储的方法

（1）登记。信息登记分为总括登记和个别登记。总括登记反映存储信息的全貌，一般登记存入总量、种类和册数。个别登记能够反映各类信息的具体情况，按照信息存储的顺序逐件登记。

（2）编码。登记存储的信息要进行科学的编码。编码是指用少量、简单的基本数码，选用一定的组合规则，以表示大量复杂多样的信息。基本数码的种类和这些数码的组合规则构成编码的两大要素。信息的编码由字母或数字组成基本数码，再由基本数码结合成组合数据。信息编码的方法有：顺序编码法，按信息发生的先后顺序或规定一个统一的标准编码，用于不很重要或无需分类的信息的存储；分组编号法，利用十进位阿拉伯数字，按后续数字来分别信息的大、小类，进行单独的编码。

（3）排列。把经过编码的信息进行有序化的排列存放，一般用以下方法进行排列：时序排列法，按照接收信息的时间先后顺序存放排列；来源排列法，按信息来源的部门、单位或地区，结合时间顺序，依次排列；字顺排列法，按信息的名称字顺排列；内容排列法，按信息所反映的内容分类，结合字顺排列法进行排列。

（4）保存与保管。将排列好的信息保存在信息存储的装具与设备中。信息保管要做到防火、防潮、防高温、防虫害，防失密、泄密、盗窃，定期或不定期进行清点，制作备份，按信息内容确定存储期，对过期的信息及时进行调整和清理，存储载体及时更新，不断扩充新的信息，建立查阅、保管制度，实施科学保管，便于查找和利用。

信息存储能够丰富信息资源，利于集中管理信息，使信息的查找方便、迅速，减少信息的无序存放和丢失，实现信息资源共享。值得注意的是，存储数字信息所需要的成本支出类型与存储纸质载体信息所需成本支出类型截然不同。数字信息存储的维护费用要比纸质载体信息存储的维护费用高昂，数字信息存储需要充足的经费支持。

某公司的公关部收集到大量的信息材料。为了使信息有序化、易查找，能够及时迅速地检索和利用，该公关部的工作人员按照信息来源的部门和单位，结合时间顺序进行信息排列，然后将信息装入文件夹或保护盒中，整齐地放入文件柜中保存，实现科学的存储。当需要查阅信息时，可以根据形成部门和形成时间迅速找到信息，提高了信息的利用率，能够为公司更好地提供信息服务。

任务二　信息运用训练

学习目标

知识目标： 理解信息运用的定义；认识信息开发的类型和方法；了解信息利用的要求和服务途径；理解信息反馈的要求、形式与方法。

能力目标： 能够对信息进行合理的加工、分析、概括、提炼以挖掘出高层次信息，为组织的决策提供参谋；能够根据组织的信息需求，通过有效的方式为组织提供适宜的信息资源和信息服务，实现信息的价值；能够把信息使用过程中产生的效用和新的信息返送回来，并对信息的再输出发生影响，使之更符合实际情况，有利于完成既定目标。

任务导入

20 世纪 60 年代，我国为甩掉贫油国的帽子，打破国外的封锁，集中人力、物力开发大庆油田。当时这是国家的重大机密，国内人大多不知道它的地址，可日本人却得到了，而且非常准确。他们是怎样了解到我国这一秘密呢？是特务、间谍、还是收买了中方技术人员？都不是，他们靠的就是零零星星收集到的关于大庆的公开资料，以及以此所作出的合乎逻辑的分析和推理。

首先，日本大使馆经济官员发现北京大街上汽车顶上的煤气包不见了，就想到中国开发了自己的油田，但在哪里却不清楚。时隔不久，日本人看到中国画报封面上的王铁人，身穿大棉袄，冒着鹅毛大雪工作的照片，断定油田就在东三省靠北边，否则不会下这么大的雪，但具体地点仍不能确定。当他们看到《人民日报》的一篇报道，说王进喜到了马家窑，说了一声："好大的油海啊，我们要把中国石油落后的帽子扔到太平洋里去。"这下子日本人乐了，说找到了油田的具体地点在哪里，马家窑是大庆的中心。

我国对日出版的《人民中国》杂志又报道说，中国工人阶级发扬"一不怕苦，二不怕死"的精神，大庆设备不用马拉车推，完全是肩扛、人抬，从车站把设备运到现场。

日本人据此分析，大庆车站离马家窑不远。地址找到了，什么时候出的油呢？他们也算准了。1964 年王进喜同志光荣地出席第三届全国人民代表大会。日本人说肯定出油了，否则王进喜当不了人民代表。接下来他们又根据《人民日报》上一幅钻塔的照片，从钻台手柄的架势推算出油井直径的大小。根据油井直径和国务院的政府工作报告来套算，把全国石油产量减去原来石油产量，就是大庆的石油产量。在此基础上，他们很快设计出适合中国情况的钻井设备。等到我国向世界各国征求设计方案时，其他国家没有准备，日本人早已胸有成竹，很快谈判成功。

日本人能够取得谈判成功，靠的是什么呢？

信息运用包括信息开发、利用和反馈。了解信息编写的步骤与类型，掌握信息开发、利用和反馈的方法，正确运用信息，为组织的决策提供参谋。

一、信息开发

信息开发是指对信息进行合理的加工、分析、概括、提炼以挖掘出高层次信息，为领导决策和组织发展提供依据和信息服务的过程。据披露，在我国建国 40 多年内，由于信息服务不到位，导致决策失误造成经济建设的损失和浪费至少有 1.3 万亿。

（一）信息开发的类型

信息开发具有多次性，按照对信息加工的层次可以分为一次信息开发、二次信息开发和三次信息开发。

一次信息开发是指将无序的信息有序化，使信息的利用更加便利、有效。具体形式有剪报、信息资料册、外文文献编译。

二次信息开发是对一次信息进行加工后形成信息线索，便于信息利用者浏览和查找信息。具体形式有目录、指南、索引、摘要等。

三次信息开发是在一次、二次信息开发的基础上，通过综合分析、概括提炼形成有特色、利用价值大、可信度高的信息。具体形式有简讯、调查报告等。

同步思考：某公司公关部经理助理李华有剪报并从中获取信息的习惯，她经常翻阅各种国内外的经济报刊，专门从报刊上收集有关家电产品的市场信息进行分类剪贴，汇集成册，供本部门或其他部门使用。通过对剪报内容的分析研究，李华得出消费者需求变化的情况和发展趋势，她还通过市场调研来验证自己的判断。这为公司领导把握市场行情、推出产品改进方案提供了有益的借鉴和参考。

请结合以上案例思考信息开发有什么作用？

（二）信息开发的方法

（1）转换法：把不易理解的信息材料转换为容易理解的信息材料。

（2）图表法：将有一定规律的信息材料制成图表。

（3）汇集法：在一定范围内，把与某一主题相关的信息按一定的标准进行汇集。

（4）浓缩法：对信息材料进行提炼压缩，达到主题突出、文字简洁的效果。

（5）比较法：比较不同信息的异同，从而推导出正确的结论。

（6）纵深法：把若干具有内在联系的信息或不同时期的有关信息从纵向进行比较，形成新信息材料。

（7）交叉法：将各种信息按一定的关系和秩序进行组合，进行横向分析，从而形成新的信息材料。以陶瓷艺术品为例，运用这种方法可以开发出很多新的陶瓷艺术品的信息，如瓷和动物交叉产生了陶瓷动物，再同收藏交叉，又产生了具有收藏价值的仿古陶瓷雕塑品。

（8）逆推法：利用逆向思维对信息进行加工从而得出正确的结论。英国的布斯利用风由里往外吹的原理发明了除掉灰尘的吹尘器，但是不能彻底清除灰尘。于是从相反的角度进行思考，将由里往外吹的原理转换成由外往里吸的原理，经过反复实验，终于获得成功。灰尘顺着风力由外向里吸到容器里，净化环境，克服了"吹尘器"造成尘土飞扬的缺点。"吹尘器"变身"吸尘器"，正是利用逆向思维对信息进行加工从而找到科学解决问题的方法。

（9）联想法：对已知信息进行扩散思维的加工，从中发现或派生出新的信息。例如，婴儿出生率下降会对妇婴用品、食品公司等相关行业构成威胁，但对旅游行业、交通行业、酒店业来说则是发展的好机遇。

（10）归纳法：将反映某一主题的信息集中，从错综复杂的现象中分析相互间的联系，以及微观事物发展的全貌和全过程，以此说明某方面的工作动态。

（11）组合法：信息的集中与组合是影响信息价值的重要方面。把大量零散的看似无关的信息进行集中和组合可以挖掘出深层次的有价值的信息。

二、信息利用

信息利用是指根据组织的信息需求，例如，组织管理、市场和决策方面的信息需求，通过有效的方式为组织提供适宜的信息资源和信息服务，实现信息的价值。

（一）信息利用的要求

（1）遵守信息法规，公开合法地利用信息，禁止非法盗用他人的商业机密。

（2）维护信息的安全，建立相应的信息利用制度。

在信息利用中，可以使用跟踪卡（如图 2-2 所示）、文档日志记录信息借阅情况。当信息借出时要填写跟踪卡，放在信息原存放处，信息归还时，填好跟踪卡。应定期检查跟踪卡，如果信息已借出一段时间要与对方及时联系。跟踪信息还可用文档日志。当借出信息时，在日志簿上签名，归还时再签名以示归还。如果找不到某信息，查看日志簿，了解信息利用情况。

在与客户、供应商、合作单位，以及在学术会上、招聘会上等对外交流的过程中不要"知无不言，言无不尽"，对公司以外人员的提问要酌情回答，做好信息保密工作。

借出时间	信息标题	借阅人	部门	归还日期	签名

图 2-2　跟踪卡

（二）信息利用的服务途径

1. 信息检索服务

根据信息利用需求，将组织和存储起来的信息，如组织自建的数据库信息，通过索引、目录和计算机检索系统进行查找，广、快、精、准地获得所需信息或信息复制品。

在提供信息检索服务时，首先要分析信息利用对象，找准利用需求，明确检索的要求；接着选择检索途径和方法，确定检索词；最后实施信息检索，可以根据检索结果的情况，调整检索词、检索途径和方式，充分利用信息检索系统提供的缩检和扩检功能，提高检索结果的满意度。

某公司公关部的王经理要去拜访公司的一个客户。为了让王经理掌握客户的情况，经理助理朱云通过索引和目录查找客户信息，为王经理提供了公司以往收集的该客户的全部信息，包括以前客户的采购建议和客户全部的历史资料，如订单、支付、送货、客户支持以及市场营销等。王经理认真阅读了朱云提供的信息，掌握了该客户与公司所有的来往情况，做到了知己知彼，对开拓新业务充满信心。

公关工作人员应通过各种方式充分利用信息完成工作任务。

2. 定题查询服务

根据信息利用者的要求，提供特定主题和内容的信息。

3. 信息咨询服务

通过解答询问，指导信息利用者利用信息，满足其对业务信息、管理信息、战略信息等的需求的服务方式。

英国某家公司声称要向我国某市机场建设投资 10 亿美元，为慎重起见，机场筹建处通过某公共关系公司查询该公司的资信情况。咨询结果是，在投资额 500 万英镑以上或税前利润 25 万英镑以上，或占有 500 万英镑以上的所有英国公司资料里，查不到该公司，机场筹建处当机立断，终止与该公司联系，避免失误。

深圳某公司与澳大利亚某企业洽谈合作期间，委托某公共关系公司对该公司进行资信咨询调查，咨询报告的结果是该公司信誉可靠，实力较强，深圳某公司马上与其达成 130 亿美元的贸易。该公司经理说，公共关系公司提供了咨询报告，公司之间有了信任的基础，我们大可放心地与外国公司做生意。我觉得花一千多美元信息费换一单 100 多亿美元的生意很值得。

4. 网络信息服务

利用公共检索平台、商用检索平台迅速、准确地查找所需信息。

韩国三星公司开发利用信息的成功案例

韩国三星公司某派驻在美国洛杉矶的员工在报纸上看到一则消息：由于廉价的韩国产品的进口，美国最后一家吉他工厂将要关闭。消息送回韩国三星公司总部后情报部门立刻对该信息进行了分析，认为吉他是美国独立和自由的象征，它的消失就像牛仔消失一样令美国人难以接受，美国可能会对吉他进口采取限制措施。作出判断后，三星公司立刻行动，尽可能抢先地将更多的吉他运往美国，存入仓库。结果正如他们预料的那样，美国国会提高了吉他进口的关税。由于三星已有大量的存货，尽管关税法案生效了，但它仍赚取了很高的利润。

信息利用要找准信息需求，选择恰当的服务方式，从而提高利用效率、实现信息的价值，提升管理水平，有利于决策成功。

三、信息的反馈

信息反馈是指把信息使用过程中产生的效用和不断产生的新信息返送回来，并对信息的再输出发生影响，使之更符合实际情况，有利于完成既定目标。

同步思考：面对日益变化的市场状况，公司对产品进行了降价，公关部李经理深入市场调查，了解调价后产品销售情况和消费者的反映。请思考李经理在市场调查中获得的信息属于什么信息？

（一）信息反馈的要求

（1）针对性。信息反馈不同于一般的反映情况，它不是被动反映，要求有针对性地主动收集。

（2）及时性。信息工作要讲究时效，信息反馈更要灵敏及时，尽量缩短反馈时间，以便能及时发现变化着的客观实际与计划目标之间的矛盾，及早发现问题，解决问题。

（3）连续性。信息反馈的连续性是指对工作活动的情况连续，有层次的反馈，有助于认识的深化。既要提供目前状况的反馈信息又要提供过去或将来工作的反馈信息。

（4）全面性。信息反馈要广泛全面，既报喜又报忧，多信息、多渠道反馈，既重视初级反馈又综合加工深层次反馈信息。

（5）准确性。信息反馈要准确真实。

（二）信息反馈的形式与方法

根据信息反馈形式的不同选择相应的反馈方法。主要有以下几种信息反馈的形式与方法：

1．正反馈和负反馈

正反馈一般为反馈成绩和经验方面的信息。负反馈一般为反馈问题和失误方面的信息。

2．纵反馈和横反馈

纵反馈是向上级管理部门和决策层反映执行指令情况的反馈形式。横向反馈是同级组织之间的信息反馈。

广角型信息反馈方法是对工作活动的某个过程从不同角度进行反映。可以选择该方法进行信息的正反馈和负反馈、纵反馈和横反馈。

3．前反馈和后反馈

前反馈是在信息发出前，信息接受者向信息发出者传递信息，希望将发出的信息能满足自己的需求。后反馈是在信息发出后，信息接受者对信息作出的反应。

系列型信息反馈方法是将工作活动全过程的情况按不同的发展阶段连续反映。集中型信息反馈方法是针对工作活动中的某个关键问题在短期内连续不断地集中反映。可以选择这两种方法进行信息的前反馈和后反馈。

通过不断获取、传递反馈新信息可以使信息管理形成良性循环，促使管理活动和决策的有效进行、组织各项工作的最优化，为进一步改进工作提供依据。

课后训练

一、案例分析

1. 请分析新浪、搜狐等搜索引擎对信息的分类，指出可以改进的地方。

2. 如何把梳子卖给和尚？

从前，有两名推销梳子的推销员，暂且称他们为张三和李四吧，每天走街串巷，到处推销梳子。有一天，二人结伴外出，无意中经过一处寺院，望着人来人往的寺院，张三大失所望，“唉，怎么会跑到这个地方，这里全是一群……，哪有和尚会买梳子呢？”，于是打道回府。

刚刚看到寺院的招牌，李四也是心内一凉，非常失望，但他没有放弃，而是灵机一动，径直走进了寺院。见到方丈时，他心里已想好了沟通的切入点。见面施礼后，李四先声夺人地问道：“方丈，您身为寺院主持，可知做了一件对佛大不敬的事情吗？”方丈一听，满脸诧异，诚惶诚恐地问道：“敢问施主，老衲有何过失？”“每天如此多的善男信女风尘仆仆，长途跋涉而来，只为拜佛求愿。但他们大多满脸污垢，披头散发，如此拜佛，实为对佛之大不敬，而您身为寺院主持，却对此视而不见，难道没有失礼吗？”方丈一听，顿时惭愧万分，“阿弥陀佛，请问施主有何高见？”“方丈勿急，此乃小事一桩，待香客们赶至贵院，只需您安排盥洗间一处，备上几把梳子，令香客们梳洗完毕，干干净净，利利索索拜佛即可！”李四答道。“多谢施主高见，老衲明日安排人下山购梳。”“不用如此麻烦，方丈，区区在下已为您备好了一批梳子，低价给您，也算是我对佛尽些心意吧！”经商讨，李四以每把 3 元的价格卖给了老和尚 10 把梳子。

李四满头大汗地返回住所，恰巧让张三看到，“嗨，李四，和尚们买梳子了吗？”张三调侃道。“买了，不过不多，仅仅十把而已。”“什么！十把梳子？卖给了和尚？”张三瞪大了眼睛，张开的嘴巴久久不能合拢。“这怎么可能呢？和尚也会买梳子？向和尚推销梳子不挨顿揍就阿弥陀佛了，怎么可能会成功呢？”于是李四一五一十将推销过程告诉了张三，听完以后，张三顿觉恍然，“原来如此，自愧不如啊，佩服佩服！”嘴上一边说，心里一边想“为什么我会放弃这个好机会呢？老和尚真是慷慨啊，一下子就买十把梳子，还有没有机会让他买下更多的价格更高的梳子呢？”脑筋一转，计上心来，当天晚上便与梳子店老板商量，连夜赶制了100把梳子，并在每把梳子上都画了一个憨态可鞠的小和尚，并署上了寺院的名字。第二天一早，张三带着这100把特制梳子来到了寺院，找到方丈后，深施一礼，“方丈，您是否想过振兴佛门，让我们的寺院名声远播、香火更盛呢？”“阿弥陀佛，当然愿意，不知施主有何高见？”“据在下调查，本地方圆百里以内共有五处寺庙，每处寺庙均有良好服务，竞争激烈啊！像您昨天所安排的香客梳洗服务，别的寺庙早在二个月前就有了，要想让香火更盛，名声更大，我们还要为香客多做一些别人没做的事情啊!”“请问施主，我院还能为香客们多做些什么呢？”“方丈，香客们来也匆匆，去也匆匆，如果能让他们空手而来，有获而走，岂不妙哉？”“阿弥陀佛，本寺又有何物可赠呢？”“方丈，在下为贵院量身定做了100把精致工艺梳，每把梳子上均有贵院字号，并画可爱小和尚一位，拜佛香客中不乏达官显贵，豪绅名流，临别以梳子一把相赠，一来高僧赠梳，别有深意，二来他们获得此极具纪念价值的工艺梳，更感寺院服务之细微，如此口碑相传，很快可让贵院名声远播，更会有人慕名求梳，香火岂不愈来愈盛呢？”方丈听后，频频点头，张三遂以每把5元的价格卖给方丈100把梳子。

张三大功告成，兴致勃勃地回来与李四炫耀自己的成功推销，李四听完，默不作声，悄悄离开。当晚李四与梳子店老板密谈，一个月后的某天清晨，携1 000把梳子拜见方丈，双方施礼后，李四首先问了方丈原来购买张三梳子的赠送情况，看到方丈对以往合作非常满意，便话锋一转，深施一礼，“方丈，在下今天要帮您做一件功德无量的大好事！”待方丈询问原因，李四将自己的宏伟蓝图向方丈描绘：寺院年久失修，诸多佛像已破旧不堪，重修寺院，重塑佛像金身已成为方丈终生心愿，然则无钱难以铭志，如何让寺院在方丈有生之年获得大笔资助呢？李四拿出自己的1 000把梳子，分成了二组，其中一组梳子写有“功德梳”，另一组写有“智慧梳”，比起以前方丈所买的梳子，更显精致大方。李四对方丈建议，在寺院大堂内贴有如下告示“凡来本院香客，如捐助10元善款，可获高僧施法的智慧梳一把，天天梳理头发，智慧源源不断；如捐助20元善款，可获方丈亲自施法的功德梳一把，一旦拥有，功德常在，一生平安等”，如此以来，按每天3 000香客计算，若有1 000人购智慧梳，1 000人购功德梳，每天可得善款约3万元，扣除我的梳子成本，每把8元，可净余善款1.4万元，如此算来，每月即可筹得善款四十多万元，不出一年，梦想即可成真，岂不功德无量？李四讲得兴致勃勃，方丈听得心花怒放，二人一拍即合，当即购下1 000把梳子，并签订长期供货协议，如此一来，寺院成了李四的梳子专卖店。

——资料来源：阿里巴巴网（文字有改动）

请结合以上案例，谈谈如何进行信息开发？

二、实训题

请你为自己就读的学校收集形象信息，包括对学校配套设施的评价信息、对学校管理水平的评价信息和对学校教工素质的评价信息等，并整理分析所收集的信息，为提升学校形象提出建议。

模块三　公关传播训练

公共关系活动的过程是组织与公众进行信息传播的过程。传播是社会组织了解公众、公众认知组织的纽带和桥梁。公共关系工作从本质上来说就是通过各种传播手段，沟通组织与公众之间的信息，在社会公众中树立起组织的良好形象和声誉。要做好公关工作，提高传播的质量和效果，必须了解公关传播的基本原理和基本形式，掌握公关传播的运作流程、环节及其控制，有效地整合运用各种传播媒介，努力营造一个良好的舆论环境和公众环境。

任务一　选择传播媒介
任务二　网络公关
任务三　传播实施技巧

任务一　选择传播媒介

学习目标

知识目标： 了解公共关系传播的基本形式，熟悉公共关系传播媒介的类型，认识公共关系传播媒介的特点，理解如何有效选择公共关系传播媒介。

能力目标： 能够根据公共关系传播目标和传播媒介的特点，有效选择公共关系传播媒介进行传播。

任务导入

不同的公共关系传播媒介有什么特点？如何选择公共关系传播媒介？

一、公共关系传播的基本形式

公共关系传播是组织运用各种媒介，有计划地与公众进行信息交流与共享的活动过程，达到告知、说服、激励、彼此影响改变和建立相互理解信任的目标。公共关系传播有以下三种基本形式：

1．人际传播

人际传播是指个体与个体之间的传播，包括面对面传播和非面对面传播。前者通过语言、眼神、表情、动作、姿态、服饰等进行沟通；后者借助电话、邮件、网络聊天工具等进行交流。

人际传播的特点是传播范围狭窄；信息传播速度快，反馈及时；感情色彩浓厚，私密性强。从公共关系的角度看，人际传播是一种最基本的、必不可少的传播方式。

2. 组织传播

组织传播是指组织和内外公众之间的信息传播。表现形式有纪念庆典、公众签名、赞助公益事业、群众文体活动等。

组织传播的特点是传播主体是组织；传播对象广泛、复杂；信息传播具有明确的目的性、明显的针对性和一定的可控性；信息传播具有一定的规范和监督模式。组织传播是一种重要的公共关系传播方式。

3. 大众传播

大众传播是指通过大众传播媒介，如报纸、杂志、书籍、广播、电视、电影、网络等，将信息传递给广大公众，从而达到众多的社会成员共享信息的目的。

大众传播的特点是信息传播者高度专业化；信息传播对象高度大众化；传播手段高度技术化；信息传播活动高效化，信息扩散快，影响空间大、力度强、反馈迅速。随着博客、微博和网络论坛等新的大众传播媒介的广泛运用，克服了传统大众传播媒介信息反馈缓慢的缺点，信息传播过程也受到社会的监督与控制。大众传播是公共关系传播的最主要方式。

二、选择公共关系传播媒介

（一）公共关系传播媒介的特点

1. 公共关系传播媒介的类型

公共关系的传播媒介主要有实物媒介、人体媒介、活动媒介、印刷媒介、电子媒介和户外媒介。

（1）实物媒介，就是利用实物充当信息传递的载体，包括产品、象征物和公共关系礼品等。

（2）人体媒介，是指借助人的身份、语言、动作、表情、姿态、行为、服饰等作为信息传递的载体。例如，不同的表情、语言表达的高低快慢都会传达出不同的含义。再如，某些名人出席了此次会议，意味着此次会议规格高、很重要。

（3）活动媒介，是把所策划的活动和新闻事件作为信息传递的载体。

富士胶片（中国）投资有限公司2011沙漠绿化行动获评“最具公众影响力”企业社会责任事件

富士胶片（中国）投资有限公司为了向社会公众推行环保理念，履行企业社会责任，策划了主题为“人人争做绿富士，低碳内蒙去种树”的2011沙漠绿化行动。该活动获评“2011‘最具公众影响力’企业社会责任事件”。

该活动的实施步骤为：

首先，依靠新浪微博、人人网、豆瓣三个渠道进行活动推广，配合在各论坛发布活动消息，让更多人认识绿富士，扩大其影响力和公信力，吸引大量目标公众在微博上的在线支持绿富士的2011沙漠绿化行动。

其次，开展“参与绿富士”志愿者招募活动。招募志愿者到内蒙古开展沙漠绿化行动，如为植物浇水、种树等。

再次，成功招募到志愿者后，持续报道他们在内蒙古进行的沙漠绿化行动。

最后，搜集志愿者活动反馈意见、活动照片，进行二次宣传。

整个活动期间采取文案、照片、漫画、视频、招聘书等全方位、立体的宣传形式持续吸引广大公众的关注。

虽然活动持续时间只有短短一个月，但是截至活动结束，整个网络宣传共获得32 225 626次曝光，活动微博吸引近20 000粉丝，覆盖全国各个省市自治区及部分海外用户；微博账户认证并升级为企业微博，“绿富士在行动”、“绿富士”等在搜索引擎自然生成词条。

富士胶片（中国）投资有限公司利用所策划的活动作为传递信息的载体让更多人知道“绿色”是富士胶片的企业标志色，让更多人了解富士胶片“Fujifilm Green Policy”（富士胶片集团绿色政策），有效地推动了富士胶片品牌形象在中国的传播。

美国现代公关之父Edward Bernays通过制造新闻事件帮一位培根商贩开拓了更大的市场。当时，整个美国的培根销售市场逐渐萎缩，Bernays认为，与其帮自己的客户抢到竞争对手的生意，不如把饼做大，积极开拓市场。他请一位医生写了一篇文章，倡导“早餐要多吃”的健康概念，并把培根列入早餐菜单中，于是该篇专业报道引发了美国人的正面反应，从此培根成为美国人早餐餐桌上必备的食物。Bernays利用新闻事件有效地进行信息传播，成功地开拓了销售市场。

（4）印刷媒介，是指以文字和图片因素来传递信息的媒介形式，主要的印刷媒介有传单、报纸、杂志和书籍等。

（5）电子媒介，是指利用光电变换系统传播信息的媒介形式，主要的电子媒介包括广播、电视、互联网等。

（6）户外媒介，是指存在于公共空间的一种传播介质。如广告牌、车船、霓虹灯、公共空间的企业形象雕塑、LED电子户外屏等。这类媒介具有非常大的发掘空间，可以发掘出许多新的形式。例如，有的组织在地铁、公交车里的拉杆和车库出口处的栅栏上做广告。再如，台湾的某电信公司为了争取更多的市场占有率，在国际机场大厅制作了灯箱广告，最有趣的是这幅灯箱广告是飞机造型，机身是飞机造型的灯箱，还配有立体造型的机翼，这种造型广告非常抢眼，主要在于强调该公司是“最多人选择”的电信公司。

2．常用的公共关系传播媒介

下面介绍几类常用的公共关系传播媒介：报纸、杂志、广播、电视、网络、直效邮件。

（1）报纸，是深具影响力的传统新闻媒介。在各类印刷媒介中，报纸的发行量最大，价格低廉；传播速度最快，传递信息迅速及时。其特点是报道较细致、深入，在提供新闻的同时，也提供了较具深度的分析与评论，宜于反复阅读、思考。

有专家认为人们在选择一种媒体时，是经过一种选择与偏好的思考，人们会选择一种自己所认同的事物，这样的心理过程与人们接受信息的习性是一样的。因此，我国的各社会组织和个人出于传统阅读习惯的影响仍倾向于选择报纸这一大众传播媒介。

报纸正逐渐向精英化的方向发展，日益成为精英人物决策、论辩的主要场所。同时，报纸和网络结合，许多传统报纸都在互联网上设置电子报，报纸不再是单纯的“纸质媒体”，不仅可读，还可听、可视，极好地融合了广播、电视、网络等多种媒体的内容特点。人们还可以订阅手机报，这无疑扩大了阅报人口规模。

（2）杂志，即期刊，分为周刊、半月刊、月刊、双月刊、季刊等类型。由于出版周期较长，所以内容详细，分析评论深入，具有较强的专业性和趣味性。不同类型的杂志面向不同的读者群，读者群比较稳定。杂志的发行速度慢于报纸，传播范围受到限制。

（3）广播，是一种以声音作为传播手段的电子媒介。具有接收方便、制作简便、价格低廉、覆盖面广、传播迅速的优点。但广播信息较抽象，稍纵即逝，不易于保存和反复使用。广播信息容易受到无关事物的干扰，造成听众所吸收的信息不完整，这就要求广播信息应该具有简短、清楚、冲击力强等特点，能够攫取听众听觉注意力。

（4）电视，具有强大的传播力，是公众获取信息的最主要来源之一。电视信息形象生动，具有很强的娱乐性和感染力，受众广泛。但是电视节目时间固定，制作成本高昂，电视接收机笨重难移，接受固定，因而在一定程度上限制了电视信息的传播范围。

（5）网络，就是用电话线和光缆将全世界各地的计算机终端连接在一起，使得全球的计算机互联互通，从而达到资源共享和通信的目。这一特征决定了网络媒介是一个多对多的传播渠道，比传统一对一或一对多的传播渠道复杂。

2011 年 1 月 19 日，中国互联网络信息中心，（CNNIC）发布了《第 27 次中国互联网络发展状况统计报告》，指出：“截至 2010 年 12 月底，我国网民规模达到 4.57 亿，手机网民规模达 3.3 亿。国内微博客用户规模约为 6 311 万，在网民中的使用率为 13.8%，手机网民中，手机微博客的使用率达 15.5%。”

中国传媒大学公关舆情研究所副所长、广告学院教授何辉通过对北京市民的研究发现，互联网计算机终端已经成为人们进行信息搜索时首选的媒体，其次是电视、手机、报纸、广播、杂志等。对学生群体而言，手机已成为仅次于互联网计算机终端进行信息搜索的主要工具。这意味着组织进行传播时，互联网计算机终端传播、手机终端传播的预算将具有规模化特征。

网络媒介具有以下特征：

1）突破时空限制，即时传达。信息通过网络可以随时随地、瞬间到达世界上任何地方，省去了传统媒介信息初审、复审、终审等程序，信息的发布已突破了发布地点及传播地域的限制，实现全球发布，受众可以在第一时间知道所发生的一切。这一优势是任何传统媒介都无法比拟的。例如，2008 年 5 月 12 日 14 点 28 分，四川汶川发生大地震，在地震发生仅 4 分钟后，就有新浪博友发布博文《地震了》，而央视第一次播报地震的消息是在 15 时 02 分，比网络晚了将近半个小时。

2）双向互动，个性表达。传统媒体以“点对面”的形式将信息单向传递给受众，受众被动地接受，很难进行信息的反馈。网络传播则提供一种双向传输的信息渠道，每个个体既是信息的接收者又是信息的发布者，信息反馈及时，是一种点对点、多对多的传播模式，成功地融合了大众传播和人际传播的优势，实现了大范围和远距离的双向互动传播，使网络媒介由传统的大众传播走向了分众传播的重大变革。公关媒体的运用策略是重视受众的反馈信息，组织根据反馈信息作出调整，随着网络媒体成为重要的公关传播渠道和平台，在线调研的规模将变大，深度将增加。

韩国三星手机在 2003 年借由雅虎门户网站，推出了以年轻女性为目标对象的行销公关方案“红玫瑰与白玫瑰”，利用交互式的心理测验，吸引目标受众，他们将产品个性融于心理测验问题中，以达到与消费者进行品牌沟通的目标。这种在线活动不但达到与消费者交流沟通的目标，还能掌握消费者的即时反馈信息。

双向互动的网络传播使受众的地位得到充分肯定，每个个体都可以积极主动、随意地进行个性化表达，发布自己关注的信息，影响着整个网络世界舆论。例如，博客、播客、微博等个性化的传播行为使人们在接收、处理信息的同时，也将自己新的感受、新的见解、新的观点发布出去，信息的重要与否，不再完全由传播者决定，受众自己也可以决定，完全突破了传统媒体的信息垄断和资讯控制，将一种声音独霸舞台转变为多种声音共响齐鸣。因此，网络传播过程还有舆论“扩大器”效应，传播过程中把新闻事件定位报道以后，往往还能左右报纸、杂志、电视等传统媒体的报道。

但是，这种个性化的传播行为一方面让众人体会着发布信息，影响他人的成就感，同时也带来了个人隐私泛滥，内容良莠不齐的弊端，为管理带来困难，也为受众的信息选择能力提出了更高的要求。

3）低成本。相对于网络巨大的功能来说，网络传播的成本比较低廉。

4）信息海量，自由选择。网络将全世界的计算机连接起来，从而形成了一个巨大无比的数据库，所搭载的信息量超越各种媒体。受众可以按照自己的意愿自由地选取感兴趣的信息，拥有相当大的自主权和选择权。

5）多媒体，超文本。网络综合了各种传播媒介（报纸、杂志、书籍、广播、电视、电话、传真等）的特征和优势，各种媒介之间的边界正在逐渐消融。例如，在互联网上可以看书、阅报、通话、看电视等。再如，一部手机不仅仅可以用来通话、发短信，同时还可以用来听广播、看电视、上网，而这些功能的实现正是以互联网、通信、广播电视等多种媒体传播渠道的融合为基础的。优化的网络媒体组合将成为战略性公关的主要构成部分。

不同于传统媒体，网络媒体则兼容了文字、图表（片）、声音、动域、影像等多种传播手段保存信息、表现信息、发送信息，实现了发送 E-mail，QQ、MSN 即时聊天等新的信息传播形态，是一个综合性的信息平台。

（6）直效邮件，是一种通过邮政电信机构将信息传播给特定公众的传播媒介。其特点是：传播信息准确及时、对象明确、形式轻便、制作简单、使用灵活，能够搭载让读者响应的机制（如回邮信封、回邮问卷等），是一种有效传播公共关系信息的媒介。

成功运用直效邮件的关键在于对邮件进行精心设计和能够精确掌握目标消费者的数据库，这个数据库包括顾客与组织的交易记录、身份、邮寄地址、收入、婚姻、消费特性等。

（7）活动与新闻事件，主要的目标受众是直接参与该活动或事件的受众，并吸引媒体进行报道，进一步扩大宣传效果。例如，组织举办一项活动，就会吸引许多目标受众来到活动现场，并当场把所要传达的信息传达给他们。同时通过其他媒体的报道宣传，进行广泛传播，进一步扩大传播面积。

各种媒介优缺点比较见表 3-1：

表 3-1　各种媒介优缺点比较

媒　介	优　点	缺　点
报纸	1．发行量大，传阅率高，传播面广 2．可以根据不同报纸的版面特色掌握特定读者群 3．传播迅速，新闻性和时效性较强。广告可与新闻结合，增加信息传播的可信度和效果 4．图文并茂，引人注目，适合对产品或组织做深入详细的介绍说明 5．报纸广告易于制作与修改，制作和刊登成本较低廉 6．便于保存和反复查阅 7．读者可以自主选择感兴趣的内容阅读	1．印刷效果较差，缺乏美感 2．受报纸张数过多的影响，组织所的传播信息容易被读者忽略 3．难以反复对读者进行信息输入
杂志	1．杂志的读者群较稳定，容易掌握特定的目标公众 2．专业性和趣味性强，容易给读者留下深刻的印象，具有较高的保存价值，再读率与传阅率较高 3．印刷精美，图文并茂，能增强读者对组织和产品的好感 4．内容说明清楚翔实，适合对组织进行深度报道 5．读者可以自主选择感兴趣的内容阅读	1．出版周期长，时效性较差 2．传播面较窄，受众较少 3．缺少声音与动感，信息容易被忽略
广播	1．接收方便，传播迅速，覆盖面广，能于工作或移动中收听 2．内容通俗普遍，男女老少皆宜 3．制作与时段费用低廉 4．善于利用声音调动听众的感情，具有较强的鼓动性和感染力 5．可以根据节目特点掌握特定受众	1．广播信息较抽象，无法亲眼目睹组织或产品 2．稍纵即逝，不易于保存和反复使用 3．广播信息较易受到无关事物的干扰，听众注意力容易分散 4．节目时间固定，选择性差 5．视听媒体兴起，导致收听广播人数减少
电视	1．视听结合，表现效果极佳 2．覆盖面广，传播迅速，受众广泛 3．能够让观众印象深刻，易于记忆 4．可以根据节目特点掌握特定受众	1．稍纵即逝，不易于保存和反复使用 2．节目时间固定，选择性差 3．制作和播放费用高，受秒数限制，信息说明性不高 4．在节目间播出广告可能会引起观众反感，导致观众拒绝观看广告 5．随着 DVD 机和录放机的运用，广告效果打折扣
网络	1．覆盖面广，实现全球联通 2．分众传播，提升公关传播的内容到达率 3．把“公关到群体”推向“公关到个人”，使公关传播更具个性化和亲和力 4．多媒体，超文本 5．信息海量，费用低廉 6．效果易监测，从访客流量统计中可以得知每个广告的阅览次数，以及这些广告阅览者的时间分布和地域分布	1．多媒体融合，集音、像、动画于一体，分众传播，对于公关传播的内容制作提出了更高的要求 2．网民的口碑影响力不断加强，给公关传播带来更多的不可控性 3．负面信息快速传播
直销邮件	1．内容灵活多样，可以详尽叙述组织或产品信息，富有创意，如附赠样品、赠奖游戏、实用性信息 2．对象明确，双向沟通，了解受众意见 3．受众可以自由阅读，没有阅读压力	1．制作和寄送的单价成本较高 2．目标对象的资料较难收集齐全 3．直效邮件过多，往往被视为“垃圾邮件”

（续）

媒 介	优 点	缺 点
活动与新闻事件	1．能够与目标受众面对面接触，并通过其他媒体的报道宣传，进行广泛传播，进一步扩大传播面积 2．成本低廉 3．能够有效改变组织的形象	1．活动的成效受到目标公众出席率的制约 2．只能直接与少数目标受众面对面沟通，信息到达率低 3．活动或新闻事件所传达的信息要通俗易懂，过于艰深复杂，一般受众会难以理解

从功能作用来看，各种类型的传播媒介各有各的特点，在应用上可以彼此相互交叉使用。

同步思考：报纸、杂志、电视、广播四大传统传播媒介与网络媒体在公关传播中的作用不相同，而网络媒体的功能拓展，能不能代替传统四大传播媒介？

（二）选择公共关系传播媒介

如何正确选择公共关系传播媒介，使信息传播取得最好效果，应注意以下问题：

（1）有研究指出，需要用到人类五官（视觉、听觉、嗅觉、触觉与味觉）越多的媒介会是越有效的媒介。例如，印刷媒介只需要用到视觉，而电子媒介需要用到听觉和视觉，电子媒介显然比印刷媒介有效。心理学家认为视觉是人类学习时所运用的最主要感官，其次是听觉，看电视显然比听广播有效。视觉是五官当中最主要的感官来源。

（2）根据目标公众接触媒介的特点选用媒介。不同的人倾注在各种媒介上的时间和注意力是不一样的。例如，一位家庭主妇会花两三个小时看电视，但大概只花十几分钟的时间看报纸。在大城市里，年轻的上班族通常忙得根本没有时间看电视，只能通过互联网获取信息。老年人可能会花一两个小时听广播，但却不会上网。因此，如果目标公众是年轻的上班族，在选择传播媒介时，就必须提高互联网的运用比例。可以通过各种民意调查、媒体调查，并分析目标公众的职业、教育程度、年龄、健康状况、兴趣和习惯等，从而把握他们接触媒介的特点。

（3）要根据沟通与传播的目的进行媒介的选择与搭配。例如，一个新品牌的建立，为了突显信息的可信度，通常会以活动媒介、电视媒介、实物媒介为主，印刷媒介为辅的宣传方式；为了保持、加深受众对组织或产品的印象，通常会以印刷媒介、户外媒介为主，活动媒介、实物媒介为辅的宣传方式。再如，如果只是想告知目标公众某些信息时，可能需要告知性能比较高的媒介，如招贴海报、电视广告或大型造势活动等媒介；如果想要针对某些特定公众进行说服，以期获得这些公众的支持时，应该采取一对一的媒介，如直效邮件、个人拜访或游说等方式进行；如果要深入介绍，可以采用互动性的媒体，如互联网。

（4）选择公共关系传播媒介时，还应该考虑媒介的到达率。到达率是指通过某媒体接触到信息的目标公众的百分比。到达率的计算公式为

到达率 =（某特定期间接触过某媒介特定信息的目标公众人数/目标公众总人数）×100%

（5）要对所传播的公关信息的内容、形式、数量以及传播的时间要求、质量要求、保密要求、保险要求等进行综合来选择媒介。例如，如果信息的内容比较形象浅显，就应该选择电子传媒，反之则应选择印刷传媒。再如，信息内容能用丰富的声音来表现，就应该选择广播。

（6）在保证迅速、方便、可靠、有效地传播公共关系信息的同时，还要考虑到费用问题，即要注意遵循节约原则，选用费用较低而效益较高的各种传播媒介组合，以期发挥最大的宣传或沟通效益，完成公关目标。一般来说，大众传播媒体的传播范围广泛，传播的单位成本比较低廉，但总成本却会很高。选用非大众传播媒体，尽管单位传播成本较高，但总成本相对较低。因此，传播范围较小时，应考虑选用非大众传播媒体。

大众传播媒体的计费方式

一般来说，购买电视媒体、广播媒体等按时间计费的媒体，其计费方式是采取“档次”制度，档次就是指“信息播出的次数”，以电视广告来说，30 秒一档，意味“广告播放一次 30 秒”，电视台或广播电台对于时间都是倾向以定时的方式出卖，例如，15 秒、30 秒、1 分钟。平面媒体则是卖篇幅，也就是在报纸上的占据空间，以台湾地区为例，现在的报纸标准尺寸是全开（约 109×78 厘米），如以广告来说，整版称为“全 20”、半版称为“全 10”，由于报纸本身的分量多，所以位于哪一版，更是重要的计费标准，通常第一张，也就是头版，因为最显著，最容易让目标受众接收到，所以价格往往也最高，其他越里面的版面，因为被翻阅的机会越低，所以价格也越低。杂志的广告计费方式也是如此，通常杂志倾向以卖出整页或跨页的方式，以求取其编排文章时的完整性，但如有特殊需要和杂志社商量也可以买到较小的版面。

——资料来源：姚惠忠《公共关系理论与实务》北京大学出版社

网络定价模式

1．要约收费

要约收费 CPO（Cost per Order）是一种统一收费模式。网络媒体基于自身点击曝光率确定价格，允许广告客户支付后在约定的时间段内使用广告版幅，是网络广告收费最早采用的模式。这种定价模式都是一次性收费，具体可以按天或小时计费。虽然最初对约定时间段的点击率没有明确规定，但在合约栏里，网络媒体被要求为客户提供准确的网页浏览量，目的是方便客户评估不同媒体的广告效益。

2．千人成本

千人成本 CPM（Cost per Mille）即购买 1 000 个广告收视次数的费用或广告被 1 000 人所需费用。如果一个广告的单价是 1 元 CPM 的话，意味着 1 000 人看到此 Banner 就收 1 元，依此类推，一万人访问页面就收 10 元。CPM 是目前最常用的网络广告定价模式之一。

3．次点击收费

次点击收费 CPC（Cost per Click）广告商为网络广告支付的金额由实际点击次数计算，关键词广告大都采用此模式。支付每次点击产生费用要求收费必须依据承诺条款。网络媒体一般要对以下实际到达行为作出承诺：①吸引消费者看到广告；②敦促消费者点击；③点击后必须链接至 get 目标通联并看到营销计划。所有收费最终都是对消费者看到营销广告内容的支付。

次点击收费模式同样拥有一些衍生品，比如根据点击广告或者电子邮件信息的用户数量来付费的一种 PPC（Pay per Click）网络广告定价模式和根据每个访问者对网络广告所采取的每次行动收费的定价模式 CPA（Cost per Action）。后者对于用户行动有特别的定义，包括形成一次交易、获得一个注册用户等。

4. 绩效收费

绩效（Performance）收费模式是基于终极效益的模式。总体上绩效收费模式包括以下三种：

（1）PPL（Pay per Lead）：根据每次通过网络广告产生的引导付费的定价模式。例如，广告客户为访问者点击广告完成了在线表单而向广告服务商付费。这种模式常用于网络会员制营销模式中为联盟网站制定的佣金模式。

（2）PPS（Pay per Sale）：根据网络广告所产生的直接销售数量而付费的一种定价模式。

（3）PPT（Pay per Traffic）：根据网络广告所产生的号召力，引导消费者走进销售商商店或者前往其他营业场所并购买具体商品和相关服务的定价模式。PPT 针对了网络广告产生的现实业态中的购买行为及流量。

——资料来源：《网络广告的定价模式及公共政策研究》

段贵恒，赵国杰《现代传播》双月刊 2007 年第 3 期（总第 146 期）P111-P112

任务二　网络公关

学习目标

知识目标：认识并理解网络公关的各种沟通方式，包括网站、电子邮件、微博、博客、RSS、维客（Wikis）、播客和 Tag 等；了解网络公关的业务类型；明确网络公关的特点。

能力目标：能够运用网络公关的各种沟通方式开展网络公关。

任务导入

案例一：网络公关的运作

2009 年 9 月，一个叫“小 Y”的 80 后白领在国内著名的社交网站人人网上晒出了自己“彪悍”的生活：每天穿西装跑步 7 公里上班、自制便当追前台 MM、大学时通过图书馆书架缝偷拍漂亮 MM 的背影、自己动手装修自己的“蜗居”，还时不时呐喊出如“奔跑是我努力的方向，也是我人生不灭的梦想”这样的人生格言。一夜间，小 Y 成了数千万混迹在人人网的年轻人的代言人。在这些 80 后和 90 后的追捧下，“彪悍的小 Y”的彪悍故事在短短几天内的点击总数竟然超过了 200 万，回复讨论更是突破了 1 万，这个有点“无厘头”的新锐人物已然蹿红了整个社区，甚至波及其他网站。

当人人网数千万网民在为小 Y 着迷，视其为偶像时，谜底揭开了。小 Y 根本就无真人，只是某公关公司为联想 Ideapad Y450 做的网络推广策划。恍然大悟的网民回过头来再看小 Y 所发帖子中的图片和视频时，很容易就发现联想的笔记本、LOGO 总是不搭调甚至莫名其妙地成为了图片和视频的背景或主要元素，“小 Y”的便当造型是 Y450 笔记本。这活生生就是一场策划。而其策划者，这是 2009 年 12 月 30 日通过证监会审核的蓝色光标。

蓝色光标是国内最大的公关公司之一，2010 年 3 月成功登陆创业板，成为国内公关第一股。目前，多数传统公关公司也纷纷涉足网络公关。

近半热帖是网络公关公司炒作。北京某网络公关公司一工作人员张先生透露，网上发帖策划是网络公关公司最常见的业务。网络公关公司接到推广项目后，会先研究推广方案，研究如何在热门网站论坛或者社区中发帖，以吸引网民的注意力。“在网上传播，最大忌讳是平庸，一定要想方设法吸引眼球，可以说将网民吸引过来参与到帖子的讨论中，这个策划就基本成功了。”张先生介绍，为了让网民相信帖子讨论的是真实的故事，而非陷阱，帖子中一定要有错别字，还要有一句语句不通。“这是为了让网民相信发帖人不是事先计划好，而是未经修饰的真实想法。”

帖子设计好后就要雇请一批“水军”（互联网上受雇于网络公关公司，为发帖回帖造势的网络人员，有专职和兼职之分）在论坛中盖起“万丈高楼”。将帖子炒作起来。一位长期活跃在网络中的“水军”介绍，看似简单的顶帖也是有技术含量的。“不能是一边倒的褒或者贬，要使拍砖派和力挺派能掐起来。最好是在论坛上掀起轩然大波，将那些不明真相的网友吸引过来自动跟帖，这样势就造起来了。”

上海某网络公关公司工作人员介绍，网络公关公司的主要支出是人力资本，即能想出能在网络上广为接受的帖子创意。“好的网络公关公司要用巧劲，做到四两拨千斤，最好的创意是根本不需要“水军”来帮忙，自有网友被吸引过来参与其中。”

案例二：

2012 年 1 月 16 日，中国互联网络信息中心（CNNIC）在京发布《第 29 次中国互联网络发展状况统计报告》（以下简称《报告》）。《报告》显示，截至 2011 年 12 月底，中国网民规模达到 5.13 亿。其中，中国手机网民规模达到 3.56 亿，占上网人口比重达 69.3%。

网民的互联网沟通交流方式发生明显变化。一方面，微博快速崛起，2011 年有 48.7%的网民在使用微博，微博用户年增近 300%；另一方面，电子邮件使用率从 2010 年的 54.6%降至 47.9%，论坛/BBS 则由 32.4%降至 28.2%，博客/个人空间从 64.4%降至 62.1%。2010—2011 年各类网络应用使用率见表 3-2。

表 3-2　2010—2011 年各类网络应用使用率

	2011 年		2010 年		
应　用	用户规模/万	使用率	用户规模/万	使用率	年增长率
即时通信	41 510	80.9%	35 258	77.1%	17.7%
搜索引擎	40 740	79.4%	37 453	81.9%	8.8%
网络音乐	38 585	75.2%	36 218	79.2%	6.5%
网络新闻	36 687	71.5%	35 304	77.2%	3.9%
网络视频	32 531	63.4%	28 398	62.1%	14.6%
网络游戏	32 428	63.2%	30 410	66.5%	6.6%
应　用	用户规模/万	使用率	用户规模/万	使用率	年增长率
博客/个人空间	31 864	62.1%	29 450	64.4%	8.2%
微博	24 988	48.7%	6 311	13.8%	296.0%

（续）

	2011 年		2010 年		
电子邮件	24 577	47.9%	24 969	54.6%	-1.6%
社交网站	24 424	47.6%	23 505	51.4%	3.9%
网络文学	20 267	39.5%	19 481	42.6%	4.0%
网络购物	19 395	37.8%	16 051	35.1%	20.8%
网上支付	16 676	32.5%	13 719	30.0%	19.2%
网上银行	16 624	32.4%	13 948	30.5%	19.2%
论坛/BBS	14 469	28.2%	14 817	32.4%	-2.3%
团购	6 465	12.6%	1 875	4.1%	244.8%
旅行预订	4 207	8.2%	3 613	7.9%	16.5%
网络炒股	4 002	7.8%	7 088	15.5%	-43.5%

——资料来源：《第 29 次中国互联网络发展状况统计报告》

案例三：

《中国公共关系业 2011 年度调查报告》显示，以网络公关为主要服务手段的公关业务在 2011 年有了较大的增长，增长速度超过公关行业的平均增长速度。这得益于社会化媒体的迅速兴起，以及它在公关行业方面日益广泛的应用，比如网络营销、危机公关、顾客沟通等。网络公关已经成为公司和客户都非常认可的重要传播手段，部分公司的微博业务已经成为重要的增长点。公关市场出现了一批专业化、正规划的网络公关公司，如 1 024、口碑互动等。2011 年度 TOP 公司（综合实力 20 强）和 20 家年度潜力公司一共 40 家公司中，36 家（90%）开展网络公关业务，其中 TOP20 公司全部开展此项业务，网络公关业务营业收入在 3 000 万元以上的公司为 10 家，比 2010 年增加 3 家。

请结合以上案例思考什么是网络公关，网络公关的沟通方式和业务有哪些？

互联网与数字技术为人类社会的发展提供了新的媒体环境，公关行业面临着一个比以前更加复杂的传播环境。公共关系作为一种传播与沟通的模式和方法，网络媒介作为一种传播与沟通的平台和载体，两者都具有双向、互动传播和沟通的根本属性，因而可以紧密地结合在一起，使公共关系业务的发展面临着更多的挑战与机遇。网络公共关系（Public Relations On Line），简称网络公关，是社会组织利用互联网上的各种沟通方式迅速有效地收集信息并将信息传递给特定或非特定的网络受众，从而在电子空间中实现组织和公众之间的双向沟通，以此达到提升形象、化解危机、优化生存环境和影响公众等公关目标的科学和艺术。

一、网络公关的沟通方式

传统媒体是自上而下、一对多、有严格“把关人”的传播模式，明显缺少反馈、传播噪声小、传播权力还是集中在专业的编辑和记者手中，议程设置的功能强大。以互联网的出现为界限，传统的自上而下、控制式的传播方式逐渐转向网络式、个性化的传播方式。

在 Web1.0 时代，网络传播方式有 Email、门户网站和 BBS，BBS 虽然有效地解决了反馈问题，但仍然并不对等。此时的传播权力集中在版主手中，监管模式依然相对方便有效。Web2.0 环境下的传播模式虽是对 1.0 模式的延承，但具有了自己鲜明的特征。Web2.0 是以个人为核心线索的，用户将有更多应用和控制工具，用户可以自己提供网络内容并进行复杂的交互沟通。Web2.0 技术使得大量“自媒体（人人都可以成为上传者、都能发布信息、表达观点）”纷纷涌现，形成了一种更平等、更便捷、低成本、点对点的互动传播形式，网络的互动性和草根性被空前地凸显。

网络公关的沟通方式主要有微博、博客、即时通信软件、社交网络、RSS、维客（Wikis）、播客等。下面介绍几种常用的网络公关沟通方式。

（一）电子邮件

发送电子邮件是组织之间、组织与内外部公众最常用的沟通方式，从而取代了对传统的印刷品和传真的运用。在大多数组织，电子邮件被用来发送时事通讯、布告和内部公告等的内部媒介。

在不方便与员工进行面对面的沟通时，管理者使用电子邮件更有利于彼此敞开心扉进行交流。还可以用电子邮件向消费者、投资者和媒体在内的外部公众发送信息。发送电子邮件快速省力，可以收到比传统的方法更及时、有效的反馈。使用电子邮件时，需要注意的事项有：

（1）撰写电子邮件时要尽量简短，最好不要超过一页。

（2）电子邮件的文本应具备与其他材料的链接，方便读者详细查阅感兴趣的文章或产品。

（3）要定期发送电子邮件，这样可以使接收者养成定期阅读的习惯。

（二）网站

网站作为担负树立组织形象、介绍组织动态和发表正式新闻的大门面，目的是为访问者提供他们希望了解的信息，是组织与公众沟通的重要方式。要创建一个成功的网站，首先要明确创建网站的基本目的是为了拓展业务，还是为了获得公众的支持，还是为了介绍公司的情况等。建立网站前还要仔细考虑网站内容的取舍和组织结构。定期更新网站，要在网站上发布精华信息，而不是堆砌材料。要加强网站版面的设计才能吸引更多的访问者。好的网站应该提供游戏、程序、电子邮件和聊天等方式强化组织与公众的沟通和互动。组织必须对网站的使用效果进行测量，除了粗略地计算网站的“点击率”，还应分析在每天特定时间的浏览量、登录方式、浏览者最先点击网页上的哪个位置，以及浏览者浏览网站内容的先后次序等。此外，网站设计时应配备与顾客或潜在顾客进行直接沟通的功能，例如设置留言板，以便随时发现公众是否真正阅读过网站上的信息，是否喜欢该信息，了解他们对信息的真实想法。值得注意的是，要想做好网站就要把网站视为组织与公众沟通的前沿阵地，给予高度的重视，网站的管理工作应交由专人负责，做到专人专管。

同步思考：如何增加企业网站的吸引力？

（三）博客

博客使得发布信息的技术门槛再次被降低，受众和传播者之间不再有一条清晰的分界线，受众也可以成为传播者。此外，博客的反馈及时对等、传播噪声大、传播权力完全分散。这使得博客蕴藏着巨大信息爆发力及舆论影响力，博客的力量已经被越来越多的组织和个人关注。对于整个商业社会及企业而言，博客所带来的信息传播、话题引导以及可能带来潜在的舆论危机，正在深刻改变着商业运行规则，甚至可能在某种程度上影响了企业运作机制。博客的出现使组织不得不与更广泛的公众建立紧密而友好的联系。

许多组织利用博客的个人化特性打造更具人性的公众形象，并与受众进行直接互动，欢迎批评意见。以公关和营销传播为核心的博客应用已经被证明将是商业博客应用的主流。商业博客应用的状况大体可以分为：

1．CEO 博客

CEO 博客即公司的 CEO 或者处在公司领导地位者撰写的博客。

2．企业博客

企业博客是指以企业的身份而非企业高管或者 CEO 个人名义进行博客写作。例如，惠普、IBM、思科、迪士尼等世界百强企业都建立了自己的博客。

3．产品博客

产品博客是指专门为了某个品牌的产品进行公关宣传或者以为客户服务为目的所推出的“博客”。据相关统计，目前有 30 余个国际品牌有自己的博客。例如，在汽车行业，除了日产汽车 Tiida 博客和 Cube 博客，还有通用汽车的两个博客，福特汽车的野马系列也推出了“野马博客”，马自达在日本也为其 Atenza 品牌专门推出了博客。

4．“意见领袖”博客

意见领袖又称“舆论指导者”，是指社会活动中能够获得来自各种渠道的信息的人，或对于某一领域有丰富知识与经验的“权威专家”，其态度与意见能够影响广大公众。除了企业自身建立博客进行公关传播，一些企业也注意到了博客群体作为意见领袖的特点，尝试通过博客进行品牌渗透和再传播。例如，Nokia 在 2003 年发布 3 650 手机时便选择了 10 个很有影响力和代表性的博客，让他们试用即将上市的新款手机。要求他们将体验传到 Nokia 为 3 650 单独开辟的“迷你”网站。结果很多试用者都在自己的博客上推荐了 3 650 的“迷你”网点，有几个还排在迷你站点推荐排名前 15 位中。

许多企业热衷博客、鼓励员工写博客，企业博客成为了企业与公众沟通的重要桥梁。微软、Google 等公司利用企业博客对外发布产品信息、维护及深化产品和企业形象，一些企业的高管们甚至亲自上阵，把写博客当成一项重要的工作。在写作博客时，如何做到更具个性和吸引力？参照博雅公关公司高级经理 Will Jam Moss 的建议，以下方法可以使博客更具个性和吸引力：

（1）找准自己的位置。有自己的原创风格是从众多博客中脱颖而出的重要因素。还需要找一些吸引人的话题。如果是个人博客，需要找自己最擅长的或最有兴趣的话题。对于公司博客，尤其是那些没有 CEO 的独特个性或盛名所驱动的博客，则需要找贵公司最有发言权的行业话题，并邀请公司有能力点评这些话题的人发布博客。

（2）写出自己独特的博客“声音”。充分展现自己的个性，不要拘泥于某种僵硬的口吻。要勇于坦率地表达自己的观点和感受。只有风格和个性使博客更加人性化，并与主流媒体和企业传播区别开来。

（3）遏制希望取悦所有人的本能。不要为了迎合大众口味而只写不温不火的和气文章。作为一个真实的写作者，要直面持不同意见的人。不要无谓地挑起争端，但也不要担心发表可能引起异议的观点。

（4）欢迎评论，特别是异议。太多的公司博客会粉饰那些不入耳的评论，实际上，可信度来自能够建设性地处理异议。如果读者在博客上感受不到真实对话的气氛，博客就只会收到让人质疑和鄙夷的反效果。

（5）丢掉行话。不要用难懂的行话构成一层墙将自己与世人隔绝。如果是写关于行业核心技术的博客，就应该使用专业术语，但作为企业的管理者在与普通受众沟通时一定要摒弃自己公司内部的行话，对专业术语“三思而后用”。

（6）定期更新。一个荒废的博客不但不能给企业赢得任何声誉，反而会被认为没有诚意与受众交流。

组织可以通过计算组织博客的点击量、尤其是计算通过 RSS 等方式订阅组织博客的数字来衡量公关传播活动所取得的效果，因为一个受众如果不是真正接收到了组织所传达的信息，或对组织感兴趣，他是不会订阅组织的博客。此外，分析企业博客上的留言和监测受众在论坛、博客上的言论也是评估公关传播活动效果的一个有效手段。

2005 年 8 月，一位名叫 Jeff Jarvis 的美国消费者因使用戴尔计算机出现问题后与戴尔公司售后服务人员多番交流未果，在博客上写了一篇题为“DELL HELL”（戴尔见鬼去吧）的文章，引起成百上千戴尔用户的共鸣，大家纷纷发帖抨击戴尔的服务以及产品质量，从而成为当年戴尔公司所遇到的最大传播危机之一。两年后的 2007 年 10 月，美国《商业周刊》（网络版）刊登封面文章，称赞戴尔公司已学会倾听消费者的声音，并刊登了 Jeff Jarvis 访问戴尔公司后的随笔和视频。Jeff 在自己博客里回顾了该事情的前因后果，对戴尔公司及公司创始人迈克尔·戴尔盛赞有加，肯定他们承认错误，努力改正的态度。

从中可以看出，在没有界限的网络社会中，任何一个话题都可能经由普通网民的传播而成为焦点，感兴趣者更可以迅速通过搜索将各种各样的意见、评论集结传播，形成影响巨大的舆论浪潮，最终可能转变成一颗毁灭企业的重磅危机炸弹。

《第 29 次中国互联网络发展状况统计报告》显示，尽管近年来博客/个人空间用户数量保持增长，但是其使用率在 2011 年出现了下降。作为最早的 web2.0 应用形态，博客却越加呈现出传统的信息传播特征，一些名人博客依旧受到关注，是意见领袖们传递信息的重要渠道。对于普通网民来说，在微博和 SNS 等新兴应用的影响下，用户越来越习惯于快速、简单、互动性和社交性强的信息互动方式。因而博客必须通过不断创新来为自己注入新的活力，例如，2011 年出现的轻博客形态就是一种有益的尝试。另外，一些博客/个人空间也在不断强化 SNS 属性。

（四）微博

2011 年，微博发展迅猛。《第 29 次中国互联网络发展状况统计报告》显示，截至 2011 年 12 月底，我国微博用户数达到 2.5 亿，较 2010 年年底增长了 296.0%。微博用一年时间发展成为近一半中国网民使用的重要互联网应用。微博越来越成为人们获取信息、参与社会制度建设的重要渠道。微博实名制政策在 2011 年年底出台，如何有效规范微博上的信息传播秩序成为政府十分关注的问题，这些监管措施的落实将会对微博客的未来发展产生重要影响。

在微博上，除了名人新闻和娱乐消息外，还有不少主流话题讨论，这是推动微博业务快速增长的主要因素。例如，在“郭美美”事件中，有关“郭美美”的话题在微博上被转发了 8 000 多万次；再如温州动车追尾事故中，第一个播报事故的是一个浙江微博网友。

微博具有使用简单、投入成本少、传播速度快、关注人群多、时效性强等优势。微博给网民尤其是手机网民提供了一个信息快速发布、传递的渠道，同时也为组织制造新闻事件、快速吸引公众关注提供最佳平台。微博是口碑传播的重要途径，每一个微博后面，都是一个用户的真实体验，可以帮助组织更大程度地传播品牌，扩散美誉度，培养忠实的用户。因此，微博日益成为网络公关重要的沟通方式。组织善用微博就能有效地提高知名度和推广品牌。正确使用微博应注意以下问题：

（1）组织的微博必须做到人性化的沟通，互动化的交流，及时回应，关怀到每一个人。有关调查显示 32%的网民如果没有得到及时回应，就会产生负面的情绪，导致负面信息快速传播。一个组织需要开设几个微博分担不同的功能。例如，中国电信官方微博大概有 5 000 多粉丝，主要面对的是媒体和一般日常意见领袖的沟通，中国电信最大的微博是中国电信客服微博，要解决大量网络上的客服问题，这个客服微博有 20 多万粉丝。

（2）在微博上，应根据网民的喜好推广组织或产品。信诺传播顾问集团总裁兼 CEO 曹秀华谈到有一家著名企业在微博上一天发布 100 多条广告消息，招致许多非议。不应该在微博上片面使用广告进行强制性的信息灌输，而应通过与网友分享有价值的信息来推广组织或产品。

（3）组织在微博管理方面，应充分挖掘品牌故事并制造容易引起关注的话题。所发布的信息要既专业又有趣，既要与组织相关，又要符合公众需要。例如，某保险公司在微博上画了一个奥巴马座驾汽车分析，提供一些与汽车保险相关的信息，以此推广业务。同时，还要有意见领袖参与，以此吸引关注。

（4）应该为公关活动设立专门的官方微博。所设计的活动互动性强，微博互动与现场互动相结合；活动周期要短；在活动的各个阶段均设置奖品，刺激网友不断参与，并不断公布获奖信息，树立公信力；活动要有意见领袖参与；在活动中整合各种营销手段，如秒杀、团购等；安排专人及时解答网友疑问。

（5）企业领袖开设微博需要制定策略。由于企业领袖的身份特殊，其与企业品牌的天然链接，注定其微博与企业品牌深度关联。如果企业领袖的微博取得广泛良好的社会影响，不但对个人品牌的打造事半功倍，而且对企业声誉的提升也会大有裨益。反之，则会使企业领袖个人和企业品牌双重受损，事关企业和个人的双重声誉，应慎重对待。企业领袖开通微博后，专业而严谨的管理就成为重中之重。没有管理的微博，注定不会是优秀的微博，甚至还会成为摧毁企业声誉和个人声誉的杀器。

许多企业家都开设了微博并巧妙地运用微博传播企业和个人形象。在 2010 春节期间，恒信钻石董事长李厚霖关注到北漂网友“dou 小 dou”的微博愿望：“北漂族买不起房，买不起车，只奢望能有一个钻戒，不要是全裸结婚就好。有人能满足我一下这个新年愿望吗？”李厚霖真的送给她一枚钻戒和一个钻石吊坠。这件事无疑为李厚霖个人以及恒信钻石创造了良好的口碑和企业形象。

被称为京东“饿狼”的京东商城 CEO 刘强东就成功地通过微博进行了一次危机公关。2010 年引起普遍关注的笔记本计算机艳照门案，他通过微博发出回应：“京东的进货渠道可以确保产品不会有任何问题。只要该笔记本艳照确在产品售出之前存在，老刘我当即赔偿他 10 万元现金！同时给所有看到本微博的网友赠送一把剃须刀。随后，刘强东通过新浪微博开展微访谈，有效化解了这场舆论危机。

——来源：中国公关网作者：杨为民《微博公关成为必争之地》

（五）RSS

RSS 是指一种在因特网上发布信息的简单方式，类似于新闻组。企业相关市场活动的信息、案例、公告、演示文稿都可以是 RSS 传播的良好素材。RSS 不单能够传播信息，更能够促进搜索引擎的搜索能见度，这也从侧面促进了公关信息的传播能力。例如，RSS 馈送（RSS feeds）被博客社区广泛用来分享标题或全部内容。再如，许多公司利用 RSS 取代电子邮件发送新闻。

（六）播客

播客可以应用在企业网站的媒体窗口“媒体中心”或者“新闻中心”中。新闻活动的视频、产品介绍视频、图片等，都可以以播客的形式发布，持有多媒体移动终端的用户或者记者可以直接下载资料到移动终端，将资讯传达给媒体、消费者和投资者。

（七）Tag

Tag 使不同用户可以进行交叉查询，用户可通过关键词找到其他用户收藏的网站，也可以通过大家共同收藏的 URL 找到其他用户。这就相当于将自己的知识收藏、发布到了全球网络上。你的知识能让更多的人受益，而你也能从更多的地方获取知识，这远非企业内部的知识共享所可比的。

（八）维客

维客（Wikis）是指收录很多作者的作品集的联合网站。维客的结构和逻辑与博客类似。任何人都可以对放在维客网站上的内容进行编辑、删除或修改，包括此前一些作者的作品。最著名的维客衍生品是 Wikipedia，即网上的免费百科全书。

许多组织在精准定位下全面整合各种网络沟通传播方式，包括新闻发布、专题报道、在线发布会、论坛互动、微博、博客传播、网络游戏、嘉宾访谈、虚拟路演、视频短片、Flash 演示，以及搜索引擎优化、IM 传播和电子邮件等。

二、网络公关的业务

《中国公共关系业 2010 年度调查报告》显示，2010 年网络公关业务又有长足的进步，所调查的 40 家公司中 95%的公司开展此项业务，有 14 家公司该项业务年营业规模超过 1 000 万元人民币，比上年度增加 5 家，其中 7 家公司超过 3 000 万元人民币。所调查的 40 家公司中，网络公关的业务比例为：29 家提供线上产品推广服务（72.5%），27 家提供线上事件营销（67.5%），28 家提供口碑营销（70%），23 家提供危机处理（57.5%），31 家提供舆情监测（77.5%），21 家提供企业传播（52.5%），19 家提供整合传播（47.5%）。

《中国公共关系业 2011 年度调查报告》显示，在所调查的 40 家公司中，有 36 家开展网络公关业务，应用社会化媒体的业务部分占全部网络公关业务的 52%，社会化媒体的快速兴起为网络公关业务的发展提供了强大的动力。所调查的 40 家公司中，网络公关的业务比例为：32 家提供口碑营销服务（89%），30 家提供线上产品推广服务（83%），26 家提供线上事件营销（67.5%），26 家提供整合传播服务（72%），25 家提供企业传播服务（69%），20 家提供舆情监测服务（56%），19 家提供危机管理服务（53%）。

网络公关的经典案例——“封杀王老吉”

2008 年汶川大地震发生后，加多宝集团（当时生产红罐王老吉）在央视赈灾捐款晚会上为地震灾区捐赠 1 亿元，这是当时国内民营企业单笔捐款的最高纪录。

加多宝集团作为一个民营企业能够这样的慷慨解囊实属不易，在接下来的几天里，网上各大论坛对其是一片赞美之声。一篇名为“封杀王老吉”的帖子尤为火爆。帖子内容如下：

作为中国民营企业的王老吉（指当时生产红罐王老吉的加多宝集团），一下就捐款一个亿，真的太狠了，网友一致认为：不能再让王老吉的凉茶出现在超市的货架上，见一罐买一罐，坚决买空王老吉的凉茶，今年爸妈不收礼，收礼就收王老吉！

支持国货，以后我就喝王老吉了，让王老吉的凉茶不够卖！让他们着急去吧！

这篇文章首次出现在天涯论坛就获得了极高的点击率，而后又被网友们疯狂转载。惊人的转载量、回复量和点击量让这个帖子登上了各大论坛的首页，也引起了传统媒体的关注，《北京晨报》就有一条关于这个帖子的报道：

这个“正话反说”的“封杀王老吉”倡议，在天涯社区发出后，迅速成为最热门的帖子，很多网友刚看到标题后本来是要进去愤怒驳斥，但看到具体内容后却都是会心一笑并热情回帖。到当天下午，这个帖子几乎已遍及国内所有的知名社区网站与论坛。

的确，当全部的网民都在支持红罐王老吉的时候，一篇这样标题的文章的确会让人不得不看。简单的几句文字，很平实，却很有煽动力，不但导致了网友疯狂的转载，更直接鼓动起了网民对于王老吉的购买热情。于是，王老吉在多个城市的终端都出现了断货的情况。

后来经过证实，王老吉捐款行为的网络传播其实是一场经过精心策划的成功的网络公关。究其成功的原因在于：

（1）善于借势。王老吉的慷慨捐款、慈善大爱是策划成功的前提。在加多宝集团慷慨捐款引起网民一片赞誉之际，适时推出引人注目的热帖《封杀王老吉》，从而获得极高的关注度和美誉度。如果没有大手笔的捐款让人感动，所有的策划、炒作都会变得矫情，成为恶意欺骗，会让网民拒绝排斥，效果适得其反。

（2）善于制造令人热议的话题。网友是单纯的，也是容易被煽动的。王老吉捐款一个亿的“壮举”在接下来的几天里迅速成为各个论坛、博客讨论的焦点话题。但是话题是分散的，需要一个更强有力的话题让这场讨论升级。于是《封杀王老吉》成为了由赞扬到付诸实际购买行动的号令。创意本身契合当时网友的心情，使得可能平日里会被人痛骂为“商业帖”的内容一下子成了人人赞誉的好文章。同时，引人入胜的标题是该话题成功的关键因素之一。

（3）网络推动。一个单帖，能够有如此大范围的影响，背后网络推手对于这个帖子的初期转载和回复引导至关重要。首发天涯等大论坛，然后迅速地转载各个小论坛，之后，就可以依靠帖子自身的传播惯性去进行扩散了。回复帖子是需要技巧的，当前几楼回复都是赞扬的时候，后面就很少出现反对的声音，可以看出，舆论就是如此被引导的。

“封杀王老吉”事件之所以堪称网络公关的经典案例，在于它完美地运用了互联网的口碑传播力量，帮助企业提高知名度和美誉度，提升了消费者对于品牌的忠诚度，最终促进了销售！

——（根据梅花网 sonia 的博客资料改写）

（一）网络公关的业务类型

根据中国国际公共关系协会公关公司工作委员会对网络公关公司提供的主要产品的归纳，网络公关的业务可以分为：资讯/告知类产品、活动/体验类产品、监测/预警类产品以及维护/优化类产品。

（1）资讯/告知类产品是指将关于顾客的或顾客想要表达的资讯、理念等，以各种形式和渠道迅速有效地传达给特定或非特定的网络受众。根据内容表达形式的不同，可以细分为“网络新闻、网络专访和网络专题”。

（2）活动/体验类产品是指通过策划组织网友参加各种体验式的或非体验式的活动，来达到宣传、广告和营销的目的。“活动/体验类产品”可以细分为“活动营销、口碑营销、事件营销、圈子营销和社区营销”。

（3）监测/预警类产品是指对各主要门户网站和社区进行实时舆情监控，及时发现对顾客重要的信息和舆情动向并对顾客进行预警进而采取相关的应对措施。该项业务可以细分为“关键信息监测、舆情监测、危机公关和评论维护”。

公关人员必须监控网上随时可能出现的关于组织的负面甚至威胁性的评论。公关人员应该对某些网站、博客、微博、聊天室、论坛等实施定期监控，构建自己的信息网络，对随时出现的问题和市场的瞬息变化作出适时的反应。否则事态的发展很快将超出人们能够掌握的范围，其他媒体也会跟进回应。

大旗（DaQi.com），这家位于北京的专职网络公关公司定期为它的客户搜索中国五十万个论坛，辨别出其中对它的客户不满的帖子，在这个话题凝聚更多关注之前，设法消解。

“在互联网上，即使只有一个消费者的负面评论，它最终也会影响成千上万的消费者。”大旗的 CEO 周春兰说道。“这对世界著名商标而言是一个巨大的挑战”。

大旗只是帮助企业进行网络危机公关的新类型公司的其中之一。据外媒报道，包括耐克、百事可乐、麦当劳、欧莱雅，以及其他一些品牌也雇用类似大旗的机构，比如同在北京的机构中国网盟（China Web Union），以及在上海的 CIC 也从事类似的业务。这些公司每月收取 500 到 2 500 美金的费用来帮助客户关注一些主要论坛的帖子。

——来源：中国企业管理网

（4）维护/优化类产品主要有“网站建设和优化”、“搜索引擎优化”和“流量推广”。

（二）网络公关的特点

博客、微博等各种网络沟通方式的涌现使得以往只能被动接收信息的公众掌握了极大的网络话语权，网络的去中心化使受众主体性的加强，人人皆可成为信息发布者，都能以低廉的成本在网络上发表自己的观点，传统媒体已经不再主导话语权，评价组织、服务优劣和品牌故事讲述的权力落到了用户手中。企业与公众实际上处于一种相对平等、彼此互动的状态，双方实时沟通。传统的“把关人”形象在 Web2.0 时代逐渐弱化，信息传播的口径控制日益艰难，企业和公关从业人员不再是企业信息的唯一来源，传播的中心由一个变为无数个，一种更开放、更平等、个性化、低门槛、多中心、点对点的网状传播结构已形成。沟通的尺度和角度也发生了很大的变化，可信度变得越来越重要。网络公关的特点主要表现在以下四个方面：

（1）越来越自由的网络舆论使组织从新闻口径的控制转变为更加注重传播诚信，从侧重推广宣传转变为获得公众认可，以诚相待是网络公关的一个根本基础，要保证所传播的信息是真实的，传播的态度是真诚的。口碑传播兴起，每个人都可以在通过博客、微博等方式，基本不受把关地发表自己的意见和看法。要想通过以往的手段来控制信息的发布显得越来越难，这就意味着企业必须更加坦诚和透明，认真聆听公众的意见甚至批评，使自己的决策变得更加理性。

（2）组织除了树立声誉，更要培育公众对自己的信任和忠诚。这需要对互联网文化和网民心理进行深入研究和准确把握，熟知如何用网民喜闻乐见的方式进行宣传和营销。网民是一个特殊的群体，跟一般的受众相比具有其显著特征，如年纪较轻、资讯灵通、言辞激烈、对现实社会普遍的不满、喜欢尝试和追捧新事物等。从而在互联网上针对网民的宣传和营销跟在传统媒体上针对一般公众的宣传和营销具有显著的不同。组织除了赞美自我，还要学会褒奖网民。

（3）传统媒体环境中的执行注重发布，而网络传播中的执行更注重对传播过程的精确控制和对网络受众快速的反应。欢迎公众反馈意见，着力于了解公众的想法和意见，这样才能传播公众真正想要知道的信息，提高公司的声誉。企业在与公众进行信息传播、互动时，不再只做组织自认为重要的事情，而是以公众利益至上，去做那些公众认为重要的事情，实现组织对公众的个性化服务，以此来进行有效的市场运作，甚至拓展新的市场需求。公众不再只是单纯的消费者和信息的接受者，公众的观点和行为可能影响到企业整体运营秩序。公众成了批评家，他们的建议能够帮助促进产品或营销的改进，同时也是组织的宣传队和播种机，可以帮助组织更大程度地传播品牌，扩散美誉度。因此，务必对每一个认真的建议或者批评作出回应。把反馈信息归类分析，用以改善传播交流方式方法，调整组织的立场，或者改变组织发表观点的方式等。

同步思考：在进行网络公关时，企业可以从哪几方面听取公众的意见，从而提升品牌影响力、提高产品的销售量？

（4）传播对象细分。以往面目模糊的受众因为拥有了网络话语权，开始以个性鲜明的个体形象出现，使得对传播对象的界定和分析工作也更需精细化。组织在制定网络公关策略、开展网络公关传播活动时应以受众的需求为中心，精确地选择目标受众、细致地了解传播对象的特点，在人们最有可能接触到信息的地方提供及时的、相应的信息，将信息传达给每个人，才可能使自己的传播计划得以顺利推行和实现，否则只会浪费更多不必要的预算和精力，事倍功半。

在具体的沟通实践上，组织要更好地了解受众的行为，还要找到沟通的节点，这个节点一定要和受众的利益相关，是他们真正关注的事情。只有这样，沟通的任何方式和内容才会是有趣的、有话题性的。在这样的基础上，才能够有效地与公众进行信息沟通。

总之，网络公关作为一种公关手段有其自身的优势，也有其欠缺的一面。它的优点是由互联网的性质决定的，主要体现在：公关信息传播的广延性和实时性，许多信息会第一时间在网络上出现；公关信息交流的互动性。这两个优点的存在，一方面对于企业公关信息系统及时准确地收集公关信息（特别是危机公关信息），以制定同公关环境相均衡的公关策略是大有裨益的；另一方面，网络即时交互性的特点使得企业公关组织公关策略的实施以及获取公关对象对该策略活动的反馈信息变得更加容易了。网络公关欠缺的地方，一方面主要是由于互联网的虚拟性程度较高且安全性比较差，使得公关活动过程可能出现偏差；另一方面，以拉近人们之间心理距离为目的的相互交流与沟通的公关方式仍是互联网公关无法解决的。

因此，在越来越复杂多样、越来越个性化的传播环境之下，仅仅依靠某一种或两种传播手段是无法有效达成公关目标的，未来的公共关系活动，必然是在对受众精准定位之下的全面整合传播。

同步思考：有人说“网络公关将取代传统公关”，你认为这句话对吗？请说出理由，并比较网络公关与传统公关的区别。

任务三　传播实施技巧

学习目标

知识目标：理解公共关系传播的实施技巧，认识整合营销传播的内涵和运用。

能力目标：能够有效运用公共关系传播的实施技巧和整合营销传播，进行公共关系传播。

任务导入

案例一：毛姆的征婚广告

某一天，英国各大报纸不约而同地登出一则征婚广告，寥寥数语：“本人喜欢音乐和运动，是个年轻而又有教养的百万富翁，希望能和毛姆小说中的女主角完全一样的女性结婚。”这则征婚广告一时间在英国引起颇大的轰动，那些日夜想嫁给“年轻而又有教养的百万富翁”的小姐们，纷纷将毛姆小说购回藏于香闺；那些时刻惦记女儿命运、千方百计要给女儿安排个好归宿的太太们，则遍索毛姆小说赠送女儿作礼品或“教本”。几天之内，伦敦各书店毛姆小说被抢购一空，并在畅销书中独占鳌头。其实，刊登这则“征婚广告”的不是别人，正是毛姆自己。

案例二：奉送金币

香港一家经营强力胶水的商店，坐落在一条鲜为人知的街道上，生意很不景气。一天，这家商店的店主在门口贴了一张布告：“明天上午九点，在此将用本店出售的强力胶水把一枚价值 4 500 美元的金币贴在墙上，若有哪位先生、小姐用手把它揭下来，这枚金币就奉送给他（她），本店决不食言！”这个消息不胫而走。第二天，人们将这家店铺围得水泄不通，电视台录像车也来了。店主拿出一瓶强力胶水，高声重复广告中的承诺，接着便在那块从金饰店定做的金币背面薄薄涂上一层胶水，将它贴到墙上。人们一个接着一个地上来试运气，结果金币纹丝不动。这一切都被录像机摄入镜头。这家商店的强力胶水从此销量大增。

案例三：上海某服装有限公司委托某广告公司做内衣广告宣传。广告公司精心策划出“玩美女人”的广告词，其意为此内衣为追求和崇尚美丽的女人的选择，广告词又与“完美女人”谐音，言下之意为选择此内衣，即可成为完美女人。并立即将此得意的广告词制作成灯箱广告，挂到街道两边。不料，此举引起群众的不满，大多数群众将广告词理解为“玩，美女人”，并举报到工商管理部门，工商管理部门认为此广告词确实不雅，思想境界不健康。责令公司将印有“玩美女人”字样的灯箱广告全部撤下，公司不服与之理论，未果，最后由法院来裁决，判定广告公司败诉，撤下所有印有该字样的广告，另外处以 20 万元的罚款。

请结合以上案例说明实施公共关系传播的技巧。

一、公共关系传播的实施技巧

公共关系传播过程要受到多种因素的影响，只有掌握和正确运用公共关系传播的实施技巧，才能使公共关系传播真正取得良好的效益。公共关系传播的实施技巧有以下几点：

（一）准确选择公共关系传播的目标公众

目标公众是指社会组织公共关系传播的主要对象，是信息的主要接收者。应该根据组织的公共关系传播的目标、内容、方式、时间、空间等确定目标公众。准确选择目标公众，向他们进行详细、深入、针对性强的信息传播，可使公共关系传播取得良好收效。

在传播过程中还要考虑目标公众的接受能力，主要包括接受信息的习惯、阅读能力与知识水平。当所传播的信息符合目标公众的接受能力时，就最容易被他们接受，传播成功的可能性就愈大。

所传播的信息还会受到目标公众价值判断的挑战。人们的价值系统受到背景、教育、文化、政治等多种社会性的影响。公关人员在设计信息时，务必注意目标公众的价值观，以避免因为价值判断不同，而形成信息传达的障碍。

在制作和发布信息时，还要考虑目标公众的心理因素，如需要、态度和情绪等，以便使受众能够按本来的意图理解信息。

同步思考：美国亨氏集团的母亲座谈会

美国亨氏集团与我国合资在广州建立婴幼儿食品厂。但是，生产什么样的食品来开拓广阔的中国市场呢？筹建食品厂的初期，亨氏集团做了大量调查工作，多次召开“母亲座谈会”，充分吸取公众的意见，广泛了解消费者的需求，征求母亲对婴儿产品的建议，摸清各类食品在婴儿哺养中的利弊。之后进行综合比较，分析研究，根据母亲们提出的意见，试制了些样品，免费提供给一些托幼单位试用；收集征求社会各界对产品的意见、要求，相应地调整原料配比，他们还针对中国儿童食物缺少微量元素、造成儿童营养不平衡及影响身体发育的现状，在食品中加进一定量的微量元素，如锌、钙和铁等，食品配方更趋合理，使产品具有极大的吸引力，普遍地受到中国母亲的青睐。于是，亨氏婴儿营养米粉等系列产品迅速走进千千万万中国家庭。

请结合案例说明如何准确选择公共关系传播的目标公众？

（二）抓住公共关系传播的有利时机

公共关系传播选择恰当的时机，能增强传播效果；时机不恰当，不仅事倍功半，甚至会产生负效应。

1．自然和社会条件时机

这主要指自然条件时机和社会条件时机。结合热门的时事议题、节庆日、纪念日、特殊的民俗，或赞助文化、体育、公益等活动，将组织所要传达的信息，借助这些特殊时机传达出去。在选择传播时机时，除了要考虑是否与组织的形象有所连接之外，还需要有一些创意元素，才容易与众不同进而吸引媒体的关注和报道。例如，蒙牛在新中国成立 60 周年之际独具创意地推出“新中国成立 60 周年”红色纪念装牛奶，不仅迎合了消费者欢度双节的喜庆心理，也增强了产品的历史文化品位，提升了主题产品的市场冲击力。

2．社会组织发展时机

社会组织在不同的发展时期就应有不同的传播内容、传播方式和传播范围。准确把握组织在不同的发展时期的传播时机能够增强公共关系传播的针对性，提高传播的效果，并能调整、维持和改善社会组织的公共关系状态。

社会组织的发展有五个时期：初创时期、发展时期、拥有较高知名度时期、风险时期和低谷时期。

（1）社会组织初创时期是社会组织形象塑造的重要时期。公共关系传播的主要内容应该是向社会公众广泛地介绍组织各方面的情况，彰显特色与差异化特征，以此扩大知名度，形成良好的第一印象。

（2）社会组织发展时期是社会组织形象巩固的时期。公共关系传播的主要内容是深化组织与产品特色，组织在争取自身发展和维护广大公众利益方面所采取的各种措施，以此深化社会组织业已形成的良好形象和信誉，强化与公众的联系。

（3）社会组织拥有较高知名度时期是进一步扩大社会组织影响力的关键时期。公共关系传播的主要内容是组织所取得的成果，给社会带来的效益。应采取多种方式进行传播，让更多公众全面、主动、深入地了解社会组织，加强与公众的密切联系。例如，蒙牛在成立十周年之际，多角度组织稿件，全面展示了蒙牛的雄厚实力，向公众传达了蒙牛品质卓越、实力强大的行业领军者形象，为产品推广营造了强大的舆论声势。

（4）社会组织风险时期是社会组织公共关系传播难度最大的时期。应根据所遭遇风险的具体情况选择公共关系传播的内容。

（5）组织低谷时期，公共关系传播的主要内容是向社会公众说明组织进入低谷的原因，走出低谷的措施，以此取得社会公众的理解，尽快使社会组织走出低谷，获得新的发展。

3. 心理时机

可以把公众心理发生较大变化或产生某种强烈的主观需求作为进行公关传播的良好时机。

同步思考：公共关系传播如何选择恰当的时机？

（三）选择恰当的公共关系信息传播的形式

（1）因为新闻性的信息拥有较高的可信度，可以把所要传达的信息包装成新闻或节目，安排到大众新闻媒体，以取得良好的传播效果。

（2）运用“置入行销”。企业将商品免费提供给电影、电视节目作为拍摄的道具。这种方式使目标受众在观赏节目时自然而然且毫无防范的心理下，接收到组织希望传达的信息。

（3）制播公益广告。公益广告不具有商业诉求，而是关心某一族群或议题的广告，公益广告虽然是组织具名，甚至付费购买，但是却能有效突显组织关心弱势群体或社会公益的良好形象。

（4）举办或冠名各种活动和比赛，如选秀活动、体育比赛等。

（5）把组织的信息印在各种实用性的物品上，公众会因为其实用性而不会随手丢弃，反而会好好保管利用，因此也就造成信息会被重复阅读的可能性。

（6）以企业参观等方式强化公众的感官体验，促进产品认同，有助于促进口碑传播，提升产品宣传的公信力。例如，惠氏组织媒体和消费者代表赴新加坡参观惠氏婴幼儿奶粉生产基地，直面制药标准下婴幼儿奶粉生产全过程，此次品质见证之旅活动创新，通过厂区体验，既强化了媒体和消费者对产品的品质认知，也有助于引导舆论的正面报道和公众的产品预期。这种信息传播方式的参与性强，有助于借助潜在消费者的体验实现深度沟通。

（四）选择恰当的公共关系传播媒介

在当今社会中，公共关系传播媒介种类繁多，要善于选用、搭配，根据目标公众的特点和信息传播过程中的不同阶段有针对性地选用不同的媒介，可以提高公共关系传播的效率，事半功倍。反之，则会导致事倍功半，甚至一事无成。因此，选择恰当的公共关系传播媒介是取得良好公共关系传播效果的重要要求之一。

公众对传播媒介的要求：①简便易用，易于得到，在日常生活中习惯使用；②使用效果受到普遍的重视与承认。如果使用效果特别突出，即使使用、驾驭上有一定难度，人们也会努力去得到或掌握它。

（五）善于分析传播效果

传播效果是指信息传播对目标受众产生的影响、作用。信息传播对于受者的影响可以达到四种程度，也就是四层次传播效果。具体分为：

（1）信息层次。即目标受众首度注意到信息的存在，并完整、清晰地接收到所传播的信息。

首先，受众能够接触到信息所在的位置。其次，要吸引受众的注意力，应把信息的重点摆在信息的开头，并且信息的强度、对比度、新鲜度和需求程度越强，重复率越高，就越容易吸引受众的注意力。最后，信息还要清晰、简单，容易理解。例如，恰当使用符号、缩写语和标语，能够使受众易懂、易记、易传。代表组织的符号应该是唯一、易记、广泛被认知，并且能够适当传达组织理念的核心概念。缩写语则是由数个单字的字头组成的单字，例如，CCTV是中央电视台的简称，因为简短，所以易写易说。标语则有概括浓缩的功能。

（2）情感层次。情感层次是指目标受众对传播者传出的信息从认知进而产生情感，开始被刺激去搜集更多的相关信息。值得注意的是，情感有正负之分，只有受众产生正面的情感才是传播者所需要的，应避免产生负面的情感如反感、厌恶等。

（3）态度层次。态度是在感性认识基础上对事物或现象进行分析判断的理性认识并产生行为倾向。目标公众会理性评估此信息能否满足特定的需求，此评估可能部分来自朋友或家人的信息回馈。态度有肯定与否定之分，不一定与情感有必然的同方向联系。有些人在感性上同情，而在理智上则不赞成。

（4）行为层次。行为层次是指目标公众在感性、理性认识之后，展开支持行动，根据信息的要求进行实际购买或消费行为。这是传播效果的最高层次，受众做出与传播者要求目标一致的行为。实验研究证明，态度对行为的改变有着较密切的相关关系，信息重复有利于促使目标公众采取购买行动。值得注意的是，对组织有良好态度的公众，因为种种原因或阻碍，不一定会对组织采取实际的支持行动。行为层次的信息传播，就必须找出这些原因，并排除这些可能的行动障碍，以期组织能够赢得目标受众的行动支持。例如，某产品有很高的知名度和美誉度，深受消费者的喜爱，然而供货渠道狭窄，缺少宣传，很多人想买却很难采取实际的购买行动。

公关工作的成效主要体现在公众对组织知晓、同情，并获得他们的理解与行动支持。

（六）选择适当的信息内容与表现方式

传播的信息要为公众所关心、感兴趣，对目标公众具有意义，内容可靠真实，观点科学客观，强调对受众有价值或能满足其需求的利益点。还要与受众原有价值观念具有同质性，与他们所处的环境相关。

以历史悠久作为诉求重点的“国窖”酒，为了突显其430年的历史，以留声机、照相机的发明时间相较于国窖酒的年代，设计出“你能听到的历史126年，你能看到的历史164年，你能品味的历史430年”的信息，由于特点突出，显得非常明显，历史久远的酒又让人感觉应该是好酒，因此这是一个不错的信息切入选择点，不仅充分展现出自己的产品优势，同时创造了“国窖是陈年好酒”的形象。

——姚惠忠《公共关系理论与实务》北京大学出版社

除去内容自身的要求外，内容的表现方式也非常重要。方式、方法不当，不但不会取得正面的传播效果，而且还会引起误解甚至反感。表现方式包括提供的信息要完整，给出确凿的事实与数据，不但回答所有问题还要给出额外的建议；内容表达要简洁精当，复杂的内容要列出标题或采用分类的方法，使其明确与简化；遣词造句要形象生动、正确周密、诚恳礼貌，并符合受众的文化程度；信息的讲述方式、方法要有创意。一个组织对公众讲话的口径要保持一致，不能多种口径，使公众无所适从，不利于形成统一的形象。

巴黎的奥尔维和马瑟公司为了使美国的“超级三号胶”打入法国市场，想出一个妙计，并付诸于电视广告。屏幕上，一个人的鞋底被点上四滴“超级三号胶”，然后将鞋粘在天花板上，整个人头朝下长达 10 秒钟，并有公证人当场监督，这则奇险广告大获成功。广告播出 6 个月，这种胶液就售出了 50 多万支。

若是人站在地上，鞋底粘了胶，抬不起脚，效果平平。可是头朝下粘在天花板上，吊了 10 秒钟，这种具有一定惊险刺激性的“新、奇、特”的画面，便凸显了“超级三号胶”非凡超群的黏合力。

——白巍《公关论》中国经济出版社

（七）重复信息

信息重复有利于提高达到率；帮助受众记忆信息内容；可以提醒目标公众，避免遗忘；促使受众改变冷漠或抗拒的态度，采取积极的行动。所以同样的信息在相当长的时间里重复出现，是取得以至增强传播效果的重要因素。英国媒体研究者 Colin MacDonald 曾经针对洗衣粉广告的播出频率与销售之间的关系，发现最佳广告频率是三次，换言之，目标消费者在看到同一品牌广告三次后，就有可能产生购买的行为。然而，许多人认为“有效频率”的论点并不正确，重要的还是信息本身的冲击度与相关性。因此，应该在重复中不断调整，补充新的内容，有所创新。

（八）实现信息的有效传播

通过制造新闻、设计话题或提炼新概念，并借助新闻媒介进行大众传播，实现信息的有效传播。例如，某奶粉企业善于借助育婴话题进行公关传播。抓住“婴幼儿秋冬季腹泻”这一育儿敏感话题，将特殊配方奶粉宣传融入到育儿问题的解决中来，实现了新闻话题与宣传话题的有效结合。激发媒体跟进和公众阅读的兴趣，隐形传递该企业的社会责任感形象，为将特殊配方奶粉推向市场提供了话题支撑。再如某食品企业借助中央权威电视媒体抛出天然有机产业链的新概念，既为绿色产品树立了有力的事实支撑，也增强了产品品质的公信力。新话题和新概念的提出，既传达了产品的差异化价值，又为产品宣传提供了新鲜论调，丰富了产品机理，也激发了媒体报道的积极性，树立了企业在本行业的专业形象。

还可以制造有争议的话题，从与一般人认知相违背或不太合理的角度传达信息，能够有效吸引注意力，引起关注。例如，台湾大众银行为了打破传统上认为借钱是不太光彩的观点，拓展贷款业务，邀请艺人曹启泰拍摄一部广告片，让他在广告片中说这么一句话："借钱，是一种高尚的行为。"这一理念与中国人传统理财观念大不相同，甚至被理解成为是一种违背教育宗旨的金钱观念，因而引起社会极大关注，不仅成为热门的讨论话题，也带动了大众银行的知名度。

记者作为信息传播的把关人，对传播的内容及传播的实际效果会有很大的影响。因此，取得新闻界的支持和合作非常重要。可从以下几方面处理好与新闻界的关系：

（1）尊重记者，一视同仁，为其提供热情周到的接待服务，树立为新闻媒体服务的意识。

（2）要给记者提供真实可靠、具有吸引力的新闻素材。

（3）指定专人保持与新闻界的联系。

（九）利用名人效应

邀请具有公众影响力的人物参与公关活动，通过名人引起公众的注意、兴趣与好感，取得公众对信息的认同，从而达到对组织形象、组织产品的认可，这就是名人效应。利用政界要员、影视明星、体育明星、权威专家和企业总裁等"名人"进行公关信息传播，能够取得比较好的传播效果。

例如，某些奶粉企业针对目标消费者邀请权威专家开展高端专业讲座或举办论坛，树立组织、品牌在本行业的专业形象，从而获得公信力。具体的做法有：邀请权威专家进行"水解蛋白与儿童过敏的预防"和"早产儿和低出生体重儿的肠内营养支持"的学术巡讲，鼎力支持亚洲儿科研究大会，联合中国营养学会参展上海健康生活方式博览会等。这些传播活动，有助于提升品牌的对行业主流人群的专业公信力，加强和消费者的深度沟通，促进品牌专业形象的公众渗透，扩大口碑传播效应。

总统效应

美国一出版商有一批滞销书久久不能脱手，他忽然想出了一个主意：给总统送去一本书，并三番五次去征求意见。忙于政务的总统不愿与他纠缠，便回了一句："这本书不错。"出版商便大做广告，"现有总统喜爱的书出售"，于是，这些书一抢而空。不久，这个出版商又有书卖不出去，又送一本给总统，总统上过一回当，想奚落他，就说：这书糟透了。出版商闻之，脑子一转，又做广告："现有总统讨厌的书出售，"不少人出于好奇争相抢购，书又售尽。第三次，出版商将书送给总统，总统接受了前两次的教训，便不作任何答复，出版商却大做广告："现有令总统难以下结论的书，欲购从速"，居然又被一抢而空，总统哭笑不得，商人大发其财。

（十）结合公益内容进行传播

利用献爱心、关注弱势群体的福利、环保行动和履行社会责任等公益活动进行信息宣传，容易取得受众的认同。例如，台湾的安泰人寿（ING）在非典型肺炎（SARS）流行期间，斥资透过电视广告强打“拱手不握手，才是好朋友”的公益信息，并于广告片中号召全民参与此活动，让“拱手”取代“握手”，成为非典流行期间的社交礼仪。这一公益主张起到减少感染非典的作用，因此受到相当大的关注，让公众对安泰人寿公司产生良好的印象。再如，某家生产牛奶的企业在母亲节给北京松堂医院的孩子们送去牛奶和欢乐，在时令节点上最大限度发挥了事件传播的功能，通过调动媒体力量形成舆论焦点，有力地传达了该企业的爱心形象。

某奶粉企业发起母婴平安120行动项目，在京沪渝共同发起笑脸和祝福语征集活动，收集120张笑脸制成公益海报。该活动创意新颖，参与性强，既巧妙挖掘母亲节的情感内涵充实了2009年公益计划的主题内涵。也为题材营造了时令新亮点

雀巢启动健康儿童全球计划，将营养和体育教育项目推广到100多个国家，无疑是一次大型的国际公关推广活动，产品推广和教育公益高度关联，在大幅提升国际公益形象的同时，也促进了产品对当地公众的渗透，有助于抢先谋划全球市场布局。雅培设立了中国首个儿童临床营养中心，此次针对潜在疾病状态的儿童提供营养指南，并向专业医护人员提供儿童营养方面的最佳临床实践和培训课程，此举有助于扩大雅培在专业公众和医疗渠道的影响，促进高端专业形象的深度渗透。

环保主题是公益宣传的重要题材。蒙牛启动国内首个“绿色生态草原游”，巧妙找准了生态旅游和消费者体验的结合点，在创新促销活动内涵、强化宣传公益性的同时，也为今后品牌与消费者的互动沟通搭建了新的活动平台。

（十一）以弱者的姿态传播信息，博取公众的同情与支持

例如，非营利组织以灾区饥饿的小孩画面，博取善心人士的同情，进而恳求他们为灾区捐款。再如，当企业陷入危机时，勇于自曝其短，以坦诚、谦虚、低调的弱者或受害者的姿态去传播信息会更容易获得公众的原谅和同情。

（十二）沉默的螺旋

1973年，在德国大选及一系列舆论调查之后，伊丽莎白·内尔纽曼发表了《重归大众传媒的强力观》一文，提出“沉默的螺旋”这一概念。纽曼发现，大多数人在用自己的态度做出选择时会有一种趋同心态，当个人的意见与其所属群体或周围环境的观念发生背离时，个人会产生孤独和恐惧感。于是，便会放弃自己的看法，逐渐变得沉默，最后转变支持方向，与优势群体、优势意见一致。这个过程不断把一种优势意见强化抬高、确立为一种主要意见，形成一种螺旋式的过程。

要善于运用公众的这种趋同心态传播信息。

总之，公共关系传播既是一门科学，也是一门艺术，要求公关人员在传播活动中尊重

客观规律，按公共关系传播目标有计划、有步骤地进行创造性劳动；在传播交流信息活动中，使双方受益，最大限度取得理解，达成共识，获得支持。

二、整合营销传播

（一）整合营销传播的内涵

整合营销传播（Integrated Marketing Communication）简称IMC。20世纪末，整合营销传播流行于广告界和营销界，并得到广泛认同。有学者认为IMC是“21世纪企业决胜之关键”。该理论已在中国得到了广泛的传播。

整合营销传播的内涵是：以消费者为核心重组企业行为和市场行为，综合协调使用各种形式的传播方式来传达同一个声音，以求给消费者传递一致的清晰的信息来树立鲜明的形象，实现与消费者的双向沟通，建立品牌与消费者长期密切的关系，从而有效地实现自己的传播目的。这里的各种形式的传播方式主要是新闻、广告、公关活动、促销、直销、CI、包装、产品开发等。整合营销传播是一个系统工程，其目标是更加有效地将信息的传递与市场结合起来，发挥各种传播手段或技术的优势，使整体效果大于部分的综合，即追求1+1 >2的效果。整合营销传播的内涵具体可从以下两方面来理解：

（1）以消费者为核心，建立完整的消费者资料库（用户档案），从而建立和消费者之间的牢固关系，实现消费者对品牌的忠诚。

（2）整合运用各种传播方式，传达一致的品牌形象。整合营销传播主张把企业的一切营销和传播活动，如广告、促销、公关、新闻、直销、CI、包装、产品开发进行一元化的整合重组，一方面把各种传播活动都涵盖于营销活动的范围之内，另一方面则使企业能够给消费者提供具有良好清晰度、连贯性的信息，让消费者从不同的信息渠道获得对某一品牌的一致信息，以增强品牌诉求的一致性和完整性，使传播影响力最大化。

（二）整合营销传播的运用

1. 有机整合各种传播形式

在整合营销传播中，要尽量选用多种传播形式，还要以营销目标决定传播形式，做到所有传播形式均能高效地传播信息。可以综合运用广告传播、公共关系传播、跨媒体营销和网络营销等传播方式。广告传播是企业塑造高知名度品牌形象的一个重要手段，广告的介入能提高受众对品牌正面品质的认知度，促进品牌忠诚度，达到以品牌形象与目标受众进行交流的目的。公共关系传播可以用来推广和保护组织形象，建立良好的公众环境。跨媒体营销是指把平面媒体、手机和互联网的优势结合在一起建立一个新的跨媒体平台，开辟出一条全新的多元化信息传播渠道，从消费者生活的各个传媒渠道，将企业的产品、品牌、代表性的视觉符号无孔不入地传达到消费者的大脑中，与消费者进行完全的沟通与互动，达到最佳的营销传播效果。网络营销是以互联网技术为主要手段而产生的所有营销活动。网络营销具有跨越时空，多媒体性，交互性和经济性的特点，可以实现更快、更广、更深的推广宣传作用。

百事可乐对整合营销传播的运用

在中国市场上，百事可乐成功地将整合营销传播理论实行在广告传播、公共关系传播、跨媒体营销和网络营销等传播方式中，各种传播方式都彰显了百事可乐所推崇的品牌理念——“渴望无限”，树立“年轻、活泼、时代”的品牌形象，实现了整合营销传播理论的成功应用。

一、广告传播

百事可乐每年会推出以球星和歌星为主人公的系列广告，运用名人广告效应，充分发挥这些明星对当代年轻人生活方式所具有的影响力。采用足球和音乐两个主题来吸引自己最大的目标客户——年轻人群，通过与年轻人互动的方式传达“渴望无限”的品牌灵魂，树立“年轻、活泼、时代”的品牌形象，达到了与消费者双向交流的目的。

百事可乐也有很多没有明星参与的广告，运用荒诞式、幽默式、比较式等多种广告表现形式，拉近百事可乐与受众群体的距离，同样树立一种“渴望无限”的理念。

广告覆盖电视、广播、报纸、杂志、招贴等多种媒体类型，真正符合了整合营销传播要求的“整体与统一”。

二、公共关系传播

在公共关系方面，百事可乐始终以社会道德及正义作为出发点，树立亲民的形象，积极主持和赞助各种公益、慈善和环保事业，如捐助灾民，开办运动会，举办各种音乐演出，支持公益项目，参与环保治理项目等。

三、跨媒体营销

百事可乐在2009年的百事群音活动中，成功地运用电视直播、网络直播、点播、投票、博客等互动手段进行跨媒体营销，创造了网络选秀直播参与人数多，互动形式强，直达效果好等多项营销记录。

百事群音是全国范围内首创的乐团选秀节目。在选秀过程中，浙江卫视电视直播，播出主赛场画面和比赛进程；PPLive网络直播，播出幕后画面，包括国选手台前准备、台后体会、赛前准备等。全方位的媒体覆盖使受众能更加细致地了解参赛的乐团，与此同时，还通过网上博客、论坛评论、手机投票等方式与受众群体进行信息交流与互动，达到各个角度的信息渗透。

四、网络营销

“百事我创，全民上罐”活动就是百事可乐网络营销的典型案例。通过上传受众者自己的照片，用网络票选方式决出10名最终的百事罐身明星，将其照片登上百事纪念包装。受众直接参与比赛，增加了品牌形象与受众的直接沟通，达到交互式沟通的完全渗透。在网络营销过程中，网页制作的页首、页眉、背景、配色都延续百事可乐品牌的一贯风格，口号的提出都秉承百事可乐的一贯精神，保持了品牌的延续性，达到了很好的营销效果。

百事可乐将广告传播、公共关系、跨媒体营销、网络营销等传播形式有机整合，高效地、立体化地树立了品牌形象，丰富了品牌内容，提升了消费者对品牌形象的认同度。通过实行整合营销传播战略，百事可乐成功地扩大了在中国市场的份额。

2. 整合营销传播要与品牌形象相结合

整合营销传播中企业品牌形象是骨架，传播方式和内容是血肉，骨架是支撑血肉的关键。

所以在整合营销传播过程中，传播方式和内容的选择都要围绕树立品牌形象而进行。例如，宝洁的洗发水有很多种，这是宝洁公司品牌线分割的结果。虽然宝洁公司表面分割品牌，实际上却把所有日用品统一到"宝洁"这个公司品牌上。"宝洁公司荣誉出品"的广告语、"P&G"和星星月亮人头像的宝洁公司标识在宝洁的产品上都能看到。再如，麦斯威尔咖啡自 1982 年在台湾市场发售以来，运用广告、公共关系、促销活动等方式塑造"分享"的品牌形象，并由形象代言人孙越发起"爱、分享、行动"的街头义卖活动。麦斯威尔通过不同的传播媒体传达"分享"这一核心概念，运用的就是典型的整合营销传播策略。因此，整合营销传播的方式和内容，都要为品牌形象、理念和标志服务。

3．适度选用新的传播形式

适度选用新的传播形式，可以给消费者耳目一新的感觉，可以达到更好的整合营销传播效果。

总之，整合营销传播的实施要在明确的品牌定位的指导下，充分了解消费者的需求和欲望，综合运用各种营销手段，向消费者传达统一的品牌形象。整合营销传播为企业的经营活动带来了深刻的变革，被推崇为当今企业竞争和经营的新路标，必将成为企业在市场竞争中的主力军。

课后训练

一、案例分析

1．分析一次公共关系传播活动，指出其运用了哪些传播技巧？

2．自行车锁业的行业巨头美国 Kryptonite 公司遭遇网络危机

2004 年 9 月美国一个叫吉姆的年轻人，偶然间发现用 Bic 圆珠笔能够轻而易举地撬开被认为质量很可靠的 Kryptonite 牌 U 型锁。他将这个"神奇发现"写进了个人博客。两天后，全程演示用 Bic 圆珠笔开锁过程的视频开始在多个知名电子消费品博客上流传，并引起传统媒体的注意，《纽约时报》和美联社均报道了此事。之后不断有人通过各种方法去测试 Kryptonite 牌 U 型锁的弊端，更有好事人搜索 Kryptonite 公司其他产品的不良记录，并做成了网络专题。对该公司的不信任情绪在网民中迅速蔓延，7 天后，关注该事件的帖子超过 100 多万。Kryptonite 公司面临一场空前的舆论压力，最后宣布回收 38 万把 U 型锁，损失近 1 000 万美元。而遭受重大损失的企业声誉更是要花费不少财力和时间才能逐渐修补。一年后，该公司的公关经理唐娜私下透露，当时该公司已经关注到了博客上的言论，但是他们坚信自行车行业不太热衷网络传播，他们的合作伙伴们都不会阅读博客。因此，他们将工作重心放到了产品召回上。

请分析自行车锁业的行业巨头美国 Kryptonite 公司遭遇危机的原因，你认为应该如何化解危机？

二、实训题

1．康师傅产品覆盖食品业和饮料业，2004 年以来，康师傅饮料一直在中国市场上占据着领导地位，茶饮料成为国内茶饮料第一品牌，销售额市场占有率达到 51.9%，果汁饮料的市场占有率也达了 16.5%，是市场销售额排名前三品牌之一，包装水事业凭借 15.4% 的市场占有率，为全国第一品牌。但是，在 2008 年，康师傅遭遇"水源门事件"（康师傅被曝光用自来水冒充优质水源），这使康师傅饮料业，乃至整个康师傅品牌面临了重大危机。

请为康师傅公司策划一系列整合营销传播策略，化解"水源门事件"危机，稳定市场，赢回消费者。

2．针对某次公共关系活动，拟定媒体选择方案并说明理由。

模块四　公关写作训练

任务一　市场调查报告写作
任务二　演讲稿、新闻稿写作
任务三　广告文案写作
任务四　经济合同写作

任务一　市场调查报告写作

学习目标

知识目标：明确市场调查报告的含义和类型，认识市场调查报告的特点，了解市场调查的常用方法，理解市场调查报告写法。

能力目标：能够写出格式规范、语句通顺，准确表达市场调查研究成果的市场调查报告。

任务导入

咖啡杯的市场调查

美国某公司准备改进咖啡杯的设计，为此进行了市场实验。首先，他们进行咖啡杯选型调查，他们设计了多种咖啡杯子，让500个家庭主妇进行观摩评选，研究主妇们用干手拿杯子时，哪种形状好，用湿手拿杯子时，哪一种不易滑落。根据调查研究结果，选用四方长腰果型杯子。然后对产品名称、图案等，也同样进行造型调查。接着他们利用各种颜色会使人产生不同感觉的特点，通过调查实验，选择了颜色最合适的咖啡杯子。他们的方法是，首先请了30多人，让他们每人各喝4杯相同浓度的咖啡，但是咖啡杯的颜色，则分别为咖啡色、青色、黄色和红色4种。试饮的结果，使用咖啡色杯子的人都认为“太浓了”的占2/3，使用青色杯子的人都异口同声地说“太淡了”，使用黄色杯子的人都说“不浓，正好。”而使用红色杯子的10人中，竟有9个说“太浓了”。根据这一调查，公司咖啡店里的杯子以后一律改用红色杯子。该店借助于颜色，既可以节约咖啡原料，又能使绝大多数顾客感到满意。结果这种咖啡杯投入市场后，与市场上的通用公司的产品开展激烈竞争，以销售量比对方多两倍的优势取得了胜利。

请思考调查报告有什么作用？

一、调查报告的用途

调查报告能够反映情况，提供信息，揭示规律，预测趋势，在研究解决实际问题时发挥着重要的作用，为组织正确决策提供帮助。

二、调查报告的结构和写法

1．标题

标题的写法有两种常见的形式：一种是公文式标题，如《关于低碳生活的调查报告》；另一种是新闻式标题，常用正副标题的形式，正标题揭示调查情况、结果和意义等，副标题说明调查对象。例如，《爆米花桶中含荧光增白剂，高价爆米花安全让人忧——京城五家电影院以及五家超市爆米花桶质量情况调查报告》、《让阅读为发展壮行——关于深圳市全民阅读活动的调查报告》。

2．正文

正文分为前言、主体和结尾三部分。

（1）前言要写明调查的基本情况，如调查的原因和目的、调查主持人，调查日期、地点、调查的总体对象、范围、调查方法等。也可以在前言部分介绍调查报告的主要内容、观点。语言要简明扼要，概括性强。

（2）主体分为基本情况、分析与结论、措施与建议三方面。基本情况主要说明被调查对象的过去和目前的情况，介绍调查结果，例如，经过归纳整理的资料数据及图表。分析与结论主要写对调查结果的分析、归纳；揭示发现的问题，剖析原因，形成结论。措施与建议主要根据分析及结论，提出解决问题的对策措施。

（3）结尾部分概括主要观点，总结全文。或说明调查中存在的问题，主要的形势走向，或预测可能遇到的重大问题等。也可以不写结尾。

大学生学习绩效调查报告

随着社会经济的发展，社会竞争的日益激烈，就业形势日渐严峻。社会对高校学生综合素质要求逐渐提高，对大学生学习成绩的研究是社会、学校及学生本人的客观要求，是关系到如何提高学生的综合竞争力、促进社会进步发展的大问题，具有很强的现实性和经济效益。检查学生的学习效果并有针对性地加以改进，是提高学生素质和高校办学水平的根本途径。

一、调查对象及方法

本研究采用问卷调查和访谈的方式，以徐州某高校部分学生为样本，对大学生的学习绩效情况进行随机抽样调查。根据学生的学习情况，按不同的学科性质，分工科、理科、文科进行调查。按课程的性质分为必选、限选、任选、考试，考查进行课程、分类别调查，同时对教师及教学管理人员进行调查。制作大学生学习状况调查问卷，运用频数、相关系数和非参数差异比较检验等统计分析方法，对大学生学习绩效及相关影因素进行调查分析。

本次调查共发放学生问卷500份，回收问卷496份，有效问卷489份，有效回收率达98.6%。其中工科专业学生120份，占有问卷的24.5%；理科专业学生296份，占有效问卷60.5%；文科专业学生73份，占有效问卷14.9%。男生263份，占有效问卷53.8%；女生226份。大学一年级112份，占有效问卷的22.9%，大学二年级137份，占有效问卷的28.0%，大学三年级168份，占有效问卷的34.4%，大学四年级72份，占有效问卷的14.7%。问卷调查文理工专业类别、男女比例和各年级人数较为均衡，进一步提高样本的代表性。

本次发放教师及教学管理人员问卷100份，收回100份，有效问卷98份，有效回收率达98%。

二、调查结果与分析

根据回收到的有效调查问卷，通过统计软件SPSS，对调查数据进行统计，得出学生学习绩效的具体数据。采用比较分析法对结果进行分析，从学习情感、学习态度、能力锻炼三方面分析不同绩效水平学生的特征，总结出当今大学生学习绩效的实际情况及未来发展趋势。

1．学习情感

（1）学习绩效较差的学生学习消极懈怠。在学习绩效较差的学生中，约有61.2%的学生学习目标和动机不明确。有的学生上大学的目的就是混个大学文凭，再加上高年级学生对新生进行一些错误性的引导，常常导致学生学习目的不明确，学习不刻苦努力，缺乏竞争意识，再加上就业形势的日趋严峻，认为专业成绩与就业没有直接联系。约32.7%的学生认为学习压力并不大，最后只要能混到毕业证就行，而这样的观点更加助长了他们学习的惰性。

（2）和绩效较差的学生相比，绩效中等水平的学生学习情感比较积极。45.6%的学生认为学习的目的是为了提高自身素质，更好地适应社会发展的需求；47.8%的学生对所学专业比较感兴趣；40.6%的学生认为对学习感兴趣的原因是能够学到对自己有用的知识，认为大部分时间学习比较刻苦，但认为学习的目的仅是取得学历的学生也不在少数，约占35.8%。

（3）绩效优秀的学生大都能够从学习中体验到快乐。他们有明确的学习目的，了解自身发展的需求，35.8%的学生认为自己对学习感兴趣的原因是在学习中能够体验到快乐，57.9%的学生认为自己对学习比较感兴趣，还有38.5%的学生认为自己对学习非常感兴趣，而愉快的学习又会进一步激发学生的学习动力。

2．学习态度

（1）绩效较差的学生大都是被动学习，学习成绩不理想，目标不明确，约有86.7%的学生没有确立学习目标。绩效较差的学生对待学习消极被动，逃课现象比较严重，迟到现象时有发生，学习不主动，60.8%的学生是老师上课讲什么就学什么，缺少思考和创新。上课时，57.2%的学生发言次数较少，30.8%的学生从不发言。这种被动接受式的学习方式，大大降低了他们的学习效率。

（2）绩效中等的学生，学习比较主动。大多数学生都有学习目标，但确定的目标多是模糊的，不具体的，甚至有些不切实际，难以把握，不利于实施，往往会影响他们的学习积极性和兴趣。绩效中等的学生逃课现象不是很严重，60.2%的学生课堂讨论比较积极，多数学生已经学会独立思考问题；28.7%的学生在课堂上有选择性地听讲，注重知识要点、重点和难点的学习。可见，绩效水平中等的学生已经开始由被动的接式学习向主动的探究性学习转变。

(3)绩效优秀的学生具有正确的学习态度和学习方式，具有较强的学习能力。他们具有较明确的学习目标和学习计划，课堂表现都非常积极主动，60.9%的学生会带着疑问听老师讲课；78.2%的学生喜欢勤于思考，自主学习；80.5%的学生能够积极发言，对问题有自己的见解，敢于发表意见或建议，喜欢自主学习，善于利用学校提供的资源，尽可能多地吸收对自己有用的知识，构建合理的知识结构；89.2%的学生去图书馆的次数比较多。学习成绩处于中等以上水平的学生约为93.8%。

3．能力锻炼

(1)绩效较差的学生不重视能力的培养。担任过学生干部的学生仅19.7%，41.5%的学生有过打工的经历，其中25.8%的单纯是为了挣钱而打工，76.8%的认为打工无需与专业对口。对于学校组织的实习实训，59.6%的学生参与消极，应付现象严重，态度懒散，能力得不到真正的锻炼。

(2)绩效中等的学生参与活动较为积极主动。约有43.2%的学生担任过学生干部，大部分学生认为自己通过担任学生干部在能力上有所提高；79.2%的学生有过打工经历，并且大部分学生认为打工的目的是丰富自己的课余生活，锻炼自己的能力；80.4%的学生比较积极地参与学校组织的实习实训活动；56.2%的学生实习态度认真，能力得到相应的锻炼。

(3)绩效优秀的学生都比较重视能力的锻炼，所选择的实践活动比较有针对性，大部分都与自己所学的专业相关，这样不仅可以培养吃苦耐劳的精神，增强社会实践能力和社会适应力，更重要的是可以提高专业素养。根据调查数据显示，约有83.2%的学生担任过学生干部；53.6%的学生认为通过担任学生干部，自己各方面能力都得到提高；86.7%的学生有过打工经历；其68.4%的学生认为打工是为了锻炼自己的能力；42.6%的学生寻找和自己所学的专业对口或相关打工单位；96.7%的学生能够积极地参与学校组织的实习实训活动；85.9%的学生实习期间都能积极主动、认真负责，各方面能力都得到锻炼。

三、对策

本次调查在分析学生不同绩效水平特征的基础上，通过思维导图的方法，探索分析影响当今大学生学习绩效的因素，引导学生合理利用自身及外部的资源，进一步提高学习绩效，使学生、老师和学校有机结合，统一协调，创造一个和谐的学习生活环境，让广大在校大学生充分发挥自身优势，提高周围资源的使用率，为自身综合竞争力的提高提供发展的平台。

1．加强理想教育，制订具体明确的学习目标

大学生仍处于思想尚未定型期，要帮助他们树立正确的人生观、价值观，树立自主学习、创造性学习的观念。处理好远大理想与现实目标之间的矛盾，帮助学生认识到大学学习对未来的人生发展的重要意义。高校还要进一步加强学风建设，尤其对大一的新生要重视入学教育，使他们奠定良好的学风基础，尽快地适应和融入到新的学习环境中来。

2．加强专业教育，增强学习动机

学校一要加强专业建设，提高专业人才培养质量。要加强专业设置论证，注重市场调研，注意人才需求动向，新办专业要满足社会需要，保证教学条件和教学质量。要对学生进行深入细致的专业教育，使学生充分了解自己所学专业的过去、现在和未来，明确自己所学专业的发展与国家建设和学生自身发展之间的关系，了解所学专业的培养目标、教学计划、课程设置与个人前途和发展之间的关系，进而增强学生学习基础知识和专业知识的兴趣和积极性。

二要合理设置课程，引入社会最需求的专业课程和人才培养模式。要求学生在校学习期间主动根据社会需求调整知识结构，从单一型的理论知识结构转变为复合型应用知识结构。可在教学过程中穿插专业前沿信息、就业前景及未来发展等内容。使学生对本专业的历史、现状和未来有所了解。

3．多方入手，激发学习积极性

要注重因材施教，尊重学生个性发展，善于挖掘大学生的潜能，因势利导增强其对所学专业的认识。可通过赏识教育，及时发现他们身上的闪光点，对学生的表现多肯定，增强其自信心。提高大学生的学业成绩和培养高素质人才，既需要大学生自身的努力，又需要教师和其他教育工作者进一步深化教学改革，改变传统的教学模式，培养学生的学习兴趣。学习态度与学习兴趣紧密相连，学生一旦对学习产生浓厚的兴趣，就必然会认真对待学习，逃课、逃学、沉溺于网络游戏、作业马虎应付或者互相抄袭的现象就会大大减少；要开展丰富多彩的校园文化活动，开放实验室和研究室，以满足大学生的求知欲；要加强社会实践指导，让学生在真实的社会活动中体会学习的必要性和重要性，从而提高学习兴趣。

如何提高广大同学的学习成绩，并将所学的知识熟练运用到实践中去，建立一个关于学习绩效的评价体系，是我们在取样分析后重点要解决的问题。对于大学生学习绩效的研究更有必要性和现实意义。

——资料来源 瞿翠玲《考试周刊》2011 年第 75 期

这篇调查报告在正文前言写调查的原因和目的、调查对象及方法。主体部分采用并列横式结构，分别写分析结论、措施建议。本文十分注重数字说明，数字结论互相联系，观点材料水乳交融。本文没有专门的结尾，文章语言简洁，观点鲜明，有理有据，针对问题提出对策，令人信服。

三、调查报告的写作技巧

（1）针对问题，做好调查研究工作。

（2）反映情况要及时准确、全面深刻。

（3）点面结合，中心突出，条理清晰。

任务二　演讲稿、新闻稿写作

学习目标

知识目标：了解演讲稿的作用和新闻稿写作的准备工作；认识演讲稿和新闻稿的结构；理解演讲稿的写作技巧；明确新闻稿的写作要求。

能力目标：能够写出格式规范、语句通顺的演讲稿和新闻稿。

任务导入

有一回，美国著名作家马克•吐温听一个牧师说教。初听马克•吐温觉得他讲得很有力，打算捐出带来的所有的钱。过了十分钟，牧师还在没完没了地讲，于是，马克•吐温准备只捐出很少的零钱。又过了十分钟，牧师还在啰唆，马克•吐温决定一分钱也不给了。等到牧师终于讲完，收款的盘子递到他眼前时，他气得不但没有捐款，反而从盘子里拿走了两块钱。可见，冗长、啰唆的演讲，既害人又害己。

请思考如何写出精彩的演讲稿，使演讲引人入胜？

一、演讲稿写作

（一）演讲稿的作用

写好演讲稿是演讲成功的关键，也是一个成功的演讲者所应具备的基本功夫。

（二）演讲稿的结构

演讲稿的基本结构一般由标题、称谓、正文三个部分构成。正文又可分为开头、主体、结尾三个部分。

演讲稿的开头又叫“开场白”，开场白要引人入胜。它虽然不是主体，却有着特殊的作用。俗话说“良好的开端是成功的一半。”开场的成功，就在演讲者和听众之间建立了感情上的联系，吸引了听众的注意力，自然引入主题，为全篇演讲定下基调。

主体要跌宕起伏。主体是演讲稿的中心。既要紧承开场白，又要内容充实，主旨鲜明，层次井然，逻辑性强。还要设置好一个或多个高潮，造成一种波澜起伏的气势，抓住听众的注意，引起听众的共鸣，从而让演讲顺利地进行。

结尾要余音绕梁。俗话说“编筐编篓，贵在收口”。当听众被演讲的主体感染后，对结局的要求相应地就更高了。明代学者谢榛认为：“结局当如撞钟，清音有余。”这时，只有使结尾比开头、主体更精彩，才能极大地鼓舞听众，激起听众行动的愿望，从而在热烈的掌声中圆满结束演讲。一般来说。演讲结尾要完成四个任务：①再现主旨，使听众加深认识；②收拢全篇，使结构完整统一；③鼓起听众激情，促其付之行动；④耐人寻味，升华主题。演讲者可根据演讲主题、场合、自己的个性和听众的具体情况等因素，选择和创造恰到好处、锦上添花的结尾方法。

认识的人，了解的事

——柴静

十年前在从拉萨飞回北京的飞机上，我的身边坐了一个五十多岁的女人，她是三十年前去援藏的，这是她第一次因为治病而离开北京。下了飞机下很大的雨，我把她送到北京一个旅店里。过了一个星期我去看她，她说她的病已经确诊了，是胃癌的晚期，然后她指了一下床头有一个箱子，她说如果我回不去的话你帮我保存这个。那是她三十年当中，走遍西藏各地，跟各种人——官员、汉人、喇嘛、三陪女交谈的记录。她没有任何职业身份，也知道这些东西不能发表，她只是说，一百年之后，如果有人看到的话，会知道今天的西藏发生了什么。这个人姓熊，拉萨一中的女教师。

五年前，我采访了一个人，这个人在火车上买了一瓶一块五毛钱的水，然后他问列车员要发票，列车员乐了，说："我们火车上自古就没有发票"。然后这个人把铁道部告上了法庭，他说："人们在强大的力量面前，总是选择服从，今天如果我们放弃了一块五毛钱的发票，明天我们就可能放弃我们的土地权、财产权和生命的安全。权利如果不用来争取的话，权利就只是一张纸。"，他后来赢了这场官司，我以为他会和铁道部结下梁子，结果他上了火车之后，在餐车要了一份饭，列车长亲自把这份饭端到他的面前说："您是现在要发票呢，还是吃完之后我再给您送过来？"我问他，你靠什么赢得尊重，他说我靠为我的权利所做的斗争。这个人叫郝劲松，三十四岁的律师。

去年我认识一个人，我们在一起吃饭，这个六十多岁的男人，说起来丰台区一所民工小学被拆的事儿，他说所有的孩子靠在墙上哭。说到这儿的时候他也动感情了，然后他从裤兜里掏出来一块皱巴巴的蓝布手绢，擦擦眼睛。这个人十八岁的时候当大队的出纳，后来当教授，当官员。他说他做所有这些事的目的，只是想给农民做点事儿。他在我的采访中说道，征地问题，给农民的不是价格，只是补偿，这个分配机制极不合理，这个问题不仅出在土地管理法，还出在1982年的宪法修正案。在审这期节目的时候我的领导说了一句话，说这个人说的再尖锐，我们也能播。我说为什么，他说因为他特别真诚。这个人叫陈锡文，中央财经领导办公室主任。

七年前，我问过一个老人，我说你的一生也经历了很多的挫折，你靠什么来保持你年轻时候的情怀？他跟我讲有一年他去河北视察，没有走当地安排的路线，然后他在路边发现了一个老农民，旁边放了一副棺材，他就下车去看，那个老农民因为太穷了，没钱治病，就把自己的棺材板拿出来卖。这个老人就给了老农民五百块钱让他回家。他说我给你讲这个故事的目的是告诉你，中国大地上的事情是无穷无尽的，不要在乎一城一池的得失，要执着。这个人叫温家宝，中华人民共和国总理。

一个国家是由一个个具体的人构成的，她由这些人创造，并且决定。只有一个国家拥有那些能够寻求真理的人，能够独立思考的人，能够记录真实的人，能够不计利害为这片土地付出的人，能够捍卫自己宪法权利的人，能够知道世界并不完美但仍不言乏力、不言放弃的人，只有一个国家拥有这样的头脑和灵魂，我们才能说，我们为祖国骄傲。只有一个国家能够尊重这样的头脑和灵魂，我们才能说我们有信心让明天更好。

这是中央电视台记者柴静在"更香杯"首都女记协演讲比赛中的演讲稿。《认识的人，了解的事》演讲荣获比赛特等奖，这段演讲的视频在网络走红，因其高点击率，获得2010年度土豆节金镜头奖。这篇演讲平淡而深刻，冷静而坚强，语言行云流水，自然而然，毫不夸饰，四个小故事表达了对追求真理、坚守真实、捍卫权利的深深思索。演讲的内容警醒深刻，透出执着与勇气，令人深思回味。

演讲稿是演讲内容的文字记录，是演讲者在演讲时所依据的文稿。通常情况下，演讲者都会预先准备演讲稿作为演讲参照。因此，对于演讲者来说，演讲稿质量的高低直接影响着演讲的成败，只有巧妙设计、精心准备好演讲底稿，才能使演讲具备良好的基础和成功的潜质。

（三）演讲稿的写作技巧

1．主题鲜明突出

主题是演讲的灵魂，可以采用以下几种方法来突出主题：

（1）表达一个中心。一篇演讲稿一般只安排一个中心。演讲成功与否，不在于观点的多少，而在于以一个中心贯穿始终，把一个观点阐述得充分明白，才能使主题鲜明突出，给听众留下深刻印象。

（2）运用简明扼要的话语来突出主题。世界著名演说家特瑞克·亨利在《诉诸武力》的演说中，使用“不自由，毋宁死”这句话来揭示全篇的主题。运用简明扼要的话语来突出主题，一语中的，可以使听众易于把握演讲主题，又使主题表现得格外明晰。

（3）反复申说解释主题。为了让听众彻底了解演讲的主题，演讲者必须采用不同的措辞，不同的语气等反复申说解释主题。

（4）从各个不同角度阐述主题。想要透彻地说明一个观点，从各个不同角度阐述，这样不仅主题鲜明突出，而且令人心悦诚服。

2．条理清晰，层次分明

演讲稿在条例和层次的安排上，要注意主次分明、详略得当，互相照应、过渡自然。从层次的安排上。主要有三种：

（1）递进式。即由表及里、由浅入深，也可以由小到大、由少到多，逐步把道理讲清楚。既要符合客观事物的发展规律，又符合听众的认识规律。这种结构方式，严谨缜密，具有较强的逻辑性。

（2）并列式。即以时间、空间或逻辑结构为序排列所要演讲的主要问题，逐个阐述。这种方式眉目清楚、形式整齐，便于听众理解和记忆。

（3）总分式。有先总后分和先分后总两种形式。先总后分即先总的提出观点，然后分别加以阐述；先分后总即先分别阐述问题，最后进行总结归纳。在这种结构中，“分”的部分，可以采用递进式或并列式结构。

3．精心设置高潮

演讲的高潮是指演讲者感情激昂、气势雄劲，让听众情绪最激动、精神最振奋的部分。它体现出三个特点：①思想深刻，态度鲜明。最集中体现了全篇演讲的思想观点，是演讲的精华所在；②感情强烈。演讲者的丰富的、真挚的感情得到了极致的发挥，强烈地震撼着听众的心灵。③语句精炼，使听众产生强烈的共鸣。

4．巧用不同的句式，表意清晰，朗朗上口，富于节奏感

一般地说，陈述句语气比较平稳；反问句语气较为强烈，感叹句语气较重；疑问句语气委婉；肯定句直截了当，语气坚决；否定句委婉曲折，语气较弱；双重否定句比一般肯定句语气强烈得多；主动句比被动句直接明了，明确有力；被动句气势较弱，但往往能变换语言形式，使语言形式多样化；长句严密周详，节奏舒缓；短句则言简意赅，明快活泼，容易造成一种急促的气势；排比句节奏平稳，铿锵有力，富有气势；散句形式自由，节奏活泼，变化灵活。就演讲稿的写作而言，一般提倡多用短句少用长句；多用散句，兼用排比句；常用肯定、陈述句，巧用否定、反问句，这样便于演讲者朗朗上口，表意清晰，听者乐于接受。闻一多的《最后一次的讲演》是一篇战斗性和鼓动性极强的演讲稿。文中一组组精湛凝练的短句和斩钉截铁的肯定句，以及咄咄逼人的反问句和鼓动性极强的感叹句，使作者义愤填膺的感情表达得痛快淋漓。

5. 注重各种表达方式的综合运用

常见的表达方式有叙述、描写、议论、抒情、说明等五种。通常以叙述表现事件过程或人物经历，以描写描摹人、事、景、物的形象或情状，以抒情表达人的主观感情，以议论发表作者的认识评价，以说明解说具体事物或抽象事理的属性、特质、规律等。不同表达方式在演讲稿的交替应用，可以获得良好的演讲效果。

6. 善用比喻，能化难解为易懂、变深奥为浅显、化抽象为形象

利用生动形象的比喻进行解说，不仅使道理更明白，还会给演讲增添无限的活力。美国记者爱德文·史路森在他的一篇演讲中谈到利用能源时有这样一段表述："我们知道，美国境内有几百万穷人吃不饱穿不暖，然而在尼加拉瀑布这儿却平均每小时浪费相当于 25 万条的面包……每小时有 60 万枚新鲜的鸡蛋从悬崖上掉下去在漩涡中制成一个大蛋卷。如果印花布不断从一架像尼加拉河一样宽的织布机上织出来，那也就表示同样数量的布料被浪费掉了。如果卡耐基图书馆放在瀑布底下，大约 1 或 2 小时之内就能使整座图书馆装满各种好书……"，这些充满比喻的句子使枯燥乏味的数字都变成了鲜活的形象闪动在听众的眼前，使演讲更生动。

7. 语言丰富，智慧动人

适当引用佳句名言，使用社会流行语，可以使语言丰富，有新意、有激情，朗朗上口，鼓舞人心，感动听众，使听众产生共鸣。要做到语言丰富，智慧动人必须进行长期的语言学习、积累。而学习、积累语汇的最好途径就是向生活学习，向书本学习，向社会学习，向一切可以学习语言的地方学习。

二、新闻稿写作

新闻稿是对新近出现的有社会价值的事实及时报道的一种文体。

（一）新闻稿写作的准备工作：挖掘素材

在写新闻稿之前要选好新闻题材，找准新闻角度。认真细致地采访有关的人和事，注重细节，掌握特点。常见的几种"找"新闻的方法是"吹糠见米"找线索，"变废为宝"选角度，"大海捞针"挖新闻。

（二）新闻稿的结构

新闻稿一般采用倒金字塔式结构，即把最重要、最有价值的事实概括地摆在正文之前，便于读者迅速抓住新闻的主要内容。新闻稿的结构由标题、导语、主体、背景、结尾五个部分组成。新闻写作应该交代清楚5个W的问题，即什么时间（When）、什么地点（Where）、什么人（Who）、什么事（What）、什么原因（Why）。

1．标题

标题是对新闻精华的概括，用以吸引读者，帮助读者阅读。一般分为单标题和复合标题。例如，"'戒烟享医保报销'拟入北京控烟条例"是单标题的形式。复合标题分为双行标题和三行标题两种形式。例如：

立足本职工作　不断学习创新（主题）
"五朵金花"先进事迹报告（副题）

由主标题和副标题构成双行标题。例如：

实现找矿重大突破　构建和谐地矿系统（引题）
省地矿局工作会议在兰州召开（主题）

由引题和主标题构成双行标题。例如：

六十载烟云再逢春色　亿万年矿物重展风姿（引题）
甘肃地质博物馆隆重奠基（主题）
温家宝总理题写馆名　省委书记省长等出席（副题）

由引题、主标题和副标题构成三行标题。

2．导语

导语是用简明生动的语言介绍新闻事件中最重要、最有价值的内容，并能引起读者阅读兴趣的开头部分。一篇好的新闻稿，要在导语写作上下工夫。导语有以下两种写作方法：

（1）运用读者熟悉的事物引出新闻事实。导语是一篇新闻的入手之处，应当在导语中把人们熟知的事物与新闻事件的联系揭示出来，从而激发人们了解新闻事件的兴趣。

新闻《意大利摄影作品展览在京开幕》的导语："中国摄影家协会主席徐肖冰今天在中国美术馆向三百多名观众介绍了意大利摄影家洛常，称赞他拍摄的'周总理在病中'的彩色照片，是珍贵的摄影艺术作品。他的这幅作品现在悬挂在千千万万家庭中。洛常拍摄的周恩来总理在病中是今天开幕的"意大利摄影作品展览"展出的一百四十多幅作品中的一幅。"

导语从一幅珍爱、深印在我国人民心中的摄影作品"周总理在病中"谈起，亲切而自然地把主要新闻事实即意大利摄影作品展览引出来，这就使本来比较陌生的外国摄影展与我国广大读者的关系变得密切，拉近了消息与读者之间的心理距离，从而产生一见如故的亲切感。值得注意的是，由于读者所熟悉的事物毕竟不是新闻主题，因此要注意避免喧宾夺主。同时，那些写入导语的为人们感兴趣的事情，必须与新闻事件存在密切联系，否则便会让读者产生牵强附会的感觉。

（2）写作感性、形象、具体的导语。感性、形象、具体的导语更容易打动观众，引起共鸣，而概念、抽象、笼统的语言则相反。

关于“城市盗窃案剧增”报道的导语：“珍妮太太绕过餐桌，在空荡荡的房间坐下，伤心地哭了。餐桌上的一样银餐具没有了……珍妮太太的损失只是这个城市剧增的盗窃案中的一件”。

导语描绘了一个失窃后的具体场景，营造了一个“珍妮太太……伤心地哭了”的感性气氛，从而极大地刺激了人们的同情心，在这种同情心的驱动下使读者的主观情感顺利地进入到纯客观的新闻描述之中。

《劣质蜂窝煤哪里来》的导语：“市工交城建委的干部吴毅日前买了一车蜂窝煤，燃烧时发出浓烈的怪味，热量似乎也不够，煤炉总是半死不活的，他叫苦不迭，这煤是怎么了？类似这样的埋怨和疑惑岁末年初突然增加。”

文章导语中吴毅的遭遇是非常普通的一个生活小片段，这些富有人情味的感性描写能够使很多有过这样经历的人产生共鸣，从而认真阅读由导语引出的主要新闻事实。

3. 主体

主体是新闻的主干部分。它紧接导语之后，用足够的、典型的材料展开导语的内容，围绕主题具体展开新闻的事实和内容，揭示新闻的主题。新闻主体有两种写法：①纵式结构的写法，即按时间发生、发展的时间顺序安排层次；②横式结构的写法，即根据事物之间的内在联系或逻辑关系来安排层次。

4. 结尾

结尾是新闻写作的最后一段或一句话，阐明所述事实的意义，使读者对所述事实的理解、感受加深，从中得到更多的启示。新闻的结尾分为：

（1）小结式：对全文进行总结，这种结尾犹如画龙点睛，易于突出中心。

（2）展望式：对未来进行展望，充满希望，余味悠长。

（3）号召式：在结尾发出呼吁号召，具有强烈的鼓动色彩。

有些新闻没有结尾，在主体部分自然结束。

5. 背景

背景是指新闻事件发生的历史条件和环境的材料。写背景材料能使读者从广阔的社会背景上或新旧、正反的对比中去理解报道中所举事实的现实意义。并不是每一则新闻都一定要有背景材料，要灵活运用背景材料，从实际报道的内容出发，确定是否使用背景材料。

（三）新闻稿的写作要求

（1）所报道的事件必须新鲜真实，具有公众关心和需要的价值。

（2）语言简洁流畅，通俗易懂。为保证所报道新闻的客观性，除在描写人物、场景时，应尽可能少用或不用形容词。

（3）用事实说话。直接叙述事实本身，让事实说话，不要作过多的解释，把事情的来龙去脉交代清楚即可。

（4）条理分明、头绪清楚。要善于精选事实，一条新闻一般只报道一件事实或只突出一个人物。如果报道的事件比较复杂，牵涉的人物较多，可以采用分解报道的办法，化长为短，化繁为简。

任务三　广告文案写作

学习目标

知识目标：理解广告文案的定义，认识广告文案的结构和写法。

能力目标：能够写出引人注意，达到预期效果的广告文案。

任务导入

脱脂奶粉的广告

试图使他们相会

亲爱的扣眼：

你好，我是纽扣，你记得我们已经有多久没在一起了吗？尽管每天都能见到你的倩影，但肥嘟嘟的肚皮横在你我之间，让我们犹如牛郎织女般的不幸。不过，在此告诉你一个好消息，主人决定努力促成我们的相聚，相信主人在食用 DIPLDMA 脱脂奶粉以后，我们不久就可以天长地久，永不分离。

使扣眼和纽扣牵手的媒人——DIPLDMA 脱脂奶粉

订购电话：××××

广告文案具有哪些基本结构要素？请分析以上广告的基本结构。

一、广告文案的定义

广告文案是指表现广告元素的全部语言文字，既包括广告作品制作前的文字脚本，也包括广告作品中的语言文字部分。

二、广告文案的结构

一则完整的广告文案是由广告标题、正文、广告标语、附文四个部分构成。1898 年，美国的 E.S.路易斯提出 MDA 法则，认为一个广告要取得预期的效果，必然要经历引起注意（Attention）、产生兴趣（Interest）、引发欲望（Desire）和促成行动（Action）这样一个过程，取其每个英文首字母，称为AIDA法则。广告文案的写作要符合受众接触广告的心理过程，达到广告促进销售的最终目标。因此，广告文案的标题首先要吸引受众注意力，正文要引发受众兴趣，使受众信服并激发欲望，标语和附文促使受众采取行动。

（一）标题

标题是广告文案的文眼，位于文案开头，犹如人的眼睛。一般用它传达广告最能引起受众兴趣的信息，吸引受众看（听）下文。著名广告大师大卫·奥格威认为：读标题的人平均为读正文的人的5倍，标题代表着一则广告所花费用的80%。因此，要成功地制作一则广告，首先应该在标题上下工夫。

广告标题分为单标题和复合标题。例如："有谁比妈妈更能摸清宝宝的底细？（纸尿裤）；脱贫工程（红桃K生血剂）；有些臀部有吸引力，有些臀部呃……有地心引力（蒂芭蕾，塑身美体篇）；按捺不住，就快滚（微软，智慧型鼠标）"都是单标题。

复合标题分为：引题、主标题、副标题、特别提醒标题（醒题）。例如：

（引题）

万科城市花园告诉你——

（主题）

不要把所有的鸡蛋都放在同一个篮子里

（副题）

购买富有增值潜力的物业，你明智而深远的选择

（醒题）

—— 前十位购买者八折优惠

复合标题的四部分不一定要写全，只要写出主标题和其他任何一部分都是复合标题。

标题承担着吸引受众注意力的功能，可从两方面增强吸引力：

（1）语言醒目，引人共鸣，易于记诵。例如，Parco时装广告标题："如此相互嫉妒，是因为相爱？"；麒麟啤酒的广告标题："日本过去住着魔女和鬼"。

（2）采用制造悬念，讲述故事，一问一答的方式，传达广告信息。例如，《滚石》杂志很有名的封面标题（图片是一幅吉姆·莫里森的照片）："他时髦。他性感。他死了。"；伊势丹百货公司的广告标题："到底能爱几个人？"。

（二）正文

正文是广告文案的主体部分，承接广告标题深入阐释，对广告信息展开说明，坚定受众的消费信念。一般包括三个方面的内容：①突出诉求重点；②对诉求重点的支持点深入解释；③发出行动号召。在语言上要讲究遣词造句，力求使文字简短、易懂、有说服力。

（三）标语

广告标语亦称广告口号，是为了加强受众对企业、商品或服务的印象而在广告中长期、反复使用的一种简明扼要的口号性语句，是广告的缩影，是销售诉求的浓缩。它基于长远的销售利益，向受众传达一种长期不变的观念。有人认为，广告标语就像企业的商标一样，是企业营销的一个重要标志。

广告标语作为广告文案中相对独立的组成部分，可以出现在广告文案的任何部位，虽然只有一句话，却要充分与竞争者区隔开来，在消费者脑海中留下深刻印象，是广告文案中最难写的一部分。因此，广告标语的创作是文案人员的不可或缺的一种重要专业技能。广告标语常常出现在广告标题的位置上或广告的末尾处。在构思广告标语时，作者应注意两点：

（1）要与品牌个性相吻合。例如，百事可乐的广告标语“新一代的选择”符合百事可乐时尚、青春、充满活力的品牌风格。戴比尔斯钻石的广告标语“钻石恒久远，一颗永流传”符合戴比尔斯经典、永恒、品质高贵的品牌风格。

（2）语言要口语化、生活化，朗朗上口，易于传诵。因此，写作广告标语时要关注社会流行语，便于社会大众接受。例如，雀巢咖啡：“味道好极了”；人头马 XO：“人头马一开，好事自然来”。

广告标题与广告标语有时都只有一句话，在形式上比较相似，但它们有本质的区别：

（1）目的不同。广告标题的目的是为了引起受众注意，吸引他们观看广告；广告标语的目的是为了加深受众对广告和商品的印象，利于广告和商品广泛传播。

（2）使用时间不同。广告标题的使用时间短，随着广告内容改变而改变；广告标语的使用时间长，不会轻易随着广告内容改变而改变。

（3）位置不同。广告标题位于文案开头；广告标语可以出现在广告文案的任何部位。

（四）附文

广告附文又称随文，是广告文案中的附属部分，对广告内容进行必要的交待或进一步的补充说明，促进或者方便受众采取行动。例如，说明企业的地址、联系方式、权威机构证明标志、促销活动等必需的信息。一般出现在广告文案的结尾部分。

写作附文应该注意，写明受众最想知道的信息，表述直白、清楚和准确，以免喧宾夺主。鼓励消费者对广告作出反应，直接促成行动，方便消费者购买。

中国长城葡萄酒的广告文案

3 毫米的旅程，一颗好葡萄要走 10 年

3 毫米，瓶壁外面到里面的距离，一颗葡萄到一瓶好酒之间的距离。不是每颗葡萄，都有资格踏上这 3 毫米的旅程。

它必是葡萄园中的贵族；占据区区几平方公里的沙砾土地；坡地的方位像为它精心计量过，刚好能迎上远道而采的季风。

它小时候，没遇到一场霜冻和冷雨；旺盛的青春期，碰上了十几年最好的太阳；临近成熟，没有雨水冲淡它酝酿已久的糖分；甚至山雀也从未打它的主意。

摘了 35 年葡萄的老工人，耐心地等到糖分和酸度完全平衡的一刻才把它摘下；酒庄里最德高望重的酿酒师，每个环节都要亲手控制，小心翼翼。而现在，一切光环都被隔绝在外。

黑暗、潮湿的地窖里，葡萄要完成最后3毫米的推进。天堂并非遥不可及，再走10年而已。

在这篇广告文案中，标题形象地用3毫米的旅程（酒瓶瓶壁的厚度）和要走10年的时间来制造悬念，引发受众的好奇心，实现了标题吸引注意力的功能，展示出葡萄酒精良的品质。正文运用有说服力的事实，并提供了细节，对利益点进行阐释和论证，表达了长城葡萄酒的优秀品质，满足了受众进一步了解详细情况的需求，建立了消费信念。通篇文案实现了吸引受众注意力，引发兴趣，使受众信服并激发欲望的作用。

电视公益广告片“乌鸦喝水”创意制作书

镜头分述	解　说	音　响
	一只乌鸦口渴了（轻快、童稚、畅快）	轻松
美丽的大自然里一只小乌鸦快乐地生活		欢畅的音乐 潺潺的水声
小乌鸦飞到了河边看到鱼儿在水中欢畅地游着		鸟鸣声 噪声加入 砍伐声
低头喝水的小乌鸦与小鱼快乐嬉戏		
树木变得稀疏 被砍伐的树桩 地面的水越来越少		音乐
画面由浓郁的绿色变得灰黄	一只乌鸦口渴了 （严肃）	
森林消失了 小乌鸦在寻找能够喝到的水		开始变得低沉 智慧
小乌鸦欣喜地发现了树洞里的积水		
聪明的小乌鸦动脑筋想办法喝到树洞里的水		石子落入水中的声响
他衔来了石子投入树洞中		
衔石取水		
终于用智慧喝到了水		
满足感		
沙尘暴来了	一只乌鸦口渴了 （低缓 悲凉）	呼啸的风沙
风沙过后一片凄凉的景象		乌鸦凄凉的叫声
衔着石子的小乌鸦再也找不到水喝		
只能在死寂的旷野里发出最凄凉的叫喊		沉寂

这是一则电视公益广告。“乌鸦喝水”本是小学课本中的一则寓言故事，用以启蒙儿童的智慧与思维，在这里，经过更深层的艺术加工，赋予了它崭新的内涵，把环境与生命、人类与自然的依存紧密地联系到了一起。警醒人类保护环境，爱护我们赖以生存的环境。

“乌鸦喝水”通过人们喜闻乐见的动画制作手段，把生动可爱的小乌鸦刻画得惟妙惟肖，引人入胜。环境优美的第一段，以浓郁的生命绿色为主基调，小乌鸦口渴了去河边喝水，与鱼儿嬉戏，快乐怡然，幸福生活；随着噪声（砍伐声）的加入，人类毁掉了森林，画面由绿色逐渐地加入了大面积的灰黄色，小乌鸦口渴了，只能去树洞找水喝，需要用智慧才能喝到树洞里的水；没有了森林，刮起了沙尘暴，风沙过去一片苍凉，这个世界已没有了生机，死寂的画面里只有小乌鸦凄凉的叫声。三次配音“一只乌鸦口渴了”，情绪准确，层层递进，突出了不同境况小乌鸦的不同心情。

资料来源：张建《应用写作》高等教育出版社

任务四　经济合同写作

学习目标

知识目标：明确经济合同的含义及用途和特点，认识经济合同写法。

能力目标：能够熟练写作常用的经济合同。

任务导入

航空运输合同

托运人（姓名）______与中国民用航空公司______（以下简称承运人）经友好商定，由_______（发货地点）空运_________（货物名称）到_________（到达地点），双方特签订本合同，并共同遵守下列条款：

第一条　托运人于______月______日起需用_______型飞机_______架次运送（货物名称），其航程如下：

______月______日自______至______，停留______日；

______月______日自______至______，停留______日。

运输费用总计人民币_______元。

第二条　根据飞机航程及经停站的条件，可供托运人使用的载量为_______公斤（内含客座）。如因天气或其他特殊原因需增加空勤人员或燃油时，载量照减。

第三条　飞机吨位如托运人未充分利用，承运人可以利用空隙吨位。

第四条　承运人除因气象、政府禁令等原因外，应依期飞行。

第五条　托运人签订本合同后要求取消飞机班次，应交付退机费____元。如托运人退机前承运人为执行本合同已产生调机费用，应由托运人负责交付此项费用。

第六条　托运人负责所运货物的包装。运输中如因包装不善造成货物损毁，由托运人自行负责。

第七条　运输货物的保险费由承运人负担。货物因承运人一方的人为问题所造成的损失，由承运人赔偿。

第八条　在执行合同的飞行途中，托运人如额外要求停留，应按规定收取留机费。

第九条　本合同如有其他未尽事宜，由双方共同协商解决。凡涉及航空运输规则规定的问题，按运输规则办理。

托 运 人：__________　　　　承 运 人：__________

开户银行：__________　　　　开户银行：__________

银行账号：__________　　　　银行账号：__________

______年______月______日

请思考什么是经济合同，应该如何写作经济合同？并分析该份《航空运输合同》的格式和条款是否规范完备？

一、合同的含义和种类

（一）合同的含义

本书所指的合同，是《中华人民共和国合同法》（以下简称《合同法》）所规定的："合同是平等主体的自然人、法人、其他组织之间设立、变更、终止民事权利义务关系的协议。"

经济合同则是自然人、法人、其他组织之间为实现一定的经济目的，按照法律规定，在平等互利、协商一致的原则下，明确相互的权利、义务、关系的而共同订立的协议。经济合同具有法律约束力。

（二）合同的种类

按照不同的分类标准，合同可以分为许多不同的种类。可以按合同内容分，按合同性质分，按合同有效期分，按合同结构形式分等。《合同法》将合同分为 15 种，即：

买卖合同、供用电水气热力合同、赠与合同、借款合同、租赁合同、融资租赁合同、承揽合同、建设工程合同、运输合同、技术合同、保管合同、仓储合同、委托合同、经纪合同、居间合同等。

二、经济合同的种类和表达形式

（1）经济合同的种类包括建筑工程承包合同、购销合同、租赁合同、加工承揽合同、货物运输合同、技术转让合同、借款合同、财产保险合同等。

（2）经济合同的表达形式分为条文式、模板式和条文表格式。

条文式合同是将各方协商一致的内容以条款的形式记载下来。

模板式合同是把合同印制成某种固定的模板，把达成的协议逐项填入空白处。

条文表格式合同是指用表格和条款共同表达协商意见。

三、经济合同的结构和写法

经济合同的结构由标题、订立合同双方、正文、生效标式四部分组成。

（一）标题

由合同性质或内容加文种组成，如《房屋租赁合同》、《购销合同》。标题下方注明合同编号。

（二）订立合同的双方

订立合同的双方即单位名称或个人姓名。在合同标题的下方，准确写出签约双方的全称、全名，然后用括号注明代称，如甲方、乙方，如有第三方，可将其称为“丙方”。贸易合同有时可指代为“供方、卖方”、“需方、买方”。不能用“你方”、“我方”。

例如：

××商场（甲方）　　　　　　　　　　××工厂（乙方）

或者写作：

供方（卖方、出租人、委托方）：________________________

需方（买方、承租人、服务方）：________________________

（三）正文

正文的内容主要包括前言、条款和附则。

1．前言

说明当事人订立合同的目的、依据等，简明扼要。如“为了……（目的），依据……（法律法规名称），经甲、乙双方协商一致，签订本合同，共同遵守。”

2．条款

按经济合同要素逐项作具体说明各方所承担的法律责任和应享有的权利，是合同的主体部分。

条款具体内容如下：

（1）标的。合同当事人权利和义务共同指向的对象。如购销合同的标的是商品货物，建筑工程承包合同的标的是工程项目，借款合同的标的是货币，运输合同的标的是行为，技术转让合同的标的是智力成果。任何合同都必须有标的，没有标的，就不成其为合同；标的不明确，合同就无法执行。

（2）数量。数量是标的的具体指标，指标的的数量、计量单位和计量方法，要使用通用的标准计量单位，数字要准确，计量单位要精确。

（3）质量。质量是指标的的特征和品质，是标的的内在品质与外观形态的综合表现，由标的的品种、规格、型号、性能、款式、材质、成分、包装、用途，甚至保质期等体现。合同标的的质量标准，应力求规定得详细、具体、明确。一般而言，如果有国家或部委颁布的标准，按国家或部委规定的标准签约；国家、部委没有规定标准的，由双方协议确定一个标准；如果确定不了的，可以封存样品，这些在合同中都要写清楚。

某研究所与某林场签订了一份黑木耳购销合同，数量为500公斤，每公斤45元，并在合同中写明“优质”二字。供方按期将500公斤黑木耳送到，但需方验收时却以“不合质量要求”为由拒收，问题出在哪里？就在于标的的质量标准规定，得不清楚到底怎样才算“优质”，合同中没有明确规定，需方认为优质木耳应当朵片大、干燥无虫蛀，无杂质，而供方送来的木耳却有碎耳，含水量大，质量一般。但供方却坚持认为自己送来的是优质木耳。双方僵持不下，最终付诸法律解决。

沈阳日报曾经报道过这样一条消息：沈阳市一家服装厂与某市一家服装商场签订了一份购销合同，合同中规定：服装商场购买沈阳市某服装厂家生产的新潮呢料女式套装 50箱。当服装厂按合同规定把50箱服装送到服装商场时，对方验货后只收下25箱，拒收另外25箱，双方由此产生合同纠纷。究其原因，就在于合同的数量规定上：合同写明50箱，但未注明每箱多少套。服装商场认为每箱应装10套，而生产厂家认为每箱应装20套，双方各执一端，最后诉诸法院解决。

（4）价款或酬金。价款或酬金是取得标的的一方当事人向对方支付的以货币数量来表示的金额，简称价金，是合同双方等价有偿交换的经济关系的标志。要明确标的的总价、单价、货币种类及计算标准。

（5）履行期限、地点和方式。履行期限，是指合同履行的时间界限，即合同的有效期限，过时属违约。订立合同的双方要按议定的时间履行合同的条款。履行期限日期用公元纪年，年、月、日书写齐全，规定必须明确具体，不能把类似“年内交货”的含糊词句写进合同。

履行地点要准确、具体。

履行方式是当事人履约的具体办法，包括交付标的物的方式、支付价款的方式。这是分清双方责任的依据之一，表述必须确切，不能模棱两可，含糊不清。

某市果品公司与位于该市的某火车站签订西瓜运输合同，规定：西瓜散装五车皮，于×月×日在该火车站交货”。当日，果品公司派卡车到火车站运货，发现车皮停在站台15道，卡车不能进，只能请手推车拉，再装上卡车运出。果品公司要求车站负责手推车运输费，但车站却拒付。双方产生纠纷。这是因履行地点不明而发生的纠纷。

（6）违约责任。违约责任是依法对不按合同规定履行义务的制裁措施。它是督促当事人自觉履行合同的一种手段。承担违约责任的主要方式有支付违约金、赔偿损失。违约金的数量，可依据法律规定，也可由双方当事人依法商定，并要在合同中具体写明。

违约责任要考虑周全，需逐一估计可能出现的违约情况，写明如何处理。还要写明如果出现不可抗拒的因素时，应如何处理的条款。

（7）解决争议的办法。解决争议的办法是指当事人关于解决争议的程序、方法等的约定。一般情况下，先由双方当事人友好协商解决，如果协商不成，可申请上级机关调解，如果调解不成，则可向经济合同仲裁委员会申请仲裁或直接向法院起诉。

（8）当事人一方要求必须规定的条款。订立合同时，一方当事人为了满足自身的特殊要求而提出的特殊条款，经双方协商达成一致，常以“其他约定事项”这样的约定条款出现。

3. 附则

附则写明合同的有效期限、份数、保存者、附件和合同的补充办法。合同的补充办法，如“本合同未尽事宜，经双方商定后可以补充。补充的条文与本合同具有同等效力”。附件可注明所附的表格、图纸、实样的名称和件数。双方当事人的有效地址、邮政编码、电子邮箱、电话，开户银行名称、账号等也一并写上。

（四）生效标志

写明双方单位全称，双方当事人或法定代表人或委托代理人签名盖章，填写签订日期。

四、经济合同的写作要求

（1）准备要充分。了解合作方的资格、资信和履行合同的能力。订立合同的当事人，应当是具有相应的民事权利能力和民事行为能力的自然人、法人或组织。

（2）要合法合理。当事人订立、履行合同必须符合国家的有关法律、法规和有关职能部门或行业的管理规定，不得扰乱经济秩序，损害社会公共利益。同时，合同的内容还应合乎情理，尊重社会公德，是当事人意愿的共同体现。

（3）条款要完备。要结合实际情况把签订合同必备条款详细地列出来，确保合同条款完备，避免履行时出现争议。

（4）规定要具体。经济合同的每项条款都直接关系到签约各方的经济责任和经济利益，条款规定空泛粗糙会导致合同缺乏可行性和约束力，一旦出现纠纷，就没有解决的依据。应把条款尽量齐全地规定出来，按照不同标的的特点加以具体化，使之全面、周严、便于履行。

（5）措词要准确。措词要准确清晰，合同中使用的概念，当事人应该有一致的理解，以防产生歧义，从而避免在合同的履行中出现不必要的争执和纠纷。不使用“最近”、“基本上”、“可能”、“大概”、“上一年”、“希望”、“尽可能”、“争取”等模糊性用语，不说空话、套话。经济合同的数字应核对无误，价款与酬金数字必须大写。同时还要注意正确使用标点符号，防止句号、逗号用错或点错而造成不必要的纷争或损失。

（6）文面要整洁。要按规定的文本格式和要求撰写合同，不得随意涂改，保持文面整洁。合同如有错误或遇到特殊情况确需修改时，应将双方同意的意见作为附件附上。如在原件上修改，应加盖双方印章。

合同写作怎样“咬文嚼字”

1. 字形要核准

某建材销售公司与某钢材生产厂家签了一份销售合同，讲好货到付款。钢材生产厂家按时把320万元的货发到了建材销售公司，要求销售公司及时付款。谁知销售公司反而拿出合同，指责钢材生产厂家不守信用，原来合同上写的是“货到付款”。销售公司称，只要贷款到位，保证及时付款。钢材生产厂家这才知道上当，原来当初将“贷”字错看成“货”字。后来诉至法院，法院认定合同有效，钢材生产厂家只好哑巴吃黄连，有苦说不出，由于签订合同多是手写体，因此辨清字形很重要，发现有模棱两可的应要求重写，最好用计算机打印。即使是打印件，也要细心校对准确。

2. 字义要核准

2004 年 2 月，陈某向孙某预订甲鱼苗 600 只，按每只 10 元共计 6 000 元，当时付定金 1 000 元，讲好三个月后交货时付清余款，并签订了合同。哪知后来，甲鱼价格暴涨，甲鱼苗行情翻番，孙某正后悔与陈某签订了合同，不能卖个好价钱。

他儿子得知后便翻出合同细看，不禁大喜，原来合同上将“定金”写成了“订金”，于是父子俩“理直气壮”地将甲鱼苗卖给了出高价的人。陈某来提货时扑了一场空，大发雷霆，最后只得按《经济合同法》规定要求孙某双倍返还定金。可孙某说：“你交的不是定金，是订货的钱”。并出示合同给陈某看。陈某一看目瞪口呆。“定”与“订”同音，但字形不同，定义也不同。一字之差，使孙某成倍赚钱，而陈某不仅养殖计划落空，本应得到的“双倍”定金也损失了“一倍”。（注：根据《经济合同法》中的定金法则，当缴纳定金者不履行协议时，无权请求返还定金，接受定金方不履行协议时，要双倍返还定金。订金则有预约之意，当不想履约时，可申请原额退还。）

3. 字音要核准

某个体代理商为某啤酒生产厂代销啤酒，向厂家赊欠啤酒价值 12 万元，并签订合同。到了约定日期，厂方来催款，代理商还了部分款项后，又在厂方所持的合同上写下“还欠款捌万元”及日期。不久厂方又来催款，代理商拿出 4 万元，可厂方硬要 8 万元。双方发生了纠纷，遂诉至法院，因“还欠款捌万元”的“还”字是多音字，究竟是“hái”还是“huán”成了争论的焦点，而双方都提供不出充分的证据，法院只得给予调解，代理商再还给厂家 6 万元。因此，凡遇到多音字要审查是否会产生歧义。产生歧义的，应要求换字、加字或注音。如“还欠款捌万元”，若确系仍欠款 8 万，“还”字可换成“仍”、“尚”等字；若确系偿还欠款 8 万，则可在“还”字前加一个“偿”字。另一个办法就是在“还”字后加括号注音“hái”或“huán”。

4. 标点符号要核准

某县苹果大丰收，急寻买主。数日后，上等的苹果有了销路，一般的无人问津。一日有某客户登门订货，酒足饭饱之后签订合同，讲明要 0.5 公斤 3 只左右大小的苹果，但有虫斑的不要。可执笔人却写“苹果供货要求：每 0.5 公斤 3 只左右、有虫斑的不要”。不日，该县把苹果发往销售地，可此时市场苹果饱和，别说这样的小苹果，就是大苹果也不好销。这一客户立即玩起了文字游戏，不但拒收苹果，还要索赔。他拿出合同指着顿号，把意思解释为“每 0.5 公斤 3 只左右的和有虫斑的都不要”。

一车苹果白白送给这一客户作为赔偿金。可见，小小标点符号，重似千钧，如同方块字，同样不可忽视。

5. 计量单位要核准

辽宁省某仪表厂与吉林省某机械配件厂签订了一份电表、水表用的“铅封”购销合同，仪表厂本来只需 1 千粒，但是签订合同的经办人没有注意到铅印合同纸上注明的数量计算单位是“千粒”，就在数量栏目里填上“1 000”，结果数量就变成了1 000千粒，即1百万粒。机械配件厂在发货时觉得有疑问，就打电话给仪表厂说“现库存不够，只能发25千粒”，仪表厂接电话后也没答复，直到货到后才发现差错。但25千粒铅封已收货，无法退回了，造成仓库大量积压，并长期占用资金。

6. 地名单位要核准

在全国范围内，市县重名的不少。如辽宁省内就有辽阳市与辽阳县。全国其他各地也还有很多这种情况。签订货物购销合同，交货地点一定要清楚、具体。因为许多市、县都有车站，重名的站甚多。如果地点不清楚、不具体，将导致纠纷不断，有得官司打。

——资料来源：薛福连写作：高级版-2006年5期

课后训练

一、案例分析

1. 某公司的经营状况一直不好，该公司公关部针对公司的服务态度、产品质量、办事效率、经营方针、业务水平、管理顾问名气、公司规模等具体内容以问卷形式进行了抽样调查。调查结果如下：

在所有有效问卷中，认为公司经营方针相当正确的占65%，认为比较正确的占25%，认为一般的占10%；认为办事效率比较高的占25%，认为一般的占65%，认为比较低的占10%；认为服务态度一般的占15%，认为比较恶劣的占20%，认为相当恶劣的占65%；认为业务水平比较缺乏创新的占20%，认为相当缺乏创新的占70%，认为非常缺乏创新的占10%；认为管理顾问相当没有名气的占10%，认为非常没有名气的占90%；认为公司规模比较小的占25%，认为相当小的占55%，认为非常小的占20%。

请根据以上材料写一份调查报告。

2. 根据下面的材料，运用倒金字塔式结构写一则新闻，要求标题鲜明醒目，导语简明扼要。

（1）近年来，巫山县钱家乡500多名青年外出前往深圳、珠海、成都、重庆等地务工，其中半文盲50%，一字不识的占20%，由于文化低，在外举步艰难。

（2）王晓蓉等一行7人，近日从重庆回村参加扫盲班，全乡已先后有113名外出青年回乡学习，他们说：没文化、挣钱难，吃哑巴亏。

（3）白坪村的务工青年杨勇从广州去深圳时因不识车号上错了火车，另一青年雷某在深圳一家电子厂上班，因不懂机器操作，上班没几天，就轧断了4根指头。

（4）据不完全统计，全乡有数十名文化低的青年流落街头。

（5）乡党委、政府办起了扫盲学习班，并开展电子、机械、木工等10个项目的训练班和专题讲座，听众达3 000多人，场场爆满。

（6）一些回乡学习的青年，大都学会了书信写作，有50多人掌握了电视机、电动机等机械的性能和维修技术，还有40人会木工，这些人再“闯江湖”，很快就找到了“婆家”。

3. 合同的语言必须准确、周密，以防止出现歧义，造成纠纷。请阅读下列各组材料，指出合同语言中不确切的地方，并加以修改。

（1）甲方购买住宅一套。

（2）该商品房交付使用时，房屋实际面积与暂测面积的差别不超过3%。

（3）房产证应于房屋正式交付使用后240天内办妥。

（4）整个工程力争在十月底前竣工交付使用。

（5）甲方将货物运抵指定地点后，乙方应及时验收，验收后立即支付货款。

（6）某厂家在供货合同中有这样一个条款："需方在使用供方产品时若发生故障，可凭购买发票和保修卡到供方指定维修点保修，修理费用全部由供方负担"。

（7）某合同的规定交货数量为"30车"。

（8）某合同中的违约责任写为"乙方不能按期交货，每延期一天，应偿付甲方 5%的违约金。"

4. 根据经济合同的写作要求，指出下面这份合同的错误，并作修改。

建筑合同

××机械厂（甲方）与××建筑工程公司第一工程队（乙方）经双方协商签订如下条款：

（1）工程内容：甲方原有宿舍（均系平房）8 000平方米，现扩建20 000平方米，其中拆除旧房4 000平方米。新宿舍要求四层钢筋混凝土梁砖墙结构（详见图纸）。

（2）建筑费用：全部建筑工程费用2 000万元（详见清单），所有的建筑材料均由乙方负责采办。订立合同后甲方先付给乙方工程费用 1 000 万元。余款在宿舍建成验收后全部付清。

（3）建筑工期：××年3月1日开工，次年8月15日竣工。

（4）经济责任：厂方如不能按期付款，每超过一天应赔偿对方按工程费千分之一计的赔偿金，工程队如不能按期完成施工任务，每拖延一天，厂方可在工程费中扣除千分之一作为赔偿。

（5）施工期间人身安全由乙方负责。

（6）本合同一式四份，双方各执一份，鉴证机关一份，建设银行一份。

甲方代表人：林××	乙方代表人：郝×
电　　话：×××××	电　　话：××××××
开户银行：市工行	开户银行：市建行
账　　号：×××	账　　号：×××

二、实训题

1. 选择一家企业，对其经营状况作调查，写出一篇调查报告。

2. 学校准备举办以"保护自然环境"为主题的演讲比赛，请你写一篇演讲稿。

3. 请选择一则影视广告，分析其创意特点并写出创意制作书。

4. 请为某一种商品撰写一则广告文案，要求写出广告标题、正文、广告标语、附文。

5. ××贸易公司向××茶厂购买一级云雾茶5000千克，136元/千克；一级滇红茶3000千克，96元/千克；特级茉莉花茶2 000千克，116元/千克。总金额120万元。请替××贸易公司和××茶厂拟写一份《茶叶买卖合同》。

模块五　公关谈判训练

任务一　公关谈判程序训练
任务二　公关谈判技巧训练

任务一　公关谈判程序训练

学习目标

知识目标：理解谈判与公关谈判的含义、特点，认识公关谈判的程序，明确在谈判的准备阶段和洽谈阶段分别需要完成的任务。

能力目标：能够根据公关谈判的程序进行公关谈判。

任务导入

"以诚取信，进取有度"——推销的原则谈判

甲方：中方代表　　　　　　　　　乙方：某国代表

乙方：一路辛苦了，休息还好吧？

甲方：谢谢，这里风景真好，夜里极安静。

乙方：一年一度，今年又该商量了，你看怎么进行呢？

甲方：以往都是赵同志来。这次他有事，只好由我替他。我是第一次到贵国，没有经验，请多关照。至于怎样进行，我看还是客随主便吧。

乙方：以往都是先就行市交换意见，然后商量价格。

甲方：好的。不过，我们认为双方对行市的了解都比较充分，资料来源也一致，是不是不必详细介绍？只就不同的资料交换意见，最主要的是对价格趋势提出分析，这样可以省些时间。

乙方：你的意见很好。你们一共在这里才住六天，好几个商品，的确时间很紧。不过，今年的行市对你们不利，你看，我们怎么介绍呢？

甲方：你说的对，我了解的情况，也是对我们不利。主要生产国和出口国都增产，进口国又减少了进口量。

乙方：有的出口国增产幅度较大，特别是对我们有密切关系的墨西哥、阿根廷。

甲方：是这样的，你说的对。由于主要出口国增产，进口国又少，造成供求关系的失衡。

乙方：我们遇到了好对手，你很实在。我们的看法如此一致，没必要再讲什么了，让我们接下来商量价格吧。

甲方：好的，你能提个价格意见吗？我有个想法，我们是同志加朋友，不必像对其他国家那样，我报个高价，你报个低价，经过几个回合的讨价还价，费时费事。不如先把其他一些问题解决了。最后，你们出个价格，我如果认为合适，点个头不就行了。

乙方：（愣了一下）你的意见是改变原来的谈法？

甲方：我第一次来，也不知道过去的谈法，没有成见。

乙方：那就太好了，我们也不愿意那样谈。我完全同意你的意见。

甲方：好！我们是否先商定一下交货期？

乙方：好的。每季度 8 000 吨，共 32 000 吨。

甲方：现有总数量为 25 000 吨，先定下来，其余到北京谈时再说。

乙方：那也好，我们回去安排一下，明天再商量。

第二次：

乙方：按 25 000 吨计算。一季度为 6 000 吨，二季度为 7 000 吨，三、四季度各为 6 000 吨。

甲方：好，就这么定了。品种呢？有变化吗？

乙方：还是红色的、紫红色的和奶花色的吧。

甲方：我想除红色的、奶花色的外，将紫红色的改为花杂豆。这样，我们交货的时间就可以宽一点，只要是带花纹的杂豆，不论什么底色，就都可以装船了，这样，就有可能多供一些。

乙方：OK，可以接受。

甲方：我还带来一些样品，这是黄的，这是黑的，这是圆粒褐斑的。你们看看，如有兴趣，可以少定一些试试。

乙方：（反复看样后）这几个品种都可以考虑，有多少数量？

甲方：这种圆粒的，在我们国内叫熊猫豆，你看像不像大熊猫？

乙方：很像，很像。这种有多少？

甲方：5 000 吨。

乙方：我们全要了。那么黄色的和黑色的呢？

甲方：黄的有 5 000 吨，不过，我建议你们少要一些。外表不好看，煮熟后颜色不鲜艳。

乙方：就定 5 000 吨。

甲方：我看，你还是只定 1 500～2 000 吨吧，试一试，以后再加。

乙方：好，就先定 1 500 吨。黑色的，我们已经试用过了，很好，这次就多定些，要 2 000 吨。

甲方：黑色的富有营养，你们会喜欢的，可以要 2 000 吨。

乙方：好，我们要 2 000 吨，多了也可以，由你们决定。

甲方：其他的品种，请你们大体分一下吧。（乙方提出了分品种数量，甲发现有些品种数量过多，无法保证交货，但不好明确拒绝。）另外，为了将来交货方便，我想在列明分品种数量的同时，加上一句话，即：在卖方实际交货时，后备品种之间可以互相代替。

乙方：这是不是意味着各类品种的数量不固定了？

甲方：不是不固定，是基本固定，可能有变化。不是我们不能保证数量，而是担心在装船前凑不齐按品种分配的数量。因为是几个分公司同时装一条船，就不好保证在规定的时间内同时运到。万一有的分公司未能及时运到，就要影响按期装船，过去就出现过这种情况。如果后备品种之间可以互相代替，我们在装船时就有了较大的机动性；万一哪个分公司有的品种未按时运到，我们就可将其他公司的其他品种先装船；保证按时开装，尽快离港，对你们也有好处。

乙方：看来，你想得很周到，我接受你的意见，可以在合同中列明各品种之间互相代替这句话。

甲方：谢谢，这样，我们双方就都可以避免被动，交货期和品种数量都订下来了，下面怎么进行呢？还有其他问题吗？

乙方：暂时没有其他问题了，只剩下价格了，你有什么想法吗？

甲方：我很悲观。我作为一个业务人员，不能不面对市场这个客观现实。根据杂豆市场的总趋势，我们是应该降价的；可是，又有另外一种因素，要求我们不但不应该降价，反而应该提价。

乙方：（吃惊）你说什么？要提价？这同你原来的态度很不协调！

甲方：是的，我是自相矛盾的。前面，我完全同意了你们对市场的看法，那是客观事实；但是，你我双方在以往的谈判中，都忽视了另外一种因素，而这个因素又是对市场趋势起着很大作用的。

乙方：什么因素？难道还有另一个市场？

甲方：正是，这个市场就是中国。

乙方：中国？

甲方：是的，正是中国。中国是世界上最大的杂豆生产国家，也是世界上最大的杂豆出口国家；中国的出口价格也是世界行市；中国本身就是最大的杂豆市场。你说这是不是事实？

乙方：（无可否认的）我忽略了，中国也是有代表性的杂豆市场，我们掌握有关的资料。

甲方：谢谢，你了解中国对××国家的芸豆出口价格吗？

乙方：还不知道。

甲方：我们在交易会上对××国家成交的价格是……这里有一个单子，分品种的价格都在这里了。我还带了几份已成交的合同。该国既是世界上最大的杂豆进口市场之一，同时又是中国最大的杂豆市场。世界上最大的出口市场和世界上最大的进口市场之间所产生的价格，应该说是市场价格。你的意见呢？

乙方：我不能否认，中国也是市场。可是正如你前面同意的，供求失衡，呈降价趋势是肯定的。

甲方：就世界性总的趋势讲是这样的，但中国的产量不但没有增加，反而减少了，因而我们在交易会上的成交数量比以往减少了许多。欧洲对杂豆的进口是减少的；但××国的需求量由于国内减产，进口量要增加；因此，我们对××国芸豆的成交价格，上调了30%。但我们之间，不同于××国，我想只象征性地提一些，表示表示就算了。

乙方：(沉思）加多少？
甲方：请放心，15 美元。按原价比例讲，只加了 5%。
乙方：今天是否就谈到这里，明天再谈？
甲方：好的。
第三次：
乙方：今天是最后一天了，无论如何得把价格定下来。你还有松动吗？
甲方：我在一见面时就讲了，我不习惯讨价还价。我们之间，依靠的是相互信任，我前天只是讲了加价的意见，不是正式报价，你是东道主，我希望尊重你的意见。
乙方：去年的合同中，黑色的价格不是 420 美元，而是 360 美元，是经过确认的。
甲方：我知道，我都带来了。我想，这次就不分品种作价了，是制定一个统一的价格，包括黑色的在内。
乙方：每吨相差为 60 美元，2 000 吨就是 120 000 美元。
甲方：你说得对，我想你可以不要黑色的。我单独卖给其他国家，价格可以更高些。
乙方：你真有意思，你总是先肯定我的意见，然后又否定我。
甲方：千万别误会，我肯定你的意见，是诚意认为你的意见的正确性。但是，我们看待事物要从多方面分析。从这方面看是正确的，但从另一个方面看，就显得不完全。我相信，你也看到了另一方面，只是要留给我讲，给我面子。
乙方：你可真会开玩笑！你是一个好人，很实在，就按你说的，不分品种，笼统作价吧。
甲方：谢谢，我们又一次完全一致了。不过，我有一个很小的秘密告诉你。如果分品种作价，你就亏了，而这正是我希望的。
乙方：(不解）为什么？
甲方：你知道红色豆卖多少钱吗？
乙方：知道。
甲方：你看，美国对欧洲卖的是 960 美元，中国对欧洲卖的是 780 美元。若分开卖，至少也得卖 750 美元。6 000 吨要多花多少钱，你会算的。
乙方：你算得对，看来我走对了。
甲方：你接受我的价格意见了？
乙方：我还没提过意见呢？
甲方：请提。
乙方：你加的不多。
甲方：也有道理。
乙方：那就请你重新报个价吧！
甲方：不，还是请你说吧，我尊重你的意见就是了。
乙方：好，我不客气了，每吨 FOBST 中国口岸 425 美元。
甲方：……(心想，这个价格比事先估计的还要好，已经达到目的，应该见好就收了。）好了，为了友谊……
乙方：(伸出手握住甲的手）感谢中国同志的友谊。

——(资料来源：陶应虎《公共关系原理与实务》清华大学出版社）

请结合以上案例分析公共关系谈判的程序。

一、公共关系谈判的含义

1．谈判的含义

谈判是人们为了改善彼此之间的关系，满足各自的需要，通过协商而争取达到意见一致的行为和过程。谈判有以下特点：

（1）对双方需要的满足，是谈判的动因和共同基础。

（2）达成一致意见是谈判的共同目标。

（3）解决矛盾冲突是谈判的内容。谈判双方在合作的基础上，都为己方争取最大的利益，从而产生矛盾冲突。谈判是通过协商解决矛盾冲突的过程。

（4）谈判广泛存在于社会生活中，是人们生活中不可缺少的组成部分，大至国与国之间的谈判，小至个人之间的讨价还价，每个人随时都可能成为谈判的扮演者。

2．公共关系谈判

公共关系谈判是为了实现公共关系目标，改善组织与公众之间的关系的重要沟通手段。公共关系谈判有以下特点：

（1）公共关系谈判是一种组织行为，为组织服务，而不是解决个人之间的利益问题。

（2）公关谈判是“双赢”式谈判。谈判双方通过彼此合作寻求总体利益最大化，在求同存异的原则下达到互惠互利的双赢结果。不同于“胜负”式谈判其中一方倚仗自己的某些优势强迫对方接受谈判条件，以对方蒙受较大损失为代价，获取了绝对多的利益。

二、公共关系谈判的程序

（一）准备阶段

在公共关系谈判中，谈判前的准备工作在很大程度上决定了谈判能否顺利有效地进行。

1．收集信息

在谈判前，要收集各方面的信息，做到“知己知彼，百战不殆”。主要收集宏观和微观两方面的信息。宏观信息主要涉及谈判双方所在国（地区）的政策、法律法规、金融信息、风俗习惯、人口消费水平等。微观信息主要是了解谈判双方的实力、谈判内容、对方谈判人员的情况，如对方谈判人员的主体资格、权限、性格、爱好、谈判风格、经验等。只有掌握全面的信息，才有可能掌握谈判的主动权，在谈判中取得优势地位。

2．确定谈判目标

谈判目标要有一定弹性，确定一个目标范围，包括最高目标水平和最低目标水平，既要准备面对最好的情况，也要做好最坏的打算。在最高目标水平和最低目标水平之间是己方利益的让步区域，谈判人员在保证基本利益的同时，为己方争取更多利益。避免在谈判中出现冲突时，因目标单一，致使谈判破裂。

3．选择谈判时间及场所

谈判时间及其充裕程度是影响谈判结果的主要因素，最佳的谈判时间能给谈判带来最好的效果。选择谈判时间应考虑己方谈判准备的充分程度，谈判人员的情绪状况，谈判的紧迫程度、气候、季节情况等。

谈判场所选择得好坏，会直接影响谈判的效率。谈判场所的设置可以有三种选择：①己方单位，这样方便调用各种资源；②对方单位；③由双方共同商定的其他地方。谈判场所不管设置在哪里，都要做到安静、舒适和优美。

1972年9月，日本首相田中角荣为恢复中日邦交正常化乘坐日航专机到达北京，与中方进行会谈。田中一行在迎宾馆休息，迎宾馆内气温舒适，田中角荣的心情十分舒畅，与随从的陪同人员谈笑风生。他的秘书仔细看了一下房间的温度计，是“17.8度”。这一田中角荣习惯的“17.8度”使得他心情舒畅，为谈判的顺利进行创造了条件。其实，为了使田中在华期间吃好睡好，早在田中访华之前，驻东京的中国记者就奉命将田中的起居饮食习惯摸得一清二楚。一位记者在发回国内的电文中称：这位54岁的新首相怕热，室内温度常保持在摄氏17度，爱吃香蕉，还爱喝大酱汤。当时，田中入住钓鱼台国宾馆18号楼是钓鱼台国宾馆里条件最好的一栋楼，表明了中方对田中此次访华的重视。

由此可见，在谈判前要多方收集资料，充分了解对方，创造舒适愉悦的谈判环境，这样才能促使谈判顺利有效地进行。

4．确定谈判人员

谈判人员的构成与数量是影响谈判的主要因素。一般来说，谈判人员是由场内谈判代表和场外支助人员构成。场内谈判代表分为主谈人和协谈人；场外支助人员包括场外组织、指挥人员、翻译、资料员等。

主谈人是谈判中的主要发言人，主要任务是通过灵活实施本方的谈判策略实现本方的谈判目标。主谈人要有良好的语言能力和丰富的谈判经验，具有敏捷的反应力和准确的判断力，能够根据谈判情况灵活应对，善于掌握谈判的主动权，准确预测谈判后果。

协谈人作为谈判的参与者，发挥协助主谈人谈判的作用。在谈判中，积极倾听对方的陈述和询问，以事先约定好的方式与本方主谈人交流意见并提供参谋。在主谈人的授权下可以回答对方有关专门问题的质询。协谈人一般是与谈判有关的某方面的专家，善于理解、分析和判断。主谈人和协谈人在谈判前应做好沟通协调工作，以免在谈判中出现分歧与失误。

场内谈判代表要与场外支助人员及时沟通、协调，让场外人员了解谈判情况，增强他们的参与意识和责任感，从而取得他们的积极配合，才能使谈判富有成效。

5．选择谈判方式

在准备阶段，要根据谈判的性质和类型来选择谈判的方式。一般来说，谈判有横向和纵向两种方式。

（1）横向谈判方式。横向谈判方式是将准备洽谈的议题全面铺开，即首先列出要涉及的所有议题，然后对各项议题同时讨论，同时取得进展。通常采取分组谈判的做法。这种形式的谈判要求各方谈判者具有较高的信息传递能力、应变能力、协调能力和把握机会的能力。

（2）纵向谈判方式。纵向谈判方式是谈判各方首先在谈判议程上达成协议，确定所谈的问题后，随之依次对各个议题进行讨论协商。其特点是双方只谈一个问题，上一个问题解决之后才进入下一个问题的讨论，一环扣一环。这种谈判方式要求谈判者具有较高的处理问题能力和后果预测把控能力。一般来说，谈判议程的安排应“先简后难”，在谈判中要先谈容易议题，难的议题放在后面，因为在简单的问题上更容易达成共识，可以增加双方的谈判信心。

在具体谈判中，应该根据具体情况确定是单独使用某一种谈判方式，还是两者综合使用。

6. 制定谈判策略

在公共关系谈判中，谈判策略贯穿谈判始终。从谈判的开局阶段一直到签约阶段，谈判策略运用得恰当与否直接关系谈判的成败或利益的分配。谈判人员在谈判之前要根据所掌握的信息确定应用哪些谈判策略以及如何应用。在谈判中根据情况随机应变，综合运用谈判策略。

7. 模拟谈判

模拟谈判也被称作谈判前的“彩排”，即将己方谈判人员分成两部分，一部分人扮演己方，另一部分扮演对方，提出各种假设和臆测，模拟对方的立场、观点和风格来与己方人员进行对阵，是正式谈判的一种预演。

在模拟谈判前应做以下工作：①运用表格形式列出双方的经济、技术、实力、人员等各方面的优缺点，并写出双方各自的妥协条件、可共同接受的条件、己方在谈判中有针对性的处理措施和谈判破裂与否的界限等。②让相关人员尽量从对方的立场提出反对性的意见，己方主谈人练习回答这些反对意见。③预测对方谈判代表可能在谈判过程中表现出来的行为。

模拟谈判结束后，应该进行总结。可以总结对方的观点、风格、精神，对方的反对意见及其解决办法，自己的有利条件及其运用状况，自己的不足及补救措施，谈判所需资料的准备情况等。

采用模拟谈判的方法可以直观地预见谈判前景，完善谈判的准备工作。

（二）洽谈阶段

洽谈阶段即正式的谈判阶段，一般要经历开局阶段、概述阶段、明示阶段、交锋阶段、妥协阶段和签约阶段六个阶段。

1. 开局阶段

这个阶段主要是双方相互认识，并对将要讨论的问题简单交流意见的过程。谈判各方人员在这个阶段会私下互相寒暄交谈一番，如果相互没有基本的了解便匆匆开谈，双方可能会出现不安或不信任的情绪。这个阶段主要是建立良好的谈判氛围，这对整个谈判过程是至关重要的，要注意以下几点：

（1）开局时间不宜太长。

（2）寒暄要得体，话题的选择要恰当。

（3）注意仪容仪表。

（4）避免过于喧闹和冷场的局面。

当谈判者们结束交谈，开始入座后，会用短暂的时间整理一番文件，调整自己的座位环境，这预示着开局阶段结束，即将进入下一阶段。

谈判的开局策略主要有肯定式开局策略和否定式开局策略。

日本首相田中角荣20世纪70年代为恢复中日邦交正常化专程访华，与中方进行会谈。周恩来在人民大会堂与田中进行正式会谈时，是以茅台酒开篇的。由于会谈前田中在钓鱼台国宾馆用餐时喝了一些茅台酒，因而，当周恩来向田中道一声"辛苦了"时，田中便开口说："不累不累，今天中午的茅台真好喝，稍微贪了点，便略感醉意了。我以前听说过'唯有杜康'的诗文，可是没有机会品尝。今日亲尝茅台酒，口感实在是美妙，如果每天能喝一点儿就太好了，在重要会谈结束后一定要开怀畅饮。"周恩来听了很是高兴，连忙说："既然首相喜欢，我们送一些给你。你干脆把你酒柜里的酒都改成茅台吧，我们保证充分供应。"田中听了当即连连表示感谢。后来田中访华结束时，外交部礼宾部门果然送给田中两箱共48瓶茅台酒。

在这里，周恩来和田中角荣的会谈运用了肯定式开局策略。田中角荣真诚赞美茅台，周恩来热情以茅台相赠，这让双方在心理上产生了一种满足感和舒适感，对谈判起了积极的推动作用。运用肯定式开局策略的方式还有很多种，例如，在谈判开始时，可以以一种协商的口吻来征求谈判对手的意见，然后对其意见表示赞同和认可，并按照其意见开展工作。但拿来征求对手意见的问题应该是对方基本会同意的或是无关紧要的问题，对手对该问题的意见不会影响我方的利益，例如，"我们双方的领导人已就这些问题达成了原则协议，今天我们可否进一步讨论一下实现这些协议的具体安排？""我想我们可否先讨论一下程序的安排，您认为呢？""我们知道这次会谈还只是摸底性质的——是为了互通一下各自的基本立场，您是否也这样看？"等。另外在赞成对方意见时，态度不要过于献媚，要让对方感觉到自己是出于尊重，而不是奉承。

巴西一家公司到美国去采购成套设备。巴西谈判小组成员因为上街购物耽误了时间。当他们到达谈判地点时，比预定时间晚了 45 分钟。美方代表就抓住了巴西的这一失误，采用了否定式开局策略。在开局阶段，美方表示对迟到一事极为不满，花了很长时间来指责巴西代表不遵守时间，没有信用。这样下去的话，以后很多工作很难合作，浪费时间就是浪费资源、浪费金钱。对此，巴西代表因为感到理亏，只好不停地向美方代表道歉。在接下来的谈判中，美方似乎还对巴西代表来迟一事耿耿于怀。一时间弄得巴西代表手足无措，说话处处被动，无心与美方代表讨价还价，对美方提出的许多要求也没有静下心来认真考虑，匆匆忙忙就签订了合同。等到合同签订以后，巴西代表平静下来，头脑不再发热时才发现自己吃了大亏，上了美方的当，但已经晚了。

美方谈判代表运用否定式开局策略，抓住了对方的心理要害，因此取得了谈判的胜利。值得注意的是，否定式开局策略容易使对方陷入尴尬的局面，要谨慎使用，以免影响谈判进程。否定式开局策略要想运用得好，还必须注意有理、有利、有节，不能使谈判一开始就陷入僵局。要切中问题要害，对事不对人。

谈判开局的好坏往往决定了一场谈判的胜负，洽谈的格局往往就是在开局后的几分钟内确定。应该在不同的谈判中恰到好处地运用不同的开局策略。

2．概述阶段

在这一阶段中，双方简要阐述各自的谈判目的和想法，探测对方的意图、需求、立场和策略。应注意以下几点：

（1）发言时要言简意赅，如果泛泛而谈没有突出重点，主谈人的形象与能力会受到与会者的怀疑而对主谈人以后的工作不利。同时注意保密自己的重要信息，不要过早泄漏自己的全部实力。

（2）在言辞和态度上，积极、礼貌和有诚意，避免激起对方的愤怒和自卫而丧失取得对方支持的机会。

（3）认真倾听对方的发言，准确理解对方的意图，找出对方和自己在观点上的异同点，快速灵活地调整谈判策略。

（4）概述阶段的时间要短，争取得到对方的认可，为进一步谈判创造条件。

3．明示阶段

明示阶段是双方明确提出与对方不同的意见和看法的阶段。一般双方问题主要体现在自己的需求、对方的需求、彼此相互的需求和外表不易觉察的内蕴需求。

明确双方的问题之后，各方的谈判者就要通过对对方信息的分析，兼顾双方的需求，提出对方可以接受的最佳方案，供双方进一步讨论。

4．交锋阶段

谈判双方在这个阶段会为了各自的利益，就双方观点、目标的对立进行实质性会谈。这是谈判的核心阶段，集中展现了双方的对立、论辩状态。双方会运用各种策略和技巧据理力争、讨价还价，谈判气氛会因此而变得激烈、紧张。在这种情况下，谈判人员应做到以下几点：

（1）镇定、果断，坚定自己的目标和立场，以良好的心态应对对方的质询。既不要低估自己的能力，也不要被对方的身份地位吓倒，更不要被对方无礼或粗野的态度吓住，保持清醒的头脑，积极灵活地应对挑战。

（2）准确分析双方的分歧和差异。准确判断对方的目标和需求，找出双方的分歧点，预计自己的妥协范围。既要用事实说明自己的观点，为自己的利益据理力争，又要运用谈判技巧缓和气氛，使谈判得以心平气和地讨论下去。

（3）排除障碍。谈判双方有时会抓住对方谈判人员的弱点，给对方施加压力。在谈判中，一方还会故意设计障碍来干扰另一方。例如，故意给对手安排阳光刺眼的位置；在对方疲乏或焦躁时提出一些细小但比较关键的改动，企图蒙混过关。这时，就要保持清醒，识破对方的用心，排除障碍。

日本一家著名的汽车公司在美国刚刚“登陆”时，急需找一家美国代理商来为其销售产品，以弥补他们不了解美国市场的缺陷。当日本汽车公司准备与美国的一家公司就此问题进行谈判时，日本公司的谈判代表路上塞车迟到了。美国公司的代表抓住这件事紧紧不放，想要以此为手段获取更多的优惠条件。日本公司的代表发现无路可退，于是站起来说："我们十分抱歉耽误了你的时间，但是这绝非我们的本意，我们对美国的交通状况了解不足。所以导致这个不愉快的结果。我希望我们不要再为这个无所谓的问题耽误宝贵的时间了。如果因为这件事怀疑到我们合作的诚意，那么，我们只好结束这次谈判。我认为，我们所提出的优惠代理条件是不会在美国找不到合作伙伴的。"面对对方这种故意刁难的障碍，日本代表勇于反击，排除障碍，从原本所处的被动地位到后面掌握了主动权。日本代表的一席话说得美国代理商哑口无言，美国人当然是不想失去这次赚钱的机会，他见自己的威吓并没有唬住对方，于是只好将谈判顺利地进行下去。

面对对方故意设置的障碍，要保持清醒的头脑，良好的心理状态，顶住压力，识破对方的用心，理直气壮地给予回击，排除障碍。值得注意的是，排除障碍后，为了避免谈判气氛过于紧张，应及时调节一下气氛，使双方重新建立起一种友好、轻松的谈判气氛。

5. 妥协阶段

妥协阶段是指双方经过激烈的交锋后，进入寻求双方可以接受的途径的阶段。在这个阶段要准确地预测对方的最低要求，适当地妥协让步，促使最终达成协议。谈判人员要注意以下几点：

（1）既要坚持原则立场、精于计算、权衡利弊得失，以获得更大利益；又要考虑对方利益的满足，把握好妥协的幅度，寻求各方所能接受的折中条件，使争议得到合理解决。

（2）不要轻易妥协让步。在分歧比较大的情况下，可以适当地在小问题上让步，表示出己方的诚意和良好愿望，然后要求对方在重要问题上让步。要把握好让步的节奏，一般采用递减让步和妥协让步。递减让步是指让步的幅度越来越小，既显示让步者希望成交的意愿，又告诉对方自己的立场越来越强硬，让对方不要再抱幻想。妥协让步是指先做一次很大的让步，然后，让步的幅度急剧减小。这种做法清楚地告诉对方自己已经做出了最大的妥协，根本不可能做出进一步的让步了。此外，自己每一次让步都要对方作出相应的让步。

（3）如果谈判双方的交易条件差距太大，难以妥协时，要尽量避免谈判破裂，可以以礼貌的态度或以"权力有限"为由中止谈判，保持彼此间个人关系，等待谈判形势发生变化，寻求新的解决途径和办法。

6. 签约阶段

签约阶段是双方成交的阶段。谈判双方经过讨价还价和权衡利弊后，取得了一致意见，认为已经基本达到自己的目标，便表示拍板成交。根据谈判的结果议定书面协议或合同，双方在文件上签名、盖章，握手庆祝为下次谈判创造良好的感情基础。在签订协议或合同时，为了避免错漏，要将主要条款陈述一遍，文字表达要准确、全面。

任务二 公关谈判技巧训练

学习目标

知识目标：认识并理解用于公关谈判的语言表达技巧、时间运用技巧、打破僵局技巧、软硬兼施技巧、团队进攻技巧和跨文化谈判技巧。

能力目标：能够在公关谈判中灵活运用各种技巧，达到谈判的目的。

任务导入

案例一：

春秋时期，宋国有一个饲养猴子的高手，他养了一大群猴子，他能理解猴子所表达的思想，猴子也懂得他的心意。这个人家境越来越贫困，已经买不起那么多的食物给猴子吃，于是，打算减少猴子每餐橡子的数量，但又怕猴子不顺从自己，就先欺骗猴子说："给你们早上三个橡子晚上四个橡子，够吃了吗？"猴子一听，大声地叫嚷，以示反对。过了一会儿，他又说："唉，没办法，早上给你们四个橡子，晚上三个橡子，这该够吃了吧？"猴子们一听，个个手舞足蹈，非常高兴。

案例二：

有理有利有节　驳倒外商狡辩

我国曾从某外国汽车公司进口了一批S型货车，使用不久就频发质量事故，蒙受巨大的经济损失。我方依法向外方索赔，一场唇枪舌剑的谈判在北京举行。

一、铁证如山　不容抵赖

谈判开始，外方避重就轻，只承认该型号的货车使用时"有的"出现了质量问题，表现为"铆钉震断"、"车架出现裂纹"等，这是"偶尔发生的现象"。当我方请外方出示比例数字时，外方代表支吾了半天，说："请原谅，比例数字，尚未作准确统计。"

我方当即严辞驳斥，指出绝不是"有的"货车"偶尔"出现质量问题，而是该型号的全部产品存在严重的质量问题。我方拿出经调查得出的准确数据："该公司生产的S型货车86.5%已经出现了质量问题，其余的也存在着严重的隐患。铆钉不是'震断'而是'剪断'；车架不仅出现'裂纹'，而且是'裂缝、断裂'。"我方出示了事故现场调查材料，有专家小组的鉴定结论，并经过商检和公证。铁证如山，外方避重就轻的如意算盘落空了，不得不承认该型号的货车普遍存在严重的质量问题。

二、抓住要害　奋力反击

谈判的第二个回合围绕着"责任由谁承担"开展论辩。外方相当狡猾："当然，我们对路况考虑不够……"言下之意就是，货车损坏是由中国的路不好造成的。

面对外方企图推卸责任的借口，我方严辞反击："不对！在设计时你们就应该等虑中国实际的路况，因为这批车是专门为中国生产的。中国现在的路比你们设计这批车时更好了，这是贵公司不久前发布的亚洲公路状况报告所承认的！因此，认为中国路况不好导致质量事故的说法是完全站不住脚的。

以子之矛，攻子之盾。外方只好承认他们应负这次质量事故的全部责任。

三、有理有节　周旋到底

两回合较量我方取得了全胜，接着就开始了索赔的较量。受损车在当地修复，外方每辆应付多少修复费？外方提出10万日元；我们要价16万日元，并指出："按贵方的承诺，我们完全可以坚持由你们派人员运材料来修复，你们的花费将高出三倍以上！"精明的外商掐指一算，连忙同意我方就地修复的方案，最后达成协议：每辆车外方支付13万日元的修复费。

最后一战是：外方应支付多少间接经济损失赔偿金。我方开价60亿日元，外方还价

30 亿日元。双方僵持了三天之后，我方仁至义尽地陈述：“我国与贵国贸易不是一天两天的事，以后日子还很长。我们相信贵公司不愿意失去世界著名汽车品牌的美誉，更不愿意失去庞大的世界最有前途的中国汽车市场！如果贵公司有远见卓识，彼此均可作适当的让步。”我方有理有节的陈述把对方逼进了死胡同，不让步就有丧失信誉、丧失中国市场的严重后果，最后经总部同意，以赔付间接经济损失 50 亿日元达成协议.

激烈的论辩、艰苦的谈判终于画上了圆满的句号，中方依法获得了巨额的赔偿，外方也不至于丧失在中国前途无量的汽车市场上的一席之地。

——资料来源：王筑聆《演讲与口才》2004 年第 6 期

请结合以上案例分析，在公关谈判中需要用到哪些技巧?

有这样一个故事：农民将一匹马以时价的 3 倍卖给了一位城里人。有人问他：“你如何从那匹老马身上赚了那么多钱？农民回答：“我得到的不是它的实际价值，而是那个城里人心中这匹马的价值。”所以，运用谈判技巧的目的在于有效地影响对方对谈判条件的理解，从而使己方获取最大利益。

一、语言表达技巧

1. 改变谈话重点

有一位教徒问神父：“我可以在祈祷时抽烟吗？”他的请求遭到神父的严厉斥责。而另一位教徒又去问神父：“我可以抽烟时祈祷吗？”后一个教徒的请求却得到允许，悠闲地抽起了烟。这两个教徒发问的目的和内容完全相同，但得到的结果却相反，原因在于强调的重点不同，第一位教徒强调的是抽烟，第二位教徒强调的是祈祷。由此看来，改变表达方式，转变谈话重点，可以赢得期望的谈判效果。

2. 运用选择式提问技巧

某商场休息室里经营咖啡和牛奶，刚开始服务员总是问顾客：“先生，喝咖啡吗？”或者是：“先生，喝牛奶吗？”其销售额平平。后来，老板要求服务员换一种问法，“先生，喝咖啡还是牛奶？”结果其销售额大增。第一种问法，容易得到否定回答，而后一种是选择式，大多数情况下顾客会选择其中一种。再如：某家公司招聘员工，应聘者希望年薪 2 万元，而老板最多只能支付 1.5 万元。老板如果说“要不要，随便你”这句话，就有攻击的意味，应聘者可能扭头就走，谈判破裂。如果老板换一种表达方式跟应聘者说：“给你的薪水，那是非常合理的。不管怎么说，在这个等级里，我只能付给你 1 万元到 1.5 万元，你想要多少？”很明显，应聘者会说“1.5 万元”，而老板又好像不同意说：“1.3 万元如何。”应聘者继续坚持 1.5 万元。其结果是老板投降。表面上，应聘者好像占了上风，实际上老板运用选择式提问技巧获取了谈判的胜利。

3. 增设附加条件

一个贵妇人打扮的女人牵着一条狗登上公共汽车，她问售票员，“我可以给狗买一张票，让它也和人一样坐个座位吗？”售票员说：“可以，不过它也必须像人一样，把双脚放在地上。”面对贵妇提出的条件，售票员在谈判中巧妙地增设了一个附加条件“像人一样，把双脚放在地上”，限制了对方，从而制服对方。

4. 提问和答问

为了得到想要的信息、了解对方的真实需求，需要提出各种问题，并引导对方做全面回答。进行提问时应注意：在对方停顿时提问，提问时要注意对方的情绪，注意提问的方式，设法引导对方对于问题做出正面回答。在回答对方问题时，要先理解对方问题的含义，获得时间思考，遇到不能回答的问题，礼貌地回绝。

二、时间运用技巧

谈判时间会对整个谈判过程产生重要的影响。谈判时间分为所需时间、所耗时间、所限时间和实际拥有的时间。

所需时间是谈判各方共同约定的谈判时间，当所定时间用完，谈判就应该结束；所耗时间是在谈判中实际消耗的时间；所限时间是谈判一方出于某种原因而给对手限定的谈判时间；实际拥有的时间是谈判各方能够支配利用的实际时间。

（1）如果己方实际拥有的时间比较紧迫，可以和对方约定谈判时间，并在谈判中采取开门见山的技巧。在谈判中直接向对方列出所要求的各项条款，并要求对方尽快回答。所列款项应该合理公平，考虑对方的利益，只有这样才能避免双方进行“拉锯战”，为己方节省时间成本。

（2）如果己方时间比较充裕，可以运用“拉锯战”或“吊胃口”的谈判技巧。在谈判中反复说明如果谈判成功给对方带来的种种好处，却对对方开出的条件不置可否，通过拖延时间给对方造成“夜长梦多”的感觉，从而迫使其为达成协议作出巨大的让步。

江西省某工艺雕刻厂原是一家濒临倒闭的小厂。经过几年的努力，发展为产值200多万元的规模，产品打入日本市场，战胜了其他国家在日本经营多年的厂家，被誉为“天下第一雕刻”。有一年，日本三家原来经销韩国、台湾地区产品的商社的老板突然都到该厂订货。其中一家资本雄厚的大商社，要求原价包销该厂的佛坛产品。原来是因为该厂的木材质量上乘，技艺高超，所以吸引外商订货。该厂不理那家大商社，首先与小商社拍板成交，造成那家大客商产生失落货源的危机感。那家大客商不但更急于订货，而且想垄断货源，于是大批订货。该雕刻厂赚取了丰厚的利润。该雕刻厂在这里用了“吊胃口”的谈判技巧，故意对大客商提出的大批量订货不做彻底的、确切的回答。而事实上却是在刺激对方，逼得对方又增加了订货量，自己获得了更大的利益。值得注意的是，在采取“吊胃口”的谈判技巧时，不能违反谈判的道德原则，应该以诚信为本，向对方传递的信息可以是模糊信息，但不能是虚假信息。否则，会将自己陷于非常难堪的局面之中。

（3）给对方限定谈判时间。在双方各持己见，不能达成一致时，可以给对方限定最后的谈判期限和解决条件，这样会给对方造成一定的压力，迫使对方快速作出决策。有很多谈判，尤其是较复杂的谈判，都是在谈判期限即将截止前才达成协议的。当然，要把握好自己的主动地位，才能顺利进行。可以这样提醒对方“鉴于我方已无法再让步，我们准备乘明天上午 10 点的飞机离开这里回国。”

美国总统卡特在戴维营与埃及前总统沙达特、以色列前首相比金曾举行过长达十二天的会议。此首脑会议的目的是想解决以、埃之间对立三十年来的一切悬而未决的问题。这些问题十分复杂，因此谈判从一开始便进行得非常缓慢，经常中断，没有人有把握能谈出什么结果来。于是，主事者便不得不为谈判设定一个期限——就在下个礼拜天。果然，随着截止期限一天天的接近，总算有一些问题获得了解决。而就在礼拜天将到前的一两天，谈判的气氛突然变得前所未有的顺利，更多的问题迎刃而解，以、埃双方也达成了最后的协议。

由此可见，限定谈判期限可以产生令人惊异的效果。

在谈判时，一旦限定了谈判期限，就不可以轻易更改，只有在新的状况发生或理由充足的情况下，才能延长期限。否则，对方会认为你是个不遵守既定期限的人，在以后的谈判中，“给对方限定谈判时间”就失去了意义，因为对方已经“不把期限当作一回事”。

当谈判对手以最后的谈判期限给己方施加压力时，应利用其对“时间”的要求，向其寻求更好的交易条件。随着最后期限的临近，可以对对手说：“怎么样呢？我觉得我的提议相当公平，就等你点个头了，只要你答应，我们就可以马上签订协议，按时结束会谈。”

（4）不要泄露己方的谈判时限。有一位美国商人去日本与一家日本电子公司谈生意。他到达后，那家公司的人问他返回美国的时间。他们说：“我们需要了解这一点，以便安排车子送您到机场。这位美国商人回答说，他于周五回返。接下来的五天里，日本人请他去旅游、举办长时间的午餐，去看演出——除了美国商人来日本要做的谈生意的事之外，日本人什么都安排。最后，在星期五早晨，他要坐的飞机起航前 5 小时，双方的谈判开始了。谈判已被拖延到最后关头，直到这时，这位美国商人才明白真相：日本人故意拖延时间，利用他的谈判时限给他制造压力。由于要赶着回国，他不得不接受对方苛刻的谈判条件，做出巨大让步。因此，不要泄露己方谈判的最后限期，除非这样做对自己有利。如果最后期限已经被对方确定，就需要考虑能否改变它。如果己方的时限无法改变，就要有意忽视和贬低时限的重要性，集中精力于交易本身。

三、打破僵局技巧

在谈判中发生利益的冲突，陷入僵局是难以避免的。每逢此时，可以采用打破僵局的技巧有效地加以解决，才能使谈判顺利完成，取得成功。

1．转换议题

当某个议题经过协商而毫无进展，谈判陷入僵局时，可以避开该议题，换一个新的议题与对方谈判。当其他议题取得成功时，可以这么告诉对方：“四个难题已解决了三个，剩下的一个如果也能一并解决的话，其他小问题就好办了。让我们再继续努力，好好讨论讨论唯一的难题吧！如果就这么放弃，大家都会觉得遗憾呀！”“只剩下一小部分，放弃了多可惜”“已经解决了这么多问题，让我们再继续努力吧”。转换议题是为了借助已获一致协议的事项作为跳板，打破僵局，以达到最后的目的。

2. 总结休会

当谈判出现僵局而一时无法打破时，可以总结己方取得的成果，然后决定休会，这样可以清理局面，重造气氛。双方都能在休会期间冷静下来认真考虑解决措施，积极寻求解决问题的新办法、新途径。当双方按预定的时间、地点复会时，会修正原来的交易条件，从而打破僵局。

3. 妥协让步

可以通过在小问题上妥协让步向对方表示诚意，要求对方也要做出相应的妥协，从而打破僵局，使谈判继续下去。如果对方坚持不让步，可把造成僵局的责任加在对方的头上。同时提示对方：如果只追求目前利益，坚持不让步，可能会失去长远利益，这对对方是不利的。只有双方都做出让步，以协调双方的关系，才能保证双方利益得到实现。

在 20 世纪末，美国一家大型企业来华投资，兴办合资企业。中外双方在起草合资企业的合同时，发生了严重的意见分歧。美方坚持要求在合同中写明，该合同的适用法为美国某州某法，中方代表则认为这是无视我国涉外经济法规的无理要求，坚决不予考虑，为此双方陷入僵持状态。

这时，中方代表向一位通晓中外双方经济法的专家咨询，从中了解到美方的要求是出于对当时中国在知识产权保护方面法律体系不健全、不完备的担忧。于是，中方代表直接与美公司总部的法律部主任联系，解释我国法律建设的情况及保护技术的积极态度。同时向美方提供了一个建设性方案，在合同中明确表达该合同适用法为中国法律，在中国法律的极个别不完备之处，补充几个专门的保护条款。这一方案提出后僵局随之化解。

在上述案例中，中美双方都做出了妥协让步，从而保证双方利益得到实现。这告诉我们：对双方需要的满足，是谈判的动因和共同基础，任何一方都不希望谈判破裂，要把握双方共同的需要，善于妥协让步，有效协调双方利益，才能取得谈判成功。

4. 创造双赢

谈判双方各自为对方提出多种谈判条件，让对方从中选择所能接受的条件，从而制订出双赢的方案，以此打破僵局。例如，两个人争一个橘子，结果一个人切，一个人挑，他们都拿到自己满意的橘子回家了，第一个吃掉了分给他的橘子的果肉，把皮扔进垃圾桶里；另一个人扔掉了果肉，用果皮做成了蛋糕。这个说明在同一事物上可能有不同的利益，在利益的选择上有多种途径。试想如果两个人沟通一下，他们的利益就会得到双倍。所以在谈判时，应构思对彼此都有利的方案，使双方的利益最大化，创造双赢的局面。

5. 场外调停

当僵局无法在谈判场上打破时，可以进行场外调停，解决问题。具体的做法是双方在场外以轻松的活动形式进行非正式的交流，例如，请对方人员参加己方组织的参观浏览、运动、娱乐、宴会、舞会等。在轻松的气氛中更容易找到解决某些僵持问题的途径，利于达成统一意见。

波音公司为了在世界航空市场占领先机，需要搜集有关飞机风洞方面的资料。在这个领域内，德国人领先美国人约十年之久，如果完全靠自己投资研究，势必落后于欧洲航空产业。无数次的谈判都不成功，不管是经济的还是历史的原因，德国人都不愿出让这项技术。波音的一位高层技术主管发现，对方一位曾在第二次世界大战时期为纳粹研究这项技术的专家是这项技术的关键人物，但也领教了对手冰冷的性格。然而，在交往时发现他对体育活动的热忱以及对户外环境的眷恋，他便在谈判的间歇里邀请这位德国专家去阿尔卑斯山下一处度假胜地打高尔夫球。结果，这项谈判在几乎已经绝望的情况下变得如愿以偿。

——资料来源：《关于如何掌握谈判对手信息的分析》杨程丽《人力资源管理》2009 年第 10 期

6. 参照客观标准

客观标准是指独立于各方意志之外，为社会公认的合乎情理和切实可用的准则。如一些惯例、通则，职业标准、统一的计算方法、科学鉴定等。例如，对于谈判中经常遇到的价格问题，当双方无法达成协议时，可以参照一些客观标准，如市场价值、替代成本、折旧账面价值等。在实际谈判中参照客观标准，能够有效说服对方，利于打破僵局，快速取得谈判成果。

7. 软化个别

当谈判形式陷入僵局，明显对己方不利时，可以软化对方的某个关键人物或个别容易瓦解的对手，达到使对方改变意见的目的，从而缓解僵局。使用这一技巧要做到：①充分掌握对方谈判人员的信息，确定对方的关键人物或容易瓦解的对手；②先通过各种非正式渠道与目标对象进行人际交往，建立友谊，然后向目标对象“诉苦”，摆出己方的各种困难，提出解决办法与其商量，得到其认可后，再恳请其去说服其他谈判人员。③首先要软化关键人物，只有在无法说服关键人物的情况下，才去软化个别容易瓦解的对手，再由他们影响关键人物。

四、软硬兼施技巧

软硬兼施技巧是指由己方的两名主谈人分别采用强硬的谈判风格和温和的谈判风格轮番出现在不同的谈判场合，从而达到谈判目的的谈判方法。采用强硬谈判风格的主谈人需要使对方产生“真不想再和这种人谈下去了”的反感，采用温和谈判风格的主谈人需要使对方产生“总算松了一口气”的感觉。

有一次，传奇人物——亿万富翁休斯想购买大批飞机。他计划购买三十四架，而其中的十一架，更是非到手不可。起先，休斯亲自出马与飞机制造厂商洽谈，但却怎么谈都谈不拢，最后搞得这位大富翁勃然大怒，拂袖而去。不过，休斯仍旧不死心，便找了一位代理人，帮他出面继续谈判。休斯告诉代理人，只要能买到他最中意的那十一架，他便满意了。而谈判的结果，这位代理人居然把三十四架飞机全部买到手。休斯十分佩服代理人的本事，便问他是怎么做到的。代理人回答："很简单，每次谈判一陷入僵局，我便问他们——你们到底是希望和我谈呢？还是再请休斯本人出面来谈？经我这么一问，对方只好乖乖地说——算了算了，一切就照你的意思办吧！"

采用软硬兼施技巧需要注意这几个问题：①两名不同风格的主谈人不可以一同出席第一回合的谈判。否则，若是其中一人留给对方不良印象的话，必然会影响其对另一人的观感，这不利于第二回合的谈判；②两名不同风格的主谈人要交替出现，轮番上阵；③软硬兼施技巧适合用在对方对谈判的需求非常强烈，极欲从谈判中获得协议的情况下；④运用软硬兼施技巧时，谈判地点应设在对方单位，因为对方有地主的安全感，不会因为己方主谈人的强硬风格而有过度情绪化的反应，从而使双方的谈判能够进行下去。如果谈判地点设在己方单位，对方容易被激怒，一旦激怒便会拒绝再度前来或者提出改换谈判地点，以此摆脱上回谈判带来的不悦，从而使软硬兼施技巧的效果大打折扣；⑤两位不同风格的主谈人要相互配合，其中任何一个表演不成功，都不能继续使用这种技巧。

五、团队进攻技巧

如果在谈判中遇到强硬的对手，就需要谈判小组全体成员向对方进攻，在强大的声势下使对方改变态度，接受己方意见。例如，集中一个目标或一个提案，轮番向对方进攻。运用团队进攻技巧需要注意：①谈判小组的每个成员都必须非常了解谈判双方的各种信息；②谈判小组的每个成员之间要分工明确，配合默契，在谈判中按照谈判负责人的意图协调行动；③为了使谈判小组的成员之间做到行动一致，应该在谈判前设置一套完整的信息交流系统。

六、跨文化谈判技巧

跨文化的公共关系谈判涉及不同国家和地区的各种文化形态，不同文化的价值观、思维模式、风俗习惯存在着巨大差异。例如，在我国的谈判中握手表示友好；欧洲人常以相吻表示亲热，但你如果与阿拉伯人握手或者亲吻，会使他猜疑；法国人谈判先谈妥原则再接触实际问题；美国人则习惯按顺序一个一个地谈；日本人谈判惯于技巧，且富有耐心；英国人善于说理；瑞士人谈判洗耳恭听，对对方的建议却很少响应；俄国人谈判常表现为强硬、缺乏灵活性等。

因此，在进行跨文化谈判时，应了解对方的文化背景，尊重对方的习俗和价值观念，灵活采用恰当的谈判方式和对策，从而排除沟通与交往中的障碍，最终达成共识性的协议。

以下是在世界各国与地区的文化及谈判风格。

（一）美国

美国人具有很强的时间观念，计划在周二上午9:30开始的谈判会准时于周二上午9:30开始。重视时间成本和谈判效率，常用最后期限策略来增加对方的压力，迫使对手让步。

美国人性格开朗、自信果断，沟通方式比较直接。例如：一对中国老年夫妇在长时间的空中飞行后到达了美国。在机场，朋友们询问："你一定很累了吧！"，他们会回答说："还可以"、"还好"或"还不错"。也就是说中国人的意思表达是含蓄的、委婉的。而美国人很容易用直率的方式来表达自己的情感。他会回答："累，我以前从来没有这么累过！"同美国人谈判，就要避免转弯抹角的方式，是与非必须清楚，如有疑问，要毫不客气地问清楚，否则极易引发双方的利益冲突，甚至使谈判陷入僵局。

美国人强调谈判的内容和结果，而不重视谈判的程序。现实中的美国人做生意也表现出以获取经济利益作为最终目的，不太重视谈判前个人之间关系的建立的特点。他们认为：良好的商业关系带来彼此的友谊，而非个人之间的关系带来良好的商业关系。他们重视效率，追求实利。事事处处以成败来评判，十分精于讨价还价，以智慧和谋略取胜。美国谈判者还有一种颇为随意的谈判风格，在与他人打交道时，相对而言没有什么严格的地位差别。譬如，习惯用教名来称呼周围的同事。大多数美国谈判者难以接受花哨的语言、复杂的称呼方式，以及许多其他文化中反映社会等级制度的繁琐礼节。

美国人喜欢采用纵向谈判方式，他们总有个进度安排，希望每一阶段逐项进行，并完成阶段性任务。美国人相信个人立场，勇于向传统和权威挑战，个人有权作出决定，决策能力强，但同时他们也强调个人应负的责任。

（二）日本

日本人深受中国传统文化的影响，儒家思想道德意识已深深地沉淀于日本人内心的深处，并在行为方式上处处体现出来。日本是一个岛国，资源缺乏，人口密集，具有民族危机感。这就使日本人进取心强，工作认真，事事考虑长远影响。他们慎重、礼貌、耐心、自信。

日本是礼仪社会，重视形式，讲究礼节，特别重视人的身份地位，所以在谈判过程中，应该理解和尊重日本人的礼仪，这样才能得到日本人的重视，获得日本人的好感和信任，使谈判获得成功。初次见面时一定要使用名片；不要直接指责日本人，彬彬有礼地讨价还价；穿着要讲究；不要当众提出令日本人难堪或不愿意回答的问题；与日本人谈判要有耐心，即使谈判进展缓慢也不要着急。

日本人讲究团队和协作，日本人在作谈判决定时非常缓慢。他们会花大量时间来搞清楚是否谈判小组的全体成员都认为某笔生意是有利可图的。美国谈判者通常与能代表对方最高决策层的人谈判。他们不想在一个不能作决定的人身上浪费宝贵的时间。因此，美日谈判往往会出现这样的情形：日本会有14个人围坐在谈判桌旁，而美国却只有3个人，而且其中还包括司机。

日本人强调与谈判对方的关系，注重建立和谐的人际关系。他们认为，了解别人的情况有助于使谈判过程有条不紊，更具有预见性。在同日本人打交道时，有必要在客人抵达时到机场接机，在谈判后与客人共进晚餐、交朋友。日本人的客气话很多，但原则问题却寸步不让，重视商品的质量。日本人善于打“太极拳”，以柔克刚，以静制动，精通兜圈战术。在实施拖延战术的过程中，会想方设法地了解对方真正的意图，在回答问题时常用“可能”、“或许”。当日本“蘑菇战术”与美国的“速决战”对阵时，往往弄得美国人哭笑不得，困窘难安。

（三）韩国

韩国以“贸易立国”，韩国人常在不利于己的贸易谈判中占上风，被称为“谈判的强手”。他们在谈判前总是要进行充分的咨询准备工作，谈判中注重礼仪，喜欢创造良好的谈判气氛。同时，他们争强好胜，对目标执着追求，为了达成一笔生意，他们往往不惜一切代价去获取成功。善于巧妙地运用谈判技巧，精于讨价还价，在这方面显得斤斤计较。即便在准备签约的时刻，韩国人仍会提出“价格再降一点”的要求，如对方不允许，本来成功在望的交易可能告吹。

与韩国人谈判要做好充分准备，并能灵活应变，才能保证谈判的成功。

（四）德国

德国人对待事情比较认真、谨慎，生活节奏较快并且严格遵守时间。他们在谈判中通常表现得冷静、勤奋、自信、傲慢、缺乏灵活性和追求完美。

德国人常常把谈判前的准备工作做得很充分，喜欢明确表示希望做成易，准确地确定交易的形式，详细地规定谈判的议题，然后准备涉及所有议题的报价表。这份报价表一旦提出，就没有讨价还价的可能性，他们很少在谈判中做出让步。他们不会信任那些不遵守时间的合作伙伴。他们重合同讲信用，会非常严格地执行所签订的合同，因此，他们认真对待谈判中的每一个问题，总是试图把所有问题都解决了才签合同。

（五）法国

法国人性格上具有热情乐观、幽默浪漫的特点，认为生活与工作同等重要，因而要注意避免在假期来临时要求与法国人进行谈判。他们在谈判中的立场极为坚定；由于具有强烈的民族文化意识，会在谈判中坚持使用法语；同时明显地偏爱横向谈判方式。他们喜欢先谈原则再谈具体问题，即先为议题画一个轮廓，然后确定议题中的各个方面，再逐项达成协议。

（六）拉丁美洲

在拉丁美洲，人们认为人际关系是一个十分重要的因素，他们喜欢先社交后工作，当面接触是最好的谈判方式，不要通过电话和传真谈判。拉丁美洲人的时间观念不强，谈判经常比预定时间晚半个小时才开始。例如，一家美资公司经理谈到：“在阿根廷，我与通信部长预约了一次会谈。由于他的职位很高，我们被告知最好早些前往。我们想，一定不能浪费他的时间。然而，我们在那儿等了两个小时，而他却没有露面。”也有人认为拉美国家的商人在履约上的信用记录较差，他们常常毫无理由地推迟支付，或者利用延期等方式进一步要求降价。

（七）阿拉伯国家

阿拉伯国家的人对真主怀着虔诚之心，同时又善于在商业规定的契约之间机智运筹，他们绝不轻易信任对方。谈判被认为是社交活动，讨价还价是欢乐和生活的一部分，但决不会说“不”字。阿拉伯人非常好客，十分珍视名声和关系，任何人来访，他们都会热情接待，所以在谈判中遇到突如其来的客人打断，主人也会抛下谈判者和新来的人谈天说地，所以与他们谈判要学会忍耐和见机行事，这样才能获得他们的信赖。

课后训练

一、案例分析

1. 南山节能灯厂销售部推销员周星元得知潜门五星经营公司经销的LR节能灯已经脱销，目前急需进货，便来到潜门五星经营公司经理室。欲将他手头的2 000盏LR节能灯推销出去。当周星元走进五星公司经理室热情地向经理打招呼时，经理只是微微向他点头，表现出了一种居高临下的姿态。周星元对此并不介意，他向经理说明了来意。经理明明急需要货，却故意装出一副孤傲之势，想首先挫伤周星元的气势，然后把货价杀下来。然而，周星元却含而不露、胸有成竹。他知道，对方的这一招，只不过是外强中干，无非是想在生意上争取主动而已。

购销谈判正式开始了，经理问：“你一共有多少货？”周星元答：“两千盏。”经理说：“据我所知，你推销的这种LR节能灯行情已经不妙，有些地方一盏灯卖不到10元，不知你的价格是多少？”

还没等周星元要价，对方已经把价格杀下来。面对眼前这个对手，周星元不慌不忙，慢条斯理地说：“我推销的LR节能灯每盏不给20元，我是不会出手的。如果像你说的那样的话，我承受不起，我们之间的这笔生意只能不做了。”经理眼看谈判要僵，于是缓和了口气说：“不过，你既然来了，总不能叫你空手而归啊，咱们是老关系了嘛。这样吧，只要你把价格降到每盏10元，我们还是可以再谈的嘛。”

经理以为周星元只有把货推销给他，否则别无出路。岂料周星元却坚定地说：“我的货已是供不应求，你既然嫌货价太高，那我们这笔生意只好不做了。”说完就起身准备要走。经理忙说：“唉，不要这样，请坐请坐，谈生意总得慢慢来嘛。那么，你能不能把货价再压低一些？要不，每盏15元？”

周星元斩钉截铁地说：“每盏20元，一分钱也不能降。据我所知。你的仓库里已没有一盏灯。另外，你也知道许多节能灯生产厂家因为环保措施没落实，污染严重，都已经被环保部门责令停产，市场上货源是十分紧缺的。我可以坦诚地告诉你，我的货是不愁出手的。我之所以找你，是因为你手中缺货来给你救急的，毕竟我们是老关系嘛。如果我们的生意谈不成，我的货可以马上销出去，可你要买到货特别是花20元要买到像我这样的货恐怕就不那么容易了。你好好想想吧。”说完，端起茶杯慢慢地品茶。

听了周星元有理有据的分析，经理彻底软了下来，说：“好，好！就按你的价格，就按你的价格。”

——资料来源：卢仁江《演讲与口才》2005 年第 3 期

请根据以上案例分析周星元为什么能在这场商品推销谈判中取胜？

2. 有一位年轻人失业后想做成品粮生意，但他除了每月 205 元的失业补助，别无所有。年轻人没有丧失信心，他找到一家实力较强的成品粮油批发公司，走进了公司大门。以下是年轻人与这家公司的营销经理的对话。

经理热情地问：你是来进货的？

年轻人：不是。我是慕名而来的。想在小城代理经销你们的商品。贵公司重信重义，实力雄厚，我期望得到你们的支持。

经理冷冷地说：我们眼下没有设立代销店的打算。

年轻人：商品如能有几处代销，就等于多了几条流通渠道。多一条流通渠道贵公司就多一份效益，贵公司又何乐而不为呢？

听年轻人这么一说，经理有点兴趣但又有点为难地说：设立代销店不是那么容易的，房屋租金、工商、税收、粮油批发准入等等一大堆手续，都需要办，都需要钱而且还需要不少的钱；现在的事，你是知道的，办一个手续要费多少事啊。

年轻人：经理你放心，房屋租金、工商、税务、粮油批发准人手续，全由我办并承担费用。

经理满脸高兴地说：那好，这些手续都由你办，这事咱就一言为定。那么你准备买多少粮食？

年轻人：我准备赊销两吨。

经理的脸马上拉长了：对不起，我们这儿是现金发货，从不赊销。

年轻人：经理，你听我说，你把粮食放在库里是白占仓库不生利的，而赊销给我，就多了一条销路，就多了一条生财之道。我要赊销，是由于刚刚失业，家父刚刚去世，老母身体多病，妻子工资拖欠，儿子上学需钱，我现在只有 205 元的失业补助，缺少资金，不得已而为之。你可能怕我把两吨粮食骗走，其实你完全可以放心，两吨粮食不过三千元左右，我家有四间房子，你可以派人去核实。我人跑了，房子是跑不了的，你完全可以卖我的房子。我是小城人，不是盲流，这是我的身份证和介绍信，你完全可以相信我。粮食托我代销，利润按四六分，你拿大头，你想想，是不是很合算？再者，代销店的牌子上有你们公司的名字。免费给你们公司做广告，这笔社会效益也是你们公司的，我想，这笔生意谈成了，对你们是只有好处没有坏处的。你说是不是？

经理被年轻人说动了，他问：开店用的房子是你自家的？

年轻人：不是，是我租的。

经理疑惑地问：你生活这样困难，哪来的钱租房子？

年轻人：先用，后交钱——粮店开业，我不就有钱了吗？

之后，这家成品粮油批发公司派人实地做了考察，给年轻人的店挂上了牌子，赊给他两吨粮食，并答应货款分期归还。就这样，年轻人成功地克服了无本困难，在事业上迈出了第一步。经过几年的打拼，年轻人不仅有了总店，还有几处分店，他的生意在小城的同行业中，堪称佼佼者。

请思考年轻人为何能够克服缺少本钱的困难，在与营销经理的谈判中取得成功？

二、实训题

1. 实训任务：假设深山老林里有相距不远的张家、李家。两家以前互不来往，其生产能力如下：若只进行一项生产，张家平均每天可以收获10斤鱼或10斤粮食；李家则是5斤鱼或18斤粮食。假设两家对鱼、粮食的偏好一样，各把一半的精力投入到这两项生产任务上，则目前的生活水平是：平均每日张家5斤鱼和5斤粮食，李家2.5斤鱼和9斤粮食。

现在两家取得了联系。请你代表一家与另一家的代表就两家的生产合作问题进行谈判，以使你所代表的一家今后的生活有尽可能多的改善。

——资料来源：王志兵 熊宝莲《妙用案例，探索模拟谈判训练新途径——解析一堂商务谈判课》《新西部》2010年第22期

2. 绿野饮料公司计划向新明茶厂购买一批绿茶作为生产原料，就价格、产品质量、包装、运输、提货和付款方式等方面的问题和新明茶厂进行谈判。

请学生分别代表绿野饮料公司和新明茶厂进行谈判。

xia pian

下篇

专项篇

模块六　外部公众沟通训练

任务一　协调顾客关系
任务二　协调媒介关系
任务三　协调政府关系
任务四　协调社区关系
任务五　协调竞争对手关系

任何社会组织都生存于社会大环境中，需要与外部各种公众进行联系沟通。良好的外部公众关系是组织生存发展的根本前提。社会组织通过公关活动，协调与各类外部公众的关系，建立良好的外部公众关系，从而为组织树立良好的信誉和形象，有助于组织的目标顺利实现。不同的社会组织需要面对不同的公众，而顾客关系、媒介关系、政府关系、社区关系、竞争对手关系是每个独立经营的社会组织都要面对的、最基本的外部公众关系。

任务一　协调顾客关系

学习目标

知识目标：认识顾客关系的含义与意义，理解协调顾客关系的途径。
能力目标：能够建立良好的顾客关系。

任务导入

案例一：上海一家鞋厂针对年轻人的动手能力和创新能力，推出了可以自由组合的鞋子，将鞋面、鞋底、鞋帮彻底分开，款式和颜色各异，在市场销售时，消费者可以根据自己的审美观来自行组合并购买。将穿鞋子和搭积木联系起来，很符合年轻消费者的心理，获得顾客的好评。

案例二：1958 年，日本大阪市的一家小型水产加工厂改行生产方便面，仅用 15 年时间，就由一家街道小厂变成大型的跨国食品公司，这就是著名的日清食品公司。以下是该公司如何打开美国市场的经过："入乡先问俗，入乡要随俗"，组织人员调查发现美国人不用筷子，又不习惯用嘴吸食，日清公司就把面条做得比较短，用吃西餐的叉子即可解决问题。在日本流行的方便面是日本人喜欢的“酱油味”和“豆酱味”，销往美国的方便面则制成美国人嗜好的“猪肉味”、“牛肉味”，这种方便面使美国人赞不绝口。日清公司又在品牌上大做文章，他们给“纸杯方便面”起名为 CUPNoodle（杯面条）。在美国人的饮食生活中，“Noodle”一词是指通心面或鸡蛋面，为了让美国人看懂意思，日清公司又给他起名为 HotLunchinCup（杯中热午餐）。又发现美国人爱喝汤，常常把“纸杯方便面”当作快速汤来喝，于是灵机一动，又将之改名为“美味赛过汤”。打开销路后经常派专职市场调查员深入用户，请用户品尝产品以调整调料配方。

——资料来源：夏年喜《世界上最迷人的公关大师》工商出版社

案例三：美国汽车经销商吉拉德，以在 15 年内共销售出 1 万 3 千多辆小汽车的惊人业绩，被收入《吉尼斯世界大全》，他介绍他的成功秘诀时说：“我的成功秘诀就在于重视顾客服务，尤其是售后服务，顾客再回来要求服务时，我会全力替他做到最佳服务，你必须像个医生一样，他的汽车出了毛病，你也为他感到难过，急顾客所急。”

请结合案例思考组织应如何协调顾客关系。

一、顾客关系的含义与意义

（一）顾客关系的含义

顾客关系是指社会组织与购买使用本组织的产品的公众之间的关系。

这里所指的产品既可以是有形的产品，也可以是无形的服务；既可以是物质产品，也可以是精神产品。因此，顾客关系除了存在于工商企业外，还存在于能够提供某种形式的产品的社会组织。

（二）协调顾客关系的意义

顾客是组织最重要的外部公众，与组织相互依存，对组织具有直接利害关系。

1．建立良好的顾客关系可以为组织带来直接的经济利益，是组织存在和发展的前提

社会组织只有真正将顾客的利益放在首位，才能提高组织及其产品的认知度和美誉度，从而有效实现组织的利益，使组织获得生存与发展的机会。如果只追求眼前利益，执着于利润至上，而不是顾客至上，组织便无法获得持续、长久的发展。

2．建立良好的顾客关系可以为组织赢得良好的社会声誉

在信息技术高度发达的社会环境下，组织获得顾客的认同就能够获得社会大众的认同，从而建立良好的社会声誉，有利于组织目标的实现。

3．建立良好的顾客关系可以培养忠实的客户群体

建立良好的顾客关系能够有效实施客户管理，通过教育、引导顾客，为组织创造、培养忠实的客户群体。

总之，协调顾客关系即管理围绕顾客的价值链上的各种关系，在满足顾客利益的同时使组织获得利益，这是组织实现可持续发展的重要保证。

二、协调顾客关系的途径

1．与顾客加强信息交流，了解顾客的心理与需求

与顾客的信息交流主要包括两方面：一方面，组织通过各种途径迅速、及时、准确地向顾客传播相关信息，强化顾客对组织的了解，争取顾客的支持和信任。例如，向顾客介绍组织的发展历史、方针政策、经营项目、营业状况以及产品的性能、规格、价格、使用方法、产品的销售方式以及售后服务的具体标准和方式等。另一方面，组织应创设各种沟通渠道收集顾客的信息。例如，通过来访接待、电话征询、网络交流与舆论监测、问卷调查、顾客座谈、活动参与等途径，收集顾客的年龄、性别、职业、爱好等信息，了解顾客对产品性能、质量、价格和服务等方面的评价和需求。

顾客的需求信息是促使企业发展的重要信息。通过信息交流，针对顾客的心理与需求提供产品和服务，并以此探测市场的未来需求。此外，还要引导顾客消费，创造顾客需求。

丰田汽车销售公司总经理神谷正太郎认为“需求是创造出来的”，早在1954年，丰田销售公司就买下了东京立川的日本汽车学校，并于1957年开办了东半球规模最大的中部日本汽车学校。在当时汽车还远未普及的情况下，神谷正太郎的这一行动使很多人难以理解，然而他自信地解释说：“让持有驾驶证的人多起来，汽车的需求者就会多起来。掌握驾驶技术的人越多，潜在的需求必然越大。”

——资料来源：祖利然《丰田的“关系”管理之道》

2．尊重顾客权利，保护顾客利益

维护顾客正当合法权益是建立良好顾客关系的重要途径。根据消费者权益保护法，顾客拥有以下几种权利：

（1）享有知悉商品的制造、使用和维修等信息的权利。

（2）享有自主选择、购买商品的权利。

（3）享有公平交易的权利。

（4）在购买、使用商品时，享有人身、财产安全不受损害的权利，如果人身、财产受到损害，享有依法获得赔偿的权利。

（5）享有监督商品的质量、款式、性能和价格等以及保护消费者权益工作，并向有关工商组织提出改进意见的权利。

（6）享有人格尊严、民族风俗习惯获得尊重的权利。

3．为消费者提供满意的产品和服务

为消费者提供优质产品和完善服务是建立良好顾客关系的重要途径。

产品质量是企业安身立命之本，只有不断提高产品质量才能在市场竞争中取胜。产品质量主要体现在产品的适用性、安全性、可靠性、经济性等。

完善的服务是指提供完善的售前、售中和售后服务。完善的售前服务是指在售前对消费者进行消费教育和引导，使消费者学会正确选择、使用产品，掌握产品的功能和操作方法，了解退换、维修和赔偿的标准和方式；完善的售中服务是指在销售过程中为顾客提供热情、周到的服务，以此获得顾客的认同；完善的售后服务是指商品售出后，对顾客开展跟踪服务，为顾客排忧解难。例如，为顾客提供维修服务，收集顾客的产品使用意见，根据顾客的意见对产品加以改进，并把改进结果传递给顾客，增强顾客对组织的好感。

4．妥善处理顾客的投诉和建议

妥善处理顾客的投诉和建议是建立良好顾客关系的重要保证。可以采取以下方式处理顾客的投诉和建议。

（1）诚恳接待，耐心倾听，了解事实。面对顾客的投诉或建议，要热情诚恳地接待。即使顾客言辞激烈也要耐心、宽容地倾听顾客的诉说，不能急于解释、辩解或反驳。在对顾客表示同情、理解的同时，还要设法弄清事情的原委、真相和顾客的要求。

（2）从对方的角度思考问题。要将心比心，进行换位思考，为对方着想，采取恰当方式处理顾客的投诉和建议。如果是由于工作出现差错而给顾客带来不便，就要诚恳道歉，并向顾客表示将会改进工作，避免以后出现类似的差错；如果是由于顾客误解而造成误会，就要对顾客的投诉进行诚恳的解释，以期消除误会，绝不能指责顾客；如果在工作中出现的差错给顾客造成物质损失或严重的精神伤害，除了道歉以外，还要在与顾客协商的基础上，在权限允许范围内作出一定赔偿。如果在自己权限内无法解决，就要给顾客一个解决问题的明确程序和答复日期。

（3）及时、迅速地做出处理。对于顾客的投诉和建议，组织必须迅速答复和处理，这样才有利于更好地消除隔阂与矛盾，使问题得到妥善处理。一旦拖延容易导致矛盾激化，为组织带来不良的口碑影响，波及全局。

5．以顾客为中心

以顾客为中心是指组织要尊重顾客的心理和需求，以顾客的需求作为行动的导向，以获得顾客的满意作为组织的经营目标。如果组织采取单纯追求利润的经营模式，往往得不到长远的发展。以顾客为中心，尊重顾客，关注顾客的情感消费，并从顾客的角度改进组织的经营活动，是组织可持续发展的基础和保障。

丰田以“顾客第一”的思想管理顾客关系。其领导班子包括董事长和总经理，每天的主要工作并不是本企业的运营，而是收集情报、资讯，参加各种经济研讨会、讨论会、报告会，所在经济团体、行业协会的协调会以及各种涉外活动，了解顾客需求，从而开发适合消费者需要的产品。凯美瑞进入中国市场时选择了最适合中国人口味的澳版，车型的做工和设计迎合了东方人的消费方式和审美观，一举成功。

——资料来源：祖利然《丰田的“关系”管理之道》

任务二　协调媒介关系

学习目标

知识目标：认识建立媒介关系的含义和意义，理解媒介关系处理的方法。
能力目标：能够建立良好的媒介关系。

任务导入

案例一：2004 年 12 月 27 日，卫生部官方网站上发布了“2004 年植物油国家卫生监督抽检情况通报”，其中金龙鱼、福临门、金象三种食用油被列在黑名单中。翌日，北京各大媒体和网站都在显著版面对该消息进行了报道。消息发布的当天，很多地方商店的“金龙鱼”就开始下架，情况十分危急。在危机面前，金龙鱼品牌所有者深圳嘉莉粮油公司快速、全面作出反应，积极开展与各方面的沟通工作。其中，对媒介关系，交流而非质疑，对媒介的报道不作辩解，只是积极提供真实材料，真诚与媒介合作。深圳嘉莉粮油公司的危机处理很快收到成效。不到半个月，金龙鱼的销售量就上升到与去年同期持平，“金龙鱼”品牌受到的伤害甚小，消费者对产品质量更加信任。

案例二：1990 年北京亚运会前夕，由新华社体育部、中央电视台体育部、《光明日报》等 8 家国家级新闻单位联合策划的“迎亚运世界体育知识大奖赛”，因原资助单位中止协议而受阻，于是几家新闻单位向上海大江有限公司求助，该公司马上出资 25 万元。投之以桃，报之以李，开新闻发布会、6 家国家级版刊同时刊登、中央电视台摄制组专程奔赴“大江”专题采访，中央人民广播电台播放了“大江”的成长之路、15 分钟的《大江的启示》。

——资料来源：夏年喜《世界上最迷人的公关大师》工商出版社

请结合案例思考建立良好媒介关系的意义和方法。

媒介关系又叫媒体关系、新闻界关系，是指组织与各种信息传播媒介的关系，既包括组织与新闻传播机构（如电视台、广播电台、报社、杂志社、网站等）的关系，又包括组织与新闻界人士（如记者、编辑等）的关系。媒介既是实现组织公共关系目标的主要工具，又是组织最重要、最敏感、最特殊的一类公众。在实行三权分立的西方国家，人们把新闻界视为继立法、行政、司法之外的“第四权力”，把立法、行政、司法和舆论称为“四权鼎立”。媒介公众往往代表了社会舆论，由此可见其重要性。新闻界对社会的影响力是任何一个企业都无法逾越的。例如，美国的新闻界可以独立地左右整个社会舆论。新闻媒介具有信息量大、时效性强、反应敏捷、可信度高、传播面广等特点，成为组织与公众之间信息交流的加速器和放大器。因而，公共关系人员的第一要务就是与新闻界建立良好的关系，并善于利用媒介关系来树立良好的企业形象。微软、英特尔、海尔、联想、农夫山泉等企业都善于利用媒介关系，塑造良好的组织形象和品牌形象，以取得经营的成功。

一、建立良好媒介关系的意义

1．良好的媒介关系有利于组织营造良好的公众舆论

新闻传播机构的传播对象数量巨大，涵盖面极广。新闻传播机构是社会信息流通过程中的“把关人”，他们在一定程度上决定着社会信息的流向和流量，确定公众舆论的中心议题，能够赋予被传播者特殊的、重要的社会地位。与新闻界建立良好关系，能够使组织信息较顺利地通过传播渠道与公众见面，有利于形成良好的公众舆论环境。

2．良好的媒介关系能够提高组织公关工作的效率，有助于树立良好的组织形象

大众传播媒介能够帮助组织与公众进行远距离、大范围、高速度的信息沟通，使组织公共关系工作的效率得到极大的提高。大众媒介与公众联系广泛，有助于树立良好的组织形象。然而，大众媒介是一把双刃剑，负面信息一旦曝光会使组织形象承受巨大的冲击。例如，中国推出的几次“质量万里行”，使有些组织美名远播，而有些组织则名誉扫地。

二、媒介关系处理的方法

美国公关专家卡特、李普等人在《公共关系教程》中，提出了媒介关系的五项基本规则：“开诚布公、提供服务、不要乞求或吹毛求疵、不要寻求封杀、不要大水漫灌媒介（这包括尊重记者的新闻标准和在与每个媒介联系时将资料只发给一位新闻记者）。”

公共关系工作与新闻界工作是相辅相成的。组织的公共关系工作需要借助大众传播媒介塑造良好的组织形象，而新闻界只有与社会各界建立广泛联系，才能拥有畅通的新闻渠道。因此，公关界与新闻界是相互依存、相互协作的，公共关系人员有条件、有必要与新闻界建立良好的关系。处理媒介关系的方法包括以下几个方面：

1．认识媒介的本质力量，与新闻界保持经常联系

道格拉斯·卡特在他的《政府的第四分支》一书中曾写道：“媒介的本质力量在于它把什么选为新闻。在华盛顿，每天都有上万个词语被使用，使用的人认为这些词语很有用。每天有数百个事件发生，上演这些事件的人认为这些事件很有报道价值。媒介有权力去选择——决定哪些事件上头版或上黄金时段的电视新闻，决定哪些事件可以忽略。”对组织而言，组织希望媒介只报道自己的正面消息。而媒介的性质决定了媒介是独立的，是公众机构、公众事业的监察人。媒介只从恰当的角度来看待事实并将事实公之于众。组织要充分尊重媒体的新闻报道权利，自觉接受媒介的监督。媒介既能放大、传播组织的声音，也能放大、传播组织的问题。媒介追求的是读者关注、轰动的效应。

2004 年，蓝色光标公关公司所做的一项针对企业公关和媒介记者之间关系的调查表明，记者最希望公关公司做的是能促进自己和企业的沟通，占 33%；其次，他们希望在对企业采访前公关公司能够为自己提供详细的资料，占 24%。而注意日常关系的维护，常打电话聊聊、在一起坐坐，不要仅在发稿时才找上门来，这也是记者们希望的。

因此，组织要与新闻界保持经常联系，加强沟通，建立不同层次、不同范围的沟通渠道。组织要与媒体高层、采访部等部门中层、对口记者编辑等，分别建立多级工作联系制度，设身处地为媒介及时提供力所能及的帮助和专业支持。平时要积极沟通，在重要节日向新闻界发送贺年卡、纪念品，举办各种形式的联谊活动，增进组织公共关系人员与新闻界人士之间的个人友谊。

2．善待、细分各类媒介，主动应对

在我国，新闻单位分为不同的级别和种类，组织要善待各级各类新闻单位，热情协助对方完成对组织的宣传报道工作，公平地将信息和采访机会提供给需要的新闻机构和人士。

组织还应细分各类媒介，针对不同媒介，采取不同的应对策略。可把媒介分为三类：第一类是主流媒介，如新华社、省市日报、省市电视台新闻频道等；第二类是关注百姓生活、受众较多的大众型媒介，如当地的晚报、快报、新闻网、电视台民生频道、交通广播电台等；第三类主要是当地非主流的市场化报纸。对第一类企业应坚持正面宣传、通力合作的原则。当重大事件发生时，组织应及时主动发布信息，让主流媒介第一时间予以广泛报道。把第二类视为与社会公众、消费者沟通的桥梁。要充分利用该类媒介受众多、传播快的特点，将公众关心的问题，通过发布新闻通稿、接受记者访谈、在线回答公众提问、参加热线直播等方式，主动向媒介披露组织所采取的应对措施等，保证公众的知情权。对第三类有理有节，加强监控。第三类媒介背景复杂，不确定因素多，在对其充分尊重的同时，组织也要保留要求媒介公正、客观报道的权利，坚持有理、有利、有节地对其加强监控，尽可能避免不实负面新闻的出现和传播。

3．尊重事实，正确对待不利于本组织的报道

如果媒介对组织作正面报道是皆大欢喜的事情，组织应主动表示感谢。当媒介对组织进行负面的批评报道时，如属实，应尊重事实，不能无礼纠缠记者和新闻界，用拉拢、贿赂、请客、送礼等手段压制和胁迫新闻界发布有利于自己的虚假新闻，扣发对自己不利的新闻。正确的做法是，主动致歉，明确承认批评报道反映的问题，真诚感谢媒介的关心监督，并查明原因，积极改进，争取新闻界把改进工作的情况公之于众，恢复组织形象；如果报道失实，可邀请媒介记者和有关部门的人员共同调查事情真相，并提供相应的证明材料，澄清事实，将调查过程和事实真相告之公众。

某地方晚报错误地发表了某美容院提供色情服务的报道，一时间，美容院内，真正需要美容者不敢登门，而不三不四的人却找上门，美容院业务严重受损。报社的负责人登门表示道歉，并承诺在报纸上刊登更正启事，但美容院经理不接受该处理办法，要求报社刊登大版面的更正报道。报社表示经费紧张，难度较大，美容院经理马上开出一张支票，给报社三天考虑时间，结果是报社几天后刊出了整版介绍该美容院服务设施和水平的报道。此种处理办法比诉诸法律，获得几千元赔偿的方法效果要好得多。

——资料来源：魏翠芬《公共关系理论与实务》清华大学出版社

4. 重视新闻媒介

重视新闻媒介要做到：①积极响应、支持新闻界发起的活动，对有益于社会的活动提供必要的赞助，以此获得新闻界的好感和信任。②主动邀请新闻界人士到组织参观，提供有新闻价值的组织信息。例如，组织研发出新产品、产品价格的大幅度调整、组织的重大庆典等都具有一定的新闻价值。这样能使组织得到宣传的机会。

一家乡镇企业在创业初期，由于媒介有力的舆论支持而快速发展。这家企业的老板在看到媒介的力量之后，有意识地与多家有影响的媒介记者建立了友好的关系。随着企业在当地影响力的日益增强，这位农民出身的企业家被冠以各种头衔，还当上了当地的人大代表。这时候他开始热衷于在官场周旋，与各种领导打交道，并开始慢待和冷落记者。后来市场发生转变，人们的环保意识也开始增强，这种污染严重的化工企业日见衰落。这时候企业家又想起了昔日的朋友——媒介记者，于是打电话、亲自上门，但"老记们"仿佛是约好似的，都对他的热情邀请给予了冷漠回应，有的"老记"还对这家企业"落井下石"，于是这家曾经辉煌一时的企业便加速灭亡了。

——资料来源：荣晓华《公共关系——理论、实务、案例、实训》高等教育出版社

5. 对媒介采取灵活多样的信息披露方式

组织要根据信息重要程度、紧急程度的不同，分别采取媒体见面会、答记者问等多种信息披露方式。对遇到的重大事件，企业应事先拟制背景资料、提纲及回答要点，主动邀请媒体，召开媒体见面会；对正常的经营新闻、突发事件，要定期发布新闻通稿，必要时直接回答记者提问。

任务三　协调政府关系

学习目标

知识目标：认识政府关系的含义与意义，理解协调政府关系的途径。
能力目标：能够建立良好的政府关系。

任务导入

汾河焦煤公司积极融入当地社会，建立起良好的政府关系。该公司参照当地政府社

会、政治、经济发展目标，结合自身实际制定企业战略规划，主动参与政府组织的各类社会和文化活动，为地方建设投入人力、物力，遵守地方性法规，积极履行社会责任，自觉把企业置身于当地政府的监管之下。地方政府部门如工商、税务、国土资源、社会综治等，在开展执法、执纪检查时，汾河焦煤公司积极配合，并按照相关法律与各部门协调，接受业务指导，改正存在的问题。始终做到守法经营，争取政策支持，获得法律保护。在抵免税、资源保护等方面都得到了政府部门的大力支持，为企业健康运行、长远发展提供了动力。

请结合案例思考建立良好政府关系的意义和途径。

一、政府关系的含义与意义

（一）政府关系的含义

政府是对国家和社会事务进行管理的国家权力机构，是国家权力的执行机关。组织作为社会的构成单位，必须服从政府的统一管理，必然和政府存在形式多样的联系。

政府关系是指组织与各级政府之间的关系。与组织联系较多的政府部门一般有工商、人事、劳动、环保、税务、审计、市政、交通、海关、公安、检察、法院等部门。

（二）建立良好政府关系的意义

政府公众是组织各类公众中最具社会权威性的公众。建立良好的政府关系具有特殊意义。

（1）可以帮助组织准确预测社会发展趋势，把握发展机遇。与政府部门建立良好的关系可以帮助组织提高把握发展机遇的能力，原因主要有：①政府机构领导、组织、管理整个社会的生产和生活活动，所以政府能够比较全面、深刻地认识社会现状及其发展趋势。②政府是一个信息中心。政府与其他组织存在广泛的联系，这使其能够及时、准确地掌握各方面的信息。及时与政府部门进行信息沟通，可为组织进行发展动态分析提供可靠的信息资源。因此，建立良好的政府关系能够帮助组织有效地避免耗费更多的时间和代价，准确判断形势，把握时机，为组织的决策提供有效的依据。

（2）能够使组织获得良好的政策支持、法律保障和社会管理环境。建立良好的政府关系既可以加强政府各部门对本组织的了解、信任和支持，又可以使组织及时地了解政府有关部门的重要指令和信息，对相关政策和法律的制定施加影响，争取为自己创造有利的政治环境。从而为组织的发展赢得良好的政策支持、法律保障和社会管理环境。

（3）有助于增强组织的实力。首先，政府是组织重要的资金来源。政府可以在财政、税收方面为组织提供资金支持。例如，通过免税、减税、退税、无偿财政拨款、优惠贷款等方式为组织提供资金支持。其次，政府可以成为组织的重要客户。组织如果能够争取到政府采购，获得政府订单，便可拥有稳定的销路和销量。

（三）处理政府关系的方法

1. 熟悉政府机构设置及其职能

组织主要与政府的主管部门或一些相关的职能部门打交道。熟悉政府机构的权利范围、工作内容、办事程序和职能范围，并与相关部门的工作人员保持必要的联系，可减少“公文旅行”的现象，提高办事效率。

2. 熟悉并遵守政府颁布的各项政策、法规

由于组织的一切活动都必须在国家政策、法律允许的范围内进行，所以组织必须熟悉政府所颁布的各项政策、法规，及时掌握政策、法规的变动。组织严格遵守相关的政策法规是建立良好政府关系的关键。组织可以邀请政府机构的工作人员，针对政府颁布的相关政策法规举办专门讲座，对组织进行专门的指导。

组织要严格遵守政府的政策法规，做到依法发展，避免发生不必要的偏差。对于政府有关的政策法规，组织应吸收其中对自身有帮助的内容，以此作为组织制定方针政策和开展各项活动的依据。此外，组织还需对国家政策进行灵活运用，才能最大限度地使组织受惠。

3. 加强与政府的信息沟通

组织除了要了解国家的政策法规外，还应主动向政府有关部门提供自身的各种信息，如经营业绩、发展规划、遵纪守法状况、对社会的贡献等。组织可以通过适当的渠道向政府部门宣传，如抓住周年庆典、开业剪彩、新产品或新技术问世等机会，主动邀请当地政府主管部门的领导出席，从而加强组织与政府部门的信息沟通。这种做法有助于保持政府对组织的了解与支持。组织可以根据本地区、本部门、本行业的特殊情况，主动表达自己的意愿，提出政策、法律建议，使政府制定出有利于组织发展的立法、政策，维护自身权益。

4. 积极参与各级政府的公益活动，协调组织利益与国家利益

组织应根据自身情况，积极参与必要的社会公益活动，为社会作贡献，以使组织获得良好的公众舆论和商业机会，从而获得政府机构的信任与支持。例如，杜邦公司为多国政府提供培训和咨询服务，以期建造更加环保、更加安全的工作场所；阿里巴巴与地方政府合作开展多个项目，协助数十万家中小企业使用电子商务；联想与教育部合作，开发针对农村企业特殊需求的计算机产品，培训服务已惠及2 000多万农民。

同步思考：

请举例说明社会组织为什么要参与社会公益活动，为社会作贡献。

除了积极参加社会公益活动外，公共关系人员还要善于协调组织利益和国家利益。组织在制定自己的发展战略方面应符合政府提出的发展方向。当组织利益与国家利益发生冲突时，公共关系人员要善于协调组织利益与国家利益，顾全大局，维护国家利益，在不影响国家利益的前提下，尽可能争取组织利益，把国家利益与组织利益统一起来。例如，制药公司争取机会提供国家药品储备服务、银行为国家大型建设项目提供贷款、客运公司承接重要国家活动的业务等。再如，中国企业可以通过承担政府项目，或将自身项目纳入国家政策框架之中来寻求财政扶持。

同步思考：
当国家利益与组织利益发生冲突时，你应采取何种对策？

任务四　协调社区关系

学习目标

知识目标：认识社区关系的含义与意义，理解协调社区关系的途径。
能力目标：能够建立良好的社区关系。

任务导入

案例一：美国俄亥俄州某陶器厂，一夜之间被大火吞没，该厂没有买任何保险，看来似乎注定要从俄亥俄州永远消失了。然而，就在失火的第二天清晨，竟出现了颇为壮观的场面：工厂的员工、镇上的家庭主妇、茶馆酒店的老板、小商贩及教堂的教师，都不约而同地聚集到废墟上，清扫残砖碎瓦。在短短的几个月里，大家有钱的出钱，有力的出力，竟在废墟上重新建立起一座三万平方米的新厂旁，陶器厂很快就恢复了生产。

这家陶器厂何以有如此的"人缘"呢？其原因就在于该厂长期以来十分重视与社区公众的关系。正如那句俗语所说的："远亲不如近邻。"

——资料来源：熊超群《公关策划实务》广东经济出版社

案例二：美国有一个名叫安塞的公司发现其所在的社区中，一些单位或居民经常会发生各种事故：大至房屋倒塌、火灾爆炸，小至设备故障、电器失灵，公司领导决定，成立一个"抢救队"，由职工自愿参加，天天日夜值班，只要社区发生了事故后一打电话，他们就赶至公众家中或出事单位、地点，帮助解决问题，不计报酬。公司这种举动，深受社区公众欢迎。

案件三：日本1972年6月的一天，一大群愤怒的渔民闯入名古屋褚木电力公司的总公司大楼，顿时这幢建筑物充满了呼喊声和斥骂声。渔民们抗议总公司下属的一座发电厂排放污水，使许多海洋生物受到污染，严重影响了渔民的生计。

请思考上述案例从正反两个方面给我们什么启发？

一、社区关系的含义与意义

（一）社区关系的含义

社区是人们共同生存、活动的一定区域，如街道、片区、乡村、城镇等。社区是组织生存和发展的基本环境，如同组织扎根的土壤。社区关系是指组织与所在地区的政府部门、社会团体和其他相关组织以及当地居民之间的睦邻关系。

（二）协调社区关系的意义

良好的社区关系能够使组织获得稳定的生存环境，提高组织在该区域的影响力。

1. 良好的社区关系能够优化组织的生存环境

组织的生存发展离不开社区公众的支持，良好的社区关系能够为组织提供发展所需的社区资源。社区能够为组织提供劳动力资源和稳定的顾客群，由于劳动力是来源于当地的人口，可以减少住宿费、交通费，节省时间成本。社区还能为组织提供各种公共设施，例如，水、电、交通、社区内的商店、学校、医院和文化娱乐场所等。因此，争取社区提供各种地方性的服务和支持，对于组织的生存和发展具有重要意义。

2. 良好的社区关系有利于塑造组织良好的公众形象

社会组织应当主动为社区承担必要的社会责任和义务，造福社区公众，与社区公众建立良好的关系，从而提高组织的知名度和美誉度，树立良好的公众形象。

（三）社区关系的特征

1. 地域空间相邻性

社会组织与其社区公众在地域空间上紧密联系在一起。组织的社区公众范围取决于组织自身的规模和知名度。例如，对四川长虹集团来说，其社区公众范围是整个西南地区，而有的组织的社区公众范围仅限于一条街道。

2. 利益相互关联性

社会组织与社区公众存在直接或间接的利益关联，一方面社区为企业提供必要的劳动力和各种社会服务；另一方面，组织也为社区公众提供就业机会，为社区建设提供人、财、物等方面的支持。

组织与社区公众之间存在相互支持、共同发展的关系。当社会组织享有的知名度与美誉度越高，带给社区公众的利益就越多；反过来，当社区公众获得社会组织带来的利益越多，社会组织享有的知名度与美誉度就越高。充满活力的社会组织能为社区提供众多的就业机会，带来税收，进行社区建设，从而发展社区经济，增强社区的经济实力。

3. 相互制约性

社会组织如果受到社区公众的排斥，其生存发展就会受到威胁，从而使社区发展受到影响。

二、建立良好社区关系的方法

组织与社区公众互有需求、互相依赖，组织建立良好的社区关系，既有必要性也有可能性。组织应注意维护社区的利益，履行作为社区一员应尽的义务，从而获得社区公众的好感与合作，树立良好的组织形象，这是建立良好社区关系所要达到的目标。

1992 年，美国洛杉矶中南部发生了暴乱。暴乱中群众恶意破坏的行为给这一地区的商业造成了巨大损失，但麦当劳在这里的全部 60 家特许经营店却幸免于难。麦当劳的高级主管们说，公司以及“麦当劳之家”在创造就业机会和发展社区关系方面的努力，为公司赢得了非常好的声誉，以至于暴乱的参与者们拒绝破坏麦当劳的店铺。在社区中的良好声誉变成了企业遭遇危机时期的真实财富。其实，麦当劳在社区关系方面的努力在平时也不断地创造着销售额。

——资料来源：薛行正《公益事业与企业战略的完美结合——读<企业的社会责任>》

1．维护社区环境

社区环境与社区公众的生活息息相关，因此，组织应积极主动地保护和改善社区的生态环境，在生产过程中尽量预防污染，节能减排，保护社区的空气、水源、土壤，建设资源节约型、环境友好型企业。同时，还应主动美化社区环境，治理已经产生的污染，维护社区的安定团结，以赢得社区公众对组织的喜爱。

2．支持社区公益活动

组织应当尽力为社区承担社会责任，积极支持各项公益活动。提供人、财、物帮助社区发展文化、教育、艺术事业等。例如，赞助社区文化建设，支持社区的文娱体育活动；资助养老院、残疾人基金会等社会福利机构的活动；资助社区办学，发展社区教育事业；举办参观互访、研讨会等活动。组织要通过对社区活动的贡献引起社区公众的注意，增进对组织的了解，以赢得社区公众的信赖和尊重。

美国运通旗下的美国运通基金会（American Express Foundation）总裁萨勒诺说：“人们常常问为什么美国运通在世界各地支持这么多的慈善组织，这样的努力对公司有什么意义。答案很简单，而且这对经营了 150 多年的美国运通来说一直没变。首先，我们在社区的幸福和安宁中享有既得利益。其次，我们很多的慈善努力直接与公司的长期经营目标联系在一起。最后，这些年来，我们的慈善活动已经为我们的品牌增添了耀眼的光彩。”由此可见，支持社区公益活动的企业可以得到一系列实际利益，这些利益包括：销售额和市场份额增长，品牌定位得到巩固，企业形象和影响力得到提升，吸引、激励和保留员工的能力得到提高，运营成本降低，对投资者的吸引力增大等。

3．与社区公众加强沟通

组织与社区公众加强沟通交流，可以加深彼此的了解，增进组织与社区公众之间的情感联系。通过参观交流、新闻宣传、组织庆典、开展文体活动等方式向社区公众介绍组织的政策、业务状况、主要的经营活动以及为社区作出的贡献等方面的情况，以此增进社区公众对组织的了解，并通过他们传播组织的良好形象、政策和目标等信息。同时，还要收集有关社区的各种信息，了解社区的活动情况以及社区公众的利益需要、对组织的意见和要求等，及时发现存在的问题，消除社区公众对组织的不满和误解，积极参与社区的各项活动，增进组织与社区公众的感情。

4. 了解社区需要，提供服务，参与建设

根据社区居民的需求，向社区居民开放组织的服务设施。例如，图书馆、体育场地和电影院等。协助解决社区人口的就业问题。当社区发生天灾人祸等意外事故时，积极为社区排忧解难，提供救助服务。例如，某企业成立日夜电话服务小组，为社区无报酬地提供抢险救灾、生活救助等活动。通过积极参加社区的服务和建设，帮助社区发展经济文化，提高社区的知名度。再如，汾河焦煤公司针对因煤矿开采造成的土地塌陷等问题，主动与所在村镇接触，积极协调，按照法律规定支付补偿金，安置受损村民。同时，在劳动用工方面优先考虑，公司共从所在村镇招收职工 1 500 多人，占企业用工总数的 25%，缓解了当地就业压力，维护了社会稳定，实现了企业与社区的双赢。

任务五 协调竞争对手关系

学习目标

知识目标：认识竞争对手关系的含义与意义，理解协调竞争对手关系的途径。
能力目标：能够建立良好的竞争对手关系。

任务导入

可口可乐诞生一百多年来遭遇的最强劲的对手是百事可乐。两个可乐之间的大战都为相互的发展提供了新的机遇：1963 年百事可乐作出了“长期占领市场’的决策，把营销的重点放在第二次世界大战后出生的儿童，创立了“百事新一代的选择”的目标市场。这个选择让可口可乐也承认竞争对手明智、果断，可口可乐又重新研究自己的新配方，再次赢得新的发展机遇。

无独有偶，各行各业都存在竞争关系，例如，胶卷业的柯达与富士，饮料业的可口可乐与百事可乐，快餐业的麦当劳与肯德基，咖啡业的雀巢与麦氏，计算机业的 IBM 与 APPLE 等。一种产品独霸天下的局面难以支撑，棋逢对手的竞争比拼才能促进双方的进步，进而促进市场的繁荣。

请谈谈上述案例带给我们的启示。

一、竞争对手关系的含义与意义

（一）竞争对手关系的含义

竞争对手关系是指组织与竞争对手之间为了占有资源而形成的竞争与合作关系。

（二）协调竞争对手关系的意义

大多数行业是无法完全消除竞争的。如果没有竞争，会形成垄断，这会使整个行业缺失创新精神，停止产品的开发和技术升级换代，进而引起整个行业的发展停滞甚至倒退，替代品会迅速抢占市场。因此，竞争对手的存在既是必须也是必然。与竞争对手建立良性竞争关系的意义有以下5点：

1．发现契机，激发活力

允许竞争对手存在，认真研究、分析竞争对手。例如，竞争对手的战略分析，包括定价战略、销售战略、产品线战略、广告/促销战略、服务战略等；还有竞争对手的能力分析，包括创意和设计的能力、生产能力、营销能力、融资能力、管理能力等，可以从中发现有利于组织自身发展的契机。

另一方面，存在旗鼓相当的竞争对手可以激发企业活力。竞争对手的存在不但为整个行业带来资本、人才、技术和管理经验，还可以让企业在一定压力下经营，从而为企业带来不断进取的动力，其经营活力、创造力不断被激发出。在与竞争对手展开多层面的竞争中，为了超越对手，认真研究、学习竞争对手，双方在你追我赶中不断相互超越，从而使双方竞争实力不断增强，加速行业发展。

2．改善产业结构

组织间的竞争可以为行业带来技术及管理的溢出效应。处于激烈的市场竞争中的企业为保持自己的市场地位，往往会通过模仿、学习竞争对手先进的生产技术和新开发产品，来降低本企业新产品开发的风险，获取后发优势，这就使许多同类企业也实现了技术和产品的升级换代，从而激发了整个行业的活力，改善了产品、产业的结构。

3．共同开发市场

按照市场生命周期理论，一个成熟的市场应该经历开发期、成长期、成熟期和衰退期。在市场的开发期，为了让用户对产品产生良好的认知并接受新的品类，企业需要支付庞大的市场开发费用。为了销售新产品，企业还要得到分销商的合作，而这种新的分销系统的构建往往需要企业垫资。因此，大多数情况下，新市场开发的程度，直接决定于市场开发费用的多少。而单个企业往往很难独立承担全部的市场开发费用，如果有一大批竞争企业共同参与市场开发，无形中会分摊单个企业市场开发的成本，也会分摊单个企业市场风险，同时会大大加快市场开发的进程。例如，为了使用户了解新产品的功能、价格、售后服务等相关信息，企业需要支付高额的广告费用，如果多个竞争企业同时为了同类新产品在大众传媒上投放广告，就能够吸引更多的消费者到新产品市场上来，从而使新开发的市场迅速扩张。因此，竞争对手的存在可以协助本企业共同进行市场开发。

此外，如果有强大的竞争对手共同开发市场，可以使原来默默无闻的市场变得万众瞩目。例如，苹果公司进入智能手机市场后让智能手机得到更多的人的关注并让这一产品开启了手机智能时代，苹果公司进入平板电脑市场后，创造了一个全新的市场需求。

4．共同维护行业稳定

竞争对手的存在可以共同抵制替代产品和替代产业的威胁，维护行业的稳定。单个企业所开发的新产品，往往会因为企业缺少足够的生产能力和销售能力，而不能迅速占有市场，最终被其他产品所替代。因此，不少企业采用出售生产技术许可证的方式，向竞争对手转让新产品的生产技术，这样可以在短时间内使产品大量投放市场，迅速地使本企业的技术标准转化为行业的技术标准，以防止新产品的替代。此外，如果一个行业内有知名度很高的强大的竞争对手加入，会提高整个行业的知名度，不但可以缩短行业发展进程，还可以维护行业稳定，共同抵制替代产品和替代产业的威胁。例如，当年 IBM 进入个人计算机行业，就因其已经树立起来的大公司形象给行业带来了好的口碑和更多关注度，有效推动了行业的发展，并维护了行业稳定。

5. 维持企业竞争优势

竞争对手的存在，有利于企业实行低成本扩张战略和产品差异化战略，以此获得稳定的高额利润，维持竞争优势。

在中国的家电市场上，长虹倾向于实行低成本扩张战略，而海尔则倾向于实行产品差异化战略。前几年，我国大多数彩电生产企业的生产规模在几十万台左右，而长虹却实现了规模经济，当彩电的价格以大多数小企业的平均生产成本为基础来确定时，长虹与其他彩电生产企业之间的成本差额，就转化为长虹的高额利润。对于实行产品差异化战略的海尔来说，通过与竞争对手的比较，体现其产品在外观、质量、售后服务等方面的优越性，从而能够从消费者处获取由于这些差异而导致的溢价。因此，海尔品牌旗下各种家电产品虽然平均比其他品牌售价高出 20%，产品却仍然畅销市场。

而作为一个在市场上处于追随者地位的企业来说，如果领导企业实行产品差异化战略，并注重产业的长远发展，追随者将能从稳定的产业环境中获取可观的收益。

二、协调竞争对手关系的方法

竞争对手之间不可避免地发生争夺市场份额的战争，但在实际的竞争中，不应把消灭竞争者作为最终目的。竞争对手间相互抹黑，拼个你死我活，抑或是把对方赶尽杀绝等极端做法会带来巨大的负面影响。

近年来国内一些企业对待竞争对手的做法给了我们很大的警示作用。

企业间的恶斗很可能会让消费者对该品类的所有产品都失去兴趣，还会使导致整个行业的低利润。因此，在对待竞争对手时，不能一味采取对抗、灭绝的方式，这会造成市场结构的混乱，降低行业的盈利水平。

应与竞争对手建立良性的竞争关系，这样既可以增加企业的盈利，又有利于企业的长远发展和整个行业的健康发展。协调与竞争对手关系的方法主要有以下三种：

1. 在竞争中合作

企业间必然存在竞争。各企业应该坚持平等竞争原则，恪守诚信和礼让，以总体利益最大化为目标，在竞争中合作，在合作中竞争，整合资源，优势互补，共同发展，使竞争沿着正确的轨道发展，实现双赢或多赢。

企业间合作的终极目的是与竞争对手的合作决策获得的收益比各自决策获得的收益高，创造 1+1>2 的顾客价值。

2. 善待竞争对手

林肯任美国总统时，曾经有人批评他对待政敌的态度："你为什么试图让他们变成你的朋友呢？你应该想办法打击他们，消灭他们才对。""当他们变成我的朋友时，"林肯十分温和地说，"难道我不是在消灭我的敌人吗？"因此，企业应该善待竞争对手。

美国纽约的梅瑞百货公司值得借鉴。该公司公开向顾客宣告：如果您在我公司没有买到自己想要的商品，可以到公司的咨询服务部去询问，服务部会指引您去另一家有这种商品的商店购货。这也就是把顾客推荐到自己的竞争对手那里，增加对手的客源。这种一反"同行是冤家"的做法，不仅向竞争对手表示了友谊和诚意，而且也获得了广大顾客的好感，梅瑞百货公司的生意十分兴隆。

善待竞争对手，与竞争对手形成横向战略联盟，相互学习，会使双方受益。丰田与福特的联盟使丰田从福特公司财务服务的经验中受益，福特也学到了丰田的汽油电力混合车辆的开发技术。丰田与通用合资建立新联合汽车制造公司（NUMMI），为双方生产汽车，丰田从中获得了与联邦、州、劳工协会打交道的经验，通用则学会了丰田即时供应的生产方法。

3. 寻找差异化竞争优势

杰克·特劳特在谈重新定位竞争对手时，提到："你该怎样对付金宝汤公司的汤食呢？不要打味道和价格的主意。实际上，你应该忘了罐头盒里的所有东西，而把注意力集中在罐头盒本身，这才是金宝汤公司的薄弱之处。铁质的罐头盒易生锈。然而金宝汤公司生产铁质罐头盒的设备价值上亿美元，它绝不会轻易放弃这些设备。可是竞争者不会受到这种限制，它们可以尝试塑料、玻璃或防腐包装，然后就可以和金宝汤公司玩'踢罐头'了。"

国内著名企业海尔有这样一句警示语："企业如果在市场上被淘汰出局，并不是被你的竞争对手淘汰，一定是被你的用户所抛弃。"

这告诉我们，企业间竞争的最终目的往往是争夺市场份额和消费者，而要获得消费者赞同，企业必须寻找自身的竞争优势，提高产品质量和服务质量。企业应该关注顾客，在分析、研究竞争对手的基础上，寻找差异化的竞争优势，与竞争者建立良性竞争关系，有利于企业赢得顾客认同，获取利润，

总之，在市场经济环境下，竞争如同空气一样无处不在，把竞争对手全部消灭掉是不可能的，明智的做法应该是仔细地分析、研究竞争对手，并对其加以恰当的引导和利用。

课后训练

一、案例分析

狼鹿共生共存的故事

动物学家曾经做过这样一项有趣的实验：在一个天然的国家动物园中，生存着鹿和狼。

为了保护鹿群的繁衍生长，动物园的管理部门消灭了园中的狼群，但以后的几十年里，狼消失了，鹿群却萎缩了。科学家们在研究中发现，正是狼群的消失，鹿群才开始萎缩。在狼这种天敌存在的日子里，病弱的鹿成为狼的美餐，强壮健康的鹿却生存下来；狼不存在了，鹿的优胜劣汰的机制也不存在了，鹿群的本身也就开始退化了。从生存的意义上看，有强壮的狼，才有强壮的鹿，“有了天敌与对手才有自己”。

请结合以上案例和实际，谈谈协调竞争对手关系的意义和方法。

二、实训题

请为某企业制订政府沟通方案，并讨论与政府沟通有哪些技巧。

模块七　内部公众沟通训练

任务一　协调员工关系
任务二　协调股东关系

任务一　协调员工关系

学习目标

知识目标： 掌握员工关系的含义；理解组织内部员工关系的分类及影响员工关系的主要因素；了解协调员工关系的有效策略。

能力目标： 能够运用所学知识识别具体的员工关系类型，并把握其特征；能够根据组织的具体情况分类协调处理员工关系中出现的问题。

任务导入

迪士尼公司员工沟通管理

迪士尼·包威斯公司，是一家拥有 12 000 余员工的大公司，它早在 20 年前就认识到员工意见沟通的重要性，并且不断地加以实践。现在，公司的员工意见沟通系统已经相当成熟和完善。特别是在 20 世纪 80 年代，面临全球性的经济不景气，这一系统对提高公司劳动生产率发挥了巨大的作用。

迪士尼公司的员工意见沟通系统主要分为两个部分：①每月举行的员工协调会议，②每年举办的主管汇报和员工大会。

员工协调会议

早在 20 年前，迪士尼·包威斯公司就开始试行员工协调会议，员工协调会议是每月举行一次的公开讨论会。在会议中，管理人员和员工共聚一堂，商讨一些彼此关心的问题。无论在公司的总部、各部门、各基层组织都举行协调会议。这看起来像法院结构，从地方到中央，逐渐反映上去，以公司总部的首席代表协会会议为最高机构。员工协调会议是标准的双向意见沟通系统。

在开会之前，员工可事先将建议或怨言反映给参加会议的员工代表，代表们将在协调会议上把意见转达给管理部门，管理部门也可以利用这个机会，同时将公司政策和计划讲解给代表们听，相互之间进行广泛的讨论。

要将迪士尼12000多名职工的意见充分沟通，就必须将协调会议分成若干层次。实际上，公司内共有90多个这类组织。如果有问题在基层协调会议上不能解决，将逐级反映上去，直到有满意的答复为止。事关公司的总政策，那一定要在首席代表会议上才能决定。总部高级管理人员认为意见可行，就立即采取行动，认为意见不可行，也得把不可行的理由向大家解释。员工协调会议的开会时间没有硬性规定，一般都是一周前在布告牌上通知。为保证员工意见能迅速逐级反映上去，基层员工协调会议应先开。

同时，迪士尼公司也鼓励员工参与另一种形式的意见沟通。公司在四处安装了许多意见箱，员工可以随时将自己的问题或意见投到意见箱里。为了配合这一计划实行，公司还特别制定了一项奖励规定，凡是员工意见经采纳后，产生了显著效果的，公司将给予优厚的奖励。令人欣慰的是，公司从这些意见箱里获得了许多宝贵的建议。如果员工对这种间接的意见沟通方式不满意，还可以用更直接的方式来面对面和管理人员交换意见。

员工大会都是利用上班时间召开的，每次人数不超过250人，时间大约3小时，大多在规模比较大的部门里召开，由总公司委派代表主持会议，各部门负责人参加。会议先由主席报告公司的财力状况和员工的薪金、福利、分红等与员工有切身关系的问题，然后便开始问答式的讨论。

这里有关个人问题是禁止提出的。员工大会不同于员工协调会议，提出来的问题一定要具有一般性、客观性，只要不是个人的问题，总公司代表一律尽可能予以迅速解答。员工大会比较欢迎预先提出问题的这种方式，因为这样可以事先充分准备，不过大会也接受临时性的提议。

迪士尼公司每年在总部要先后举行10余次的员工大会，在各部门要举行100多次员工大会。在20世纪80年代全球经济衰退中，迪士尼公司的生产率每年平均以10%以上的速度递增。公司员工的缺勤率低于3%，流动率低于12%，在同行业最低。

——资料来源：迪士尼公司员工沟通管理.《员工关系管理学》国家精品教程（引文有删减）

1. 根据案例表述，你认为组织内部沟通的意义何在？组织内部员工沟通的理念与原则是什么？

2. 在该案例中，迪士尼的内部沟通是否成功？迪士尼公司的内部员工沟通体系是怎样运行的？

员工是任何种类社会组织的首要公众——他们是组织构成的重要因素，同时他们又为组织创造价值。

组织公共关系活动不仅面向组织外部，也需要面向组织内部展开。组织内部公共关系包含组织内部全方位公众关系的总和，它既是组织的专项管理职能，也是组织为实现既定经营战略目标，与组织内部公众及其各种利益同盟相关的社会关系群。它不同于组织外部公众，它与组织命运息息相关，所以，在处理企业内部公共关系时，所选择的公共关系策略和技巧与面对其他外部公众有所区别。

组织内部公共关系的受众既包括其雇员，也包括组织内部的各种部门、群体等。其中，雇员是企业宝贵的资源。组织内部公共关系工作也是从员工关系开始。现今组织员工关系问题复杂，主要是由于现在的大多数商业组织的管理者都是职业经理人，也是雇员。虽然其中一些高层管理者享有公司股票期权，但他们跟公司其他普通雇员一样随时有可能被解雇。如何处理组织内部人际关系、竞争关系、利益关系以及权利关系，是组织开展内部公关活动的基础，亦关乎一个组织是否能够健康有机地运转。

一、员工关系的定义及类别

“员工关系”（Employee Relations），源自西方人力资源管理体系。起初在科学管理学说中提到的工人是“经济人”的假设前提下，泰罗认为工人工作的目的是获取最大的工资收入。认为在掌握工人生产率提高规律的情况下，给予工人一定的工资激励，会引导工人努力工作，服从指挥，接受管理。到了20世纪30年代，劳资矛盾激烈、对抗严重，给企业正常发展带来了不稳定因素。梅奥用其著名的“霍桑试验”证明了“人不是经济人”而是“社会人”。从而在劳资双方力量博弈中，管理方逐渐认识到“社会人”的需求、让员工参与企业经营的正面作用。随着管理理论的发展，人们对人性本质认识的不断完善企业越来越注重改善员工关系，加强内部沟通，协调员工关系。

1. 员工关系的定义

员工关系，也被称为“雇员关系”，员工关系的基本含义，是组织内上至最高领导层下至一线员工之间产生的，通过双方利益驱动体现出的合作、对抗、权衡等关系的总和。员工关系在不同的社会文化背景及法律政策制度下表现出不同的协调模式。

广义上的员工关系包含两层含义：①组织所有者与雇员双方因签订劳动合同而产生的权利义务关系，即彼此之间的法律关系；②雇员彼此间的交情、道义等关系，即企业文化延伸出来的不成文的传统、习惯等社会关系。狭义上的员工关系强调以员工为主体和出发点的企业内部关系，注重个体层次上的关系和交流。

彼得·德鲁克提出过这样的观点：组织是“由人组成的工作团队”，需要每个人发挥自己的才能从而获得成功。西方企业家很早就意识到员工是企业的财富。在一家汽车公司的年会上，一个股东询问CEO，为什么利润被用于提高员工的福利而不是增加红利。CEO这样回答：“因为你我都不懂怎样制造汽车，而他们却懂！”因此，成功的组织无外乎是最大限度地激发群体中每个成员的智能，整合团队中分散的力量，而良好的员工关系就像是组织运转的润滑剂。

同步思考：

如何看待员工关系处理在企业内部公关中的价值？处理好员工关系对企业来说有什么现实意义？

员工是组织的主体，也是组织面向外部公众实施有效传播的主角。他们的举止言行都将代表着组织的形象。兢兢业业的工作态度，坦诚耿直的优良品德，贴心周到的服务素质都将给组织带来无穷的效益。因此，组织实施全员公关就是要让组织内每一个成员都具有公关意识，从根本上改变和提高组织的公关素质，使组织公关工作内外兼修，也只有这样才能取得理想的组织公共关系效果。

德尔塔航空公司管理顾问、前商务教授迈克森·H·默森，一次在德尔塔航空公司的一架飞机上的经历：

入座后，我很随意地跟邻座的人提起猛涨的机票价格。可那家伙倒很一本正经地问我："你知道为什么定这个价格吗？""不知道，"我说，"而且我并不关心。"他说："你应该关注。因为那张票是为了你的安全、舒适和方便付费的。"于是，我知道我将要继续听那家伙唠叨下去。他告诉我下面的地毯的价格以及为什么一定要用这种特别的地毯。他还解释了我的座位构造，谈起地面上为每架空中飞机安排的协助人员。当然，他也提到飞机燃料的损耗。最后，还是我制止了他继续说下去。

我说："我认识德尔塔航空公司的总裁和几位副总，你一定不在我认识之列。"那人说："是，我在家具装饰材料店工作。""哦？那你怎么如此了解德尔塔航空公司的运转？""是这家公司告诉我的。"

——资料来源：奥蒂斯·巴斯金《公共关系：职业与实践》第四版

19 世纪美国最伟大的浪漫主义诗人亨利说过："在你背后人们对你的评价就是你所居住团体中的名声"。德尔塔航空公司的例子表明，员工积极地与组织外部公众交流对于企业公关关系具有积极重大的影响。

中国也有句古话："攘外必先安内"。联系现今，组织公关首先要把自己内部的工作处理好，然后才能没有内忧地迎接外部挑战。组织处理内部工作需要和谐的组织氛围以及积极向上的工作团队，而协调员工关系正是组织内部公关关系活动的基本工作。

2．员工关系的种类

（1）根据组织结构，员工关系可以划分为：上下级关系、同级关系和非正式关系三种类别。

1）上下级关系。上下级关系是沿着组织结构中直线等级，以多种沟通方式为载体进行的信息的传递、工作的安排与协调形成的员工关系。其中，下行沟通是组织员工关系最容易出问题的地方。

管理学家彼得·德鲁克曾尖锐地指出："数百年来，管理者只注重向下发号施令，尽管他们表现得十分出色，但这种沟通常常无济于事，究其原因，首先是因为仅仅关注管理者想传达的内容，所有传达的内容都是指令。"显然，单向沟通可能会引起信息接收者对信息的丢失和扭曲。这主要是由于单项沟通可能会产生一些障碍。例如，管理者的处事风格与情境不一致；与接收者存在沟通技能方面的差异；双方心理活动的制约等。

2）同级关系。同级关系是指组织结构中横线方向，包括同一层面上的管理者或员工之间的沟通关系，良好的同级关系能够增强部门间的合作，减少部门间的摩擦，最终实现组织的总体目标，对组织的整体利益是实现有着重要作用。组织中的各个部门不是孤立存在的，不是一个人活着、一个部门在战斗，而是作为整体中的一个个部分而运转着，同级关系正是为了满足不同部门间的信息共享而产生的。

3）非正式沟通关系。一般而言，任何一个正式的组织中都会存在非正式组织，组织内部也会存在非正式沟通。

非正式沟通指的是通过正式沟通渠道以外的信息交流和传达方式。非正式沟通是非正式组织的副产品，它一方面满足员工的需求，另一方面也补充了正式沟通系统的不足。

艾森豪威尔是第二次大战时的盟军统帅。有一次，他看见一个士兵从早到晚一直挖壕沟，就走过去跟他说："大兵，现在日子过得还好吧？"士兵一看是将军，敬了个礼后说："这哪是人过的日子哦！我在这边没日没夜地挖。"艾森豪威尔说："我想也是，你上来，我们走一走。"艾森豪威尔就带他在那个营区里面绕了一圈，告诉他当一个将军的痛苦和肩膀上挂了几颗星以后，还被参谋长骂的那种难受，打仗前一天晚上睡不着觉的那种压力，以及对未来前途的那种迷惘。最后，艾森豪威尔对士兵说："我们两个一样，不要看你在坑里面，我在帐篷里面，其实谁的痛苦大还不知道呢，也许你还没死的时候，我就活活地被压力给压死了。"这样绕了一圈以后，又绕到那个坑的附近的时候，那个士兵说："将军，我看我还是挖我的壕沟吧！"

——资料来源：全球品牌网 http://www.globrand.com

（2）根据组织工作性质，员工关系可以划分为：行政管理人员关系、技术人员关系、生产人员关系三种类别。

1）行政管理人员关系。行政管理人员是指组织内各业务部门的主管及以上的管理人员。这类人员掌握着组织中的大量信息和资源，在主观意识上比其他普通员工更关注企业的发展走向、员工个人技能素质培养及组织与团队的利益取舍，在工作内容上倾向于与组织、团队之间的交流、沟通，其一言一行都会对所管辖的区域内产生较大的影响作用，在组织内部公关活动中地位较高。

2）技术人员关系。技术人员具体指企业、事业单位的具有执业资格证书和从业资格、职业资格证书，从事专业技术工作的人员。这类人员具有较高的专业知识及技能，工作独立性较强，有较高的创新欲望，是组织发展的中坚力量。

3）生产操作人员关系。生产操作人员是企业生产或服务一线的工作人员，按照比例来说，占据企业员工的多数。由于对专业技能要求不高，可能存在知识能力水平的参差不齐。所以在组织内部公关中是需要花较多时间进行培养和协调的部分。比如在服务行业，一线员工是直接对外代表企业形象的工作人员，对组织来说他们的工作素质将对组织的经济效益、声誉，甚至组织形象产生直接的影响。

二、员工关系的影响因素

对任何一个企业来说，建立积极正向的员工关系可以吸引且留住优良员工、提高员工生产力、增加员工对企业的忠诚度、提升工作士气、提升公司绩效、降低旷工和缺席率，从而降低企业在招聘、培训、绩效降低方面所带来的经营成本。有些管理者认为对员工的积极正确评价是员工关系计划的基础。这些计划在一定程度上是有效的，但是这并不是员工关系的核心。员工关系的核心是一个不断建立关系的过程。企业将花费时间、精力来建立。企业要想建立积极正向的员工关系，首先要明确影响员工关系的因素有哪些，然后根据影响因素制订管理措施从而改进员工关系。

1．企业文化

企业文化就是在一个企业中形成的某种文化观念和历史传统，共同的价值准则、道德规范和生活信息，将各种内部力量统一于共同的指导思想和经营哲学之下，汇聚到一个共同的方向。它意味着公司的价值观，诸如进取、守势或是灵活这些价值观构成公司员工活力、意见和行为的规范。管理人员身体力行，把这些规范灌输给员工并代代相传。企业文化是一种“软性管理方式”，它通过潜移默化地影响和改变员工原来以个人角度为主的思想意识、价值观念，树立以团队、组织为中心的共同价值体系从而自觉地约束自己的行为，使个人与集体有机连为一体，产生合力的效果。

2．组织管理与沟通的方式

建立良好的员工关系，要从了解员工的需求出发。1924 年间的“霍桑试验”证明人并不是简单的“经济人”而是趋于情感复杂的“社会人”。生活于复杂社会关系之中的员工需要的不仅仅是物质、金钱、福利，更需要来自社会、组织、家庭对其自身能力的认可。他们可以疯狂工作，但更喜欢享受生活，分享友情，体味爱情、婚姻，崇尚自由地发挥自己的创造力和创新精神。组织想要凝聚这些人才，必须充分地尊重员工个体精神层面的需求，给员工展现自己风采，体现个人价值的机会与空间，并将员工个人价值实现与组织目标的实现进行引导和有机整合。

3．冲突

冲突是由于工作群体或个人，试图满足自身需要而使另一群体或个人受到挫折时的社会心理现象。冲突是产生负向的员工关系的直接起因，企业是否公平地对待所有员工是影响员工关系的关键因素。企业内冲突表现为由于双方的观点、需要、欲望、利益和要求的不相容而引起的激烈争斗。企业内部的冲突既可发生在个人与个人之间，也可发生在群体与群体之间。例如，上下权利层次间的冲突，同一权利层次各部门之间的冲突，职能部门和一线班组之间的冲突等。企业必须解决冲突从而避免不适当的压力对员工或绩效产生负面影响。

三、协调员工关系的有效策略

1．构建员工心理契约是良好关系建立的前提

美国心理学家施恩在 1992 年出版的《职业的有效管理》一书中，提出了“心理契约”的概念。他认为，“在组织中，每个成员和不同的管理者以及其他人之间，在任何时候都存在的、没有明文规定的一整套期望。”“心理契约”可以描述为这样一种状态：企业的成长与员工的发展的满足条件虽然没有通过一纸契约载明，而且因为是动态变动的也不可能加以载明，但企业与员工却依然能找到决策的各自“焦点”，如同一纸契约加以规范。

企业在构建心理契约时，要以自身的人力资源和个人需求结构为基础，用一定的激励方法和管理手段来满足、对应和引导员工的心理需求，促动员工以相应的工作行为作为回报，并根据员工的反应在激励上作出适当的调整。员工则依据个人期望和企业的愿景，调整自己的心理需求，确定自己对企业的关系定位，结合企业发展目标和自身特点设定自己的职业生涯规划，并因此决定自己的工作绩效和达成与企业的共识：个人成长必须依附企业平台，离开企业这个平台来谈员工个人目标的实现只能是一句空话。这就是现代人力资源管理的心理契约循环过程，也是企业员工关系管理的核心部分。

2．增强企业凝聚力，完善企业文化修炼

当管理和激励不能完全奏效的时候，企业文化的凝聚力就会凸显出来。有些组织的文化有明显的特征，甚至其核心价值会写成书面材料如员工手册、企业制度用于教育新员工，例如美国通用电气公司、日本松下公司等。而有些组织文化特征尽管不易看到，但当我们身处其中的时候，会感受到企业文化感染我们的力量。组织文化的强弱，是企业实实在在存在的不同形态特质构成的符合体系，是组织多年来处理问题的成功经验的积累和沉淀，凝聚了组织的精髓。

一般而言，在一个企业所处的行业发展较为成熟的情况下，伴随着企业的成长，组织文化对管理成本有着越来越显著的影响，能够稳定员工队伍，激励成员工作积极性。

香格里拉的凝聚力

香格里拉酒店被誉为华人的企业典范，据说香格里拉的一名客户服务员可以到任何一家酒店担任客户部经理，它的一名酒吧服务生可以担任任何一家酒店的大堂经理。

曾经有一家酒店以高薪聘请了几位香格里拉的高级管理人员，希望他们能运用香格里拉的经验提高酒店的管理和服务水平。但几年过去后，酒店的经营并没有多大起色。同样的人为什么不能发挥同样的作用呢？因为，香格里拉的经营管理长期锤炼已经磨合成了一个统一的整体，已经形成了强大的凝聚力。

这种经过长时期磨合而形成的凝聚力不是任何个人所能带走的。离开香格里拉的人能带走的只是一些制度、方法等程序化的东西，但他们却永远带不走香格里拉的文化氛围，而一旦离开了这种具有凝聚力的文化氛围，这些制度、方法等程式化的东西也就失去了整合的作用。不仅如此，这种凝聚功能还表现在人才的网罗和聚集上。全球第一大人力资源公司惠悦公司总裁、总执行长约翰·海勒说，越来越多的跨国企业将发展重心移向中国，并迅速实现企业人才本地化，这一过程中，“最重要的不是金钱，而是企业文化”。如果单纯以金钱报酬为标准，只会造成员工没有归属感，为追求高额报酬频繁跳槽，企业不敢投资对员工进行教育培训，长此以往，形成恶性循环，造成人才频频流失；并且员工为了追求高工资而相互明争暗斗，导致员工之间不和谐，这对人才成长和企业发展都会造成消极影响。因此，拥有一个适宜于员工成长的企业文化以及相对灵活的工作环境，使员工有强烈的归属感，不仅给员工提供现有工作领域的培训，而且给员工发展的机会，这样的企业才有可能在现代竞争激烈的环境中生存发展下去。

——资料来源：青岛人才网《案例解析企业文化的七大功能》

由案例可见，内聚功能是企业文化的一项重要功能，它从精神层面去引导员工的价值判断影响员工具体的工作行为，使之与组织目标最终达成一致，发挥了企业文化凝聚力的深厚功力。这种拥有优秀企业文化的组织，向社会展示了自己的经营哲学和文化积淀，塑造了良好的企业整体形象。

3．建立自由沟通的平台，营造和睦友好的气氛

一般来讲，成员沟通交往机会多、信息沟通状况好的企业员工关系较好。对于一个一线城市的一般上班族而言，一天 24 小时的时间分配大致为：8 小时用于工作，3～4 小时交通往返，1～2 小时用于职业充电，1～2 小时用于一日三餐，6～7 小时用于睡眠，1～4 小时用于娱乐休闲。从以上数据可以看出，上班族用于工作的时间是最长而且最为集中的。组织若将工作的环境营造出温馨的家庭式氛围，而广大的员工都把自己看作组织大家庭里的一分子，事事以组织利益为中心，时时将组织的兴衰荣辱与自身的命运结合起来，那么必然能创造出良好的内部公关氛围。

充满人情味的工作环境

西安杨森的管理实践充满了浓厚的人情气息。每当逢年过节，总裁即使在外出差、休假，也不会忘记邮寄贺卡，捎给员工一份祝福。在员工过生日的时候，总会得到公司领导的问候，这不是形式上的、统一完成的贺卡，而是充满领导个人和公司对员工关爱的贺卡。员工生病休息，部门负责人甚至总裁都会亲自前去看望，或写信问候。员工结婚或生小孩，公司都会把这视为自己家庭的喜事而给予热烈祝贺，公司还曾举办过集体婚礼。公司的有些活动，还邀请员工家属参加，一起分享大家庭的快乐。西安杨森办的内部刊物，名字就叫《我们的家》，以此作为沟通信息、联络感情、相互关怀的桥梁。

根据中国员工福利思想浓厚的状况，公司一方面教育员工要摒弃福利思想，另一方面又充分考虑到中国社会保障体系的不完善，尽可能地为员工解决实际问题。经过公司的中外方高层领导之间几年的磨合，终于达成共识：职工个人待业、就业、退休保险、人身保险由公司承担，有部门专门负责；员工的医疗费用可以全部报销。在住房上，他们借鉴新加坡的做法，并结合中国房改政策，员工每月按工资支出 25%，公司相应支出 35%，建立职工购房基金。这已超过了一般国有企业的公积金比例。如果基金不够，在所购房屋被抵押的情况下，公司负责担保帮助员工贷款。这样，在西安杨森工作 4～6 年的员工基本上可以购买住房了。

——资料来源：代凯军《管理案例博士评点》中华工商联合出版社

4．妥善处理组织中出现的各类冲突事件

冲突是产生负向的员工关系的直接起因。究其根源主要来自以下四个方面：人际关系因素、组织设计缺陷、管理方法不当、信息沟通问题。解决冲突的基本策略有五种：回避策略、竞争策略、妥协策略、迁就策略、合作策略。具体运用起来，需要实际考虑事情的重要性和紧急程度，采取相应的策略实施。宏观上采用理性原则。

贾厂长的难题

贾炳灿同志在20世纪80年代中期是上海机电局知名的管理干部，是要对职工进行“感情投资”的倡导者。他认为作为一名党员干部，国家是授给你管理权力，但切忌滥用权柄，尤其是惩戒权。虽然必要的纪律是不可取消的，但惩戒的目的在教育。他认为必须信任群众；相信他们的自觉性，这应是管理行为的出发点。

他调到上海液压件三厂任厂长后，有一个月底，人事科汇报说，该月发现有两名男工请了病假，都是回家送彩电去修理。人事科请示说，这是欺骗组织的行为，要不要按厂规给他们算旷工，并给予警告处分。

贾厂长听后没马上表态。他发现这两人都是中年骨干技工，其中一人还是党员班长。他俩都已有二十来年工龄，平时一贯表现是不错的……贾厂长向人事科要来他俩的档案和考勤记录；反复翻阅、捉摸后，发现这两件事都发生在两周开始的周一或周二，再就是，两人都有年老体衰的退休老工人父母。贾厂长说：“待我好好想想再作决定吧。”

组织纪律不能说不重要，但对案例中发生的事，不是很紧迫解决的事，况且在没有把情况完全搞清楚的前提下，如果匆促地作出决定，可能有失偏颇。所以建议采用合作的策略解决。一方面，对人事科王科长坚持原则的做法表示肯定，同时要提醒他：对老员工，特别是业务骨干要注意多一些关心和爱护；另一方面，建议当事人认真反省，主动向人事科说明情况。这样既有利于维护管理制度的严肃性，又有利于保护骨干的积极性，体现了管理的灵活性。

任务二　协调股东关系

学习目标

知识目标：把握股东关系的含义；认识股东关系中的分类；掌握公关人员与股东通常采取的沟通方式。

能力目标：能够运用所学知识识别具体的股东关系类型，并把握其特征；能够根据具体情况选择采取不同的沟通方法与技巧与股东进行关系沟通。

任务导入

菲利普斯石油公司的教训

从20世纪80年代以来，合并狂潮横扫商界，袭击者通过恶意收购使许多美国公司巨头臣服。“绿色邮件”（当一家公司的大部分股份被一家不友善的公司持有时，目标公司主动与袭击者谈判，同意以高于市场的价格作为溢价，将袭击者手中的股票买回，以此种高于市场价格的溢价称为绿色邮件。）和“金色降落伞”（反兼并的策略之一，指公司的最高管理层在被聘用或续约时与公司签下合约，合约规定：假如公司被兼并而使该高级经理失业，控制公司的兼并者将支付该经理一笔庞大的金额作为遣散费用。）成为商业新闻的日常内容。

将菲利普斯石油公司列为袭击目标的不是一个袭击者，而是两个——德克萨斯石油巨头波恩·皮肯斯公司和纽约金融巨头卡尔·艾萨公司，而菲利普斯石油公司幸存了下来，得以讲述整个事件。

菲利普斯石油公司副总裁 C.M.克特莱尔认识到这个教训，即公司绝不可以失去与投资者的联系。“个体股东通常都是忠于公司的，其投票也有利于管理层”，但他们在收购战中容易恐慌，”克特莱尔解释说，“法律诉讼、毒药丸、债务证券等围绕着恶意袭击，谁能指责个人股东将股票兑现的行为呢？”在恶意收购之前，个人股东拥有菲利普斯石油公司一半的股份，而之后，他们只占有了公司 20%的股份。

在收购战役结束之后，公司着手重建投资者关系项目，并将其作为公共事务部门的主要功能。公司调查了现有的和潜在的股东，以了解他们的特点和态度；股权信息渠道变得更加简洁、个性化；投资者有了更多的直接对话机会，很少再拨打那些程序复杂的语音电话。

克特莱尔认为公司最佳利益在于通过满足个人投资者的需求创造所有权的平衡。

——资料来源：奥蒂斯·巴斯金，等《公共关系：职业与实践》孔祥军，等译 4 版中国人民大学出版社

（引文有表述改动）

1. 根据案例表述，你认为组织维护股东关系的作用有哪些？
2. 假如你是公共关系从业人员，面对菲利普斯石油公司的状况你有何打算或建议？

从全球范围来看，金融投资已经不再仅局限于富人。一些收入稳定，经济负担较小，敢于投机的中产阶级也与传统的机构投资者一样开始在金融市场里追波逐浪。现今，各种媒体热衷报道经济现状、国际货币汇率及股市信息，公共关系从业人员也应该了解这些信息，以方便对应与股东之间的关系问题。对于股份制企业而言，良好的股东关系能为企业提供更多的管理支持。若企业已经上市或打算在不久的未来上市，有效的股东关系能让企业的股票价格越来越高，让企业能够更轻易地吸引新的资金。

一、股东关系的定义及类别

根据《公司法》的规定，有限责任公司成立后，应当向股东签发出资证明书，并置备股东名册，记载股东的姓名或者名称及住所、股东的出资额、出资证明书编号等事项。由此可见，有限责任公司的股东应为向公司出资，并且其名字登记在公司股东名册者。从 20 世纪 30 年代初以来，在企业公共关系领域中不断发展的一个崭新的方面。目前，股东关系是组织内部公共关系的重要组成部分，股东关系的亲疏在很大程度上会制约组织经营运作的走势。因此，协调股东关系是现代企业公关的重要工作内容。

1. 股东关系的定义

股东关系又称“投资者关系”（Investor Relations），一般是指组织与组织股份持有者之间的关系。随着科技的进步及媒体行业的发展，财经分析专家及财经媒体也属于股东关系

的受众，企业公关从业人员在协调股东关系时亦不能忽略他们的重要影响作用。

在西方国家的组织公共关系理论中，对股东关系的理解非常宽松。把股东关系称作“财经公共关系”或“金融公共关系”。认为企业通过提供企业信息与投资群体建立良好的关系，而这种关系能够创造并维持投资者的信心，从而提高自身吸引资源的能力。任何情形下，只有当股东对公司的经营管理充满信心，公司才能吸引更多的资金，谋求长远的发展优势。反之，股东群体亦能称为覆舟之水，淹没企业树立的形象与口碑。

蓝田股份曾经是中国证券市场上一只老牌的绩优股，1996 年发行上市以后，在财务数字上一直保持着神奇的增长速度：总资产规模从上市前的 2.66 亿元发展到 2000 年年末的 28.38 亿元，增长了 10 倍，历年年报的业绩都在每股 0.60 元以上，最高达到 1.15 元，即使遭遇了 1998 年特大洪灾以后，每股收益也达到了不可思议的 0.81 元，创造了中国农业企业罕见的“蓝田神话”，被称作“中国农业第一股”，“中国农业产业化旗帜”。那么，蓝田是如何创造这一“奇迹”的呢？据他们自己说，靠的是生态农业，可是农业能有如此高的资金回报吗？蓝田奇迹引起了中央财经大学研究员刘姝威的怀疑。刘姝威从 2001 年 10 月 9 日开始对蓝田的财务报告进行分析，她在研究中发现，蓝田股份的流动比率小于 1，也就是说，它在一年内难以偿还流动债务，而蓝田的净营运资金是-1.27 亿元，这意味着它在一年中有 1.27 亿元的短期债务无法偿还。她最后的判断就是，蓝田已经失去了创造现金流量的能力了，它是一个空壳。所谓的蓝田奇迹，是靠制造虚假报表欺骗股东和银行实现的。2001 年 10 月 26 日，《金融内参》刊登了刘姝威的 600 字短文，此后不久，国家有关银行相继停止对蓝田股份发放新的贷款。蓝田集团不但不思改悔，反而向地方法院提起诉讼，说刘姝威的研究论文败坏其名誉，断了其生路。同时，蓝田公司还向刘姝威发出恐吓信，说 2002 年 1 月 23 日就是她的死期。刘姝威只得求助于社会舆论，她向 100 多家媒体发出信件，说明事实的真相，立即在全国引起了轩然大波，致使蓝田股份公司的股票一落千丈，变成了垃圾股。

2002 年 1 月 12 日，因涉嫌提供虚假财务信息，蓝田公司董事长瞿兆玉的继任者、董事长保田等 10 名公司管理人员被拘传。而此前改任中国蓝田总公司总裁的瞿兆玉也接受了有关部门的调查。2002 年 1 月 21 日、22 日以及 23 日上午，生态农业被强制停牌，当天下午全线跌停。

——资料来源：刘姝威《上市公司虚假会计报表识别技术》经济科学出版社

资金对于组织而言，就像是干细胞对于原始造血细胞一样。人失去干细胞，将会危及生命安全；组织资金链一旦断裂，将会快速走向灭亡。

一般而言，组织处理股东关系的目的是为了维持股东对组织运营的信心，将股东的利益与组织的利益维系在一起，鼓励股东主动积极地了解组织，关心组织的经营状况及发展趋势，争取更密切的合作，维护双方的合法权益。在西方的组织公关理论中，对股东关系的理解是比较宽泛的，为了更好地处理股东关系，我们需要了解股东关系中所包括的四类公众。

2. 股东关系的公众

股东关系中包含的公众大致可以归为四类：董事会、个人股东、证券分析师、财经媒体。

（1）董事会。董事会的成员一般是占有企业股份较多者，或者社会名人，他们由股东们选举出来，代表股东管理企业。

（2）个人股东。个人股东持有可转让和买卖的股票，他们分散在社会各个阶层，不直接参与企业的经营管理，但企业的盈利状况会影响到他们的利益分成，所以会比较关注企业盈利的状况。也有些个人股东本身就是在企业里工作，那么这一群人与企业的利益关系就更为稳固些。

（3）证券分析师。证券分析师包括投资顾问、基金管理人、理财师、经纪人、并购专家——这些都是投资业的专家。他们的基本工作是搜集关于不同公司的信息；为销售、利润、一定范围内的企业运作和财务结果作出预测；为证券市场会如何评价这些因素作出判断。他们通过搜集高质量和大数量的公司信息，用他们找到的统计数据和其他公司的书籍比较资本机会与风险，然后为客户提供咨询意见。

（4）财经媒体。希尔&诺顿的 CEO 斯坦·萨尔哈夫特认为：财经媒体是为公司的财经传播项目提供基础和背景，可以发展其可信度并可增强令人印象深刻的第三方支持。财经媒体传播策略是开放的、规律的、反应积极的，不容推脱，既包括传播好消息也包括传播坏消息。可信度是财经媒体强势的关键。

二、协调股东关系的方法

组织与股东之间的关系不仅是投资—利润分成的关系。股东关注组织的发展，期望长久地成为组织盈利的获益者；组织接收股东提供的资金，积极引导股东参与组织事务；组织听取股东意见，产生良性互动等。这些都需要双方积极地进行信息的交流与互动。

1. 提高股东的主人翁意识，让股东成为组织的宣传帮手

作为组织资金的提供者和利益分成者，股东与组织之间有着共同关注的事务与问题。股东投入资金，有的时候更是表现出他们对某项事业的支持和信任。主动制造机会让股东们参与企业的活动；为他们参与组织管理的过程中协调其他有关方面的关系；充分尊重股东，根据股东关系的问题定期或不定期地与股东们召开会议，汇报组织营运状况；营造并保持投资者的信心，以期能够促使股东产生更多的投资兴趣。

股东从某种层面上讲，是企业最重要的也是最忠实的顾客，与企业风雨同舟，同甘共苦。企业股东公众结构多样，分布广泛，可通过自己的社交活动及影响力，为企业造就一个广阔的潜在市场。当然，组织需要打入这个潜在市场，就先要让股东们能够足够地了解和信任组织，优先体验产品性能，提供使用意见。这样股东们才有可能成为组织形象塑造的帮手。

同步思考：

美国通用食品公司，每逢圣诞节便准备一套本公司的罐头样品，分送给每一位股东，股东们对此感到十分骄傲，产生了强烈的认同感。他们不仅全力向外人夸耀和推荐本公司的产品，而且在每年圣诞节前准备好一份详细的名单寄给公司，由公司按名单将罐头作为圣诞节礼物寄给他们的亲友。因此，每到圣诞节前，通用食品公司都要额外地销售一大批

商品。股东们固然收到折扣优待，公司方面也赚了一大笔钱。

1. 通用食品公司在股东关系上采取了哪些措施？

2. 通用食品公司为什么要重视股东关系？

2. 了解股东的需求，维护企业与股东的合法权益

组织在进行协调股东关系时，需要去了解股东的真正需求，而维护企业与股东的合法权益进程中，制度设计是权益得以保障的基础。必须严格控制在平衡股东利益关系，保护股东投资热情的限度。从公共关系的角度来看，维护组织股东的合法权益也是维护组织自身健康、稳定发展的目标之一，也是企业职业经理人的职责与工作。例如，美国通用汽车公司的股东超过 140 万人，公司设法争取股东的支持，就是让股东均能收到董事长的欢迎信，信中列举了公司主要产品，并请多多关照。红利一定会按时发放给股东们，在给股东红利中也会附上这样一封信，内容写道：“‘通用’是您的公司，邀请股东们在公司的试验场试验新车。”结果，有超过 20%的股东参加试验新车的活动，而且向自己的亲朋好友介绍这间公司及其产品，无形中使公司多了一批忠心耿耿的推销员。可见良好的股东关系不仅关系到公司的资金稳定，而且还可能带来意想不到的巨大收益。

三、采用各种信息交流手段保持有效沟通

组织与股东的有效沟通表现在各种信息的及时交换与互动上。股东们需要从组织那里获取有关企业的经营方针的制订与变动、企业重大经营决策的制订与实施、企业人事问题的重大调整、企业资金流动情况、股利的分配政策等财务、人事数据；组织需要从股东们的态度上判断股东对公司营运的满意程度、是否有意愿追加投资、反馈社会对企业的评价等以作为下一阶段组织内部公关活动的依据。

1. 企业年终报告

企业年终报告是组织向股东汇报一年来经营情况最重要的沟通手段。报告内容包括企业财务、生产、销售、人事、行政、工会、劳资关系等数据。许多股东就凭着一份年终报告来判断组织的营运状况。所以，年度报告应该要把公司的预期收入和来年的发展前景表述清楚，需要回答下列问题：①企业的核心竞争力在哪里？②企业的强项有哪些？③企业的弱势是什么？④分析造成目前这种状况的原因。⑤企业与股东们能为未来做些什么？

2. 年度会议

年度会议每年召开一次，通常是在每一会计年度终结的 6 个月内召开。内容包括：选举董事，变更公司章程、公布股息，讨论是否追加投资或撤资，审查企业提交的年终报告等。年度会议是一种法定的例行公事，企业实际的拥有者对公司管理层的业绩进行考察并投票。为什么说是一种“例行公事”？这是因为实际上议题都已经提前被管理者们做好了，很少能真正拿出来让股东们进行讨论和投票。所以，西方对于年度会议的看法差异很大。一种观点认为“年度会议是企业民主的特点，是自由企业制度的表现”，另一种观点认为“年度会议的功能是毫无意义的企业活动”。不论争议如何，许多企业还是将年度会议作为公司的一项制度，并制作了关于如何召开年度会议的工作手册。

3．临时股东会议

由于时间紧迫问题，有一些涉及公司及股东利益的重大事项无法等到股东年度会议上讨论而临时召集的股东会议。

4．信函

一些公司，从股东们开始购买该公司第一支股票开始，就定期发出信函及时与他们建立通信联系。例如，美国通用汽车公司就经常采用这种方式争取股东的支持。

5．定期发放调查表

公司需要了解股东及外部公众对企业的信息反馈，以此来作为一个窗口，了解股东的想法。例如，蓝鸟公司生产涂银大灯泡供大公司使用，这种产品不可能直接向股东销售，他们便印刷了调查表寄给股东，请他们协助产品调查并发展销售关系，结果 23%的股东寄回问卷，并附上不少有关产品意见；还有 140 位股东表示愿意利用自己的影响力争取让一些用户使用蓝鸟公司的产品，甚至将自己所在地的情形调查清楚，向公司报告。

课后训练

一、案例分析

菲利普斯的成功之道

菲利普斯的成功，正在于它以一整套组织机制和操作方法，将“爱”与“怕”植入员工的内心，使公司成为一个以稳固的价值和利益的共同体为标志的“公司宗教”——这就是菲利普斯之道。

廖颖的计算机里仍然保存着她刚刚进入菲利普斯时的收到的那封欢迎信。

4 个月前，廖颖从广告公司辞职来到了菲利普斯（中国）有限公司。两天之后，在自己的邮箱里，廖颖收到了公司人事部发来的欢迎信，廖颖读完终于长舒了一口气。

信中祝贺廖颖成为菲利普斯的员工，并且提供了如何转档案、公司医疗保险的相关政策、医疗费用的报销、薪酬等。“对于我们新加入公司的员工，通常是不好意思去询问薪酬、报销、转档案之类的事情，因为这样容易让人感觉在向公司提要求，而这些却又是我们最关心的问题。公司好像知道我心里在想些什么，把这些都告诉了我。”

廖颖在菲利普斯（中国）有限公司的职位是公共关系协调助理，她的上司薛东明已经在菲利普斯（中国）工作了近 10 个年头，而菲利普斯（中国）人事及公关经理史瑞德已经在菲利普斯工作了 24 年，“除非有国外学习和工作的机会，菲利普斯的员工都会在公司工作很长时间”，与薛东明一样，在菲利普斯（中国）工作了 10 年的员工并不在少数。培养员工对公司的信任感，从而留住员工，显然是人力资源管理的最高境界。菲利普斯做到了这一点。

在人力资源管理中，薪水是个重要且敏感的话题。菲利普斯（中国）公关及人事经理史瑞德显然并不愿意正面回答这个问题。“在美国，各大石油公司对于员工的薪水是相互保密的，在中国，我们的做法是以薪资机构调查显示的最具竞争力的职位工资水平为依据，并在此基础上调，以帮助我们留住人才”。

作为新中国成立后第一个在中国发现石油的国外公司，早在 1982 年，全球第六大能源公司和第五大炼油公司菲利普斯就在广州设立了办事处。1994 年，菲利普斯投入启动资金 6.5 亿美元，与中海油合作开采中国西江大型海上油田，其日产量曾经达到 14.7 万桶，目前日产量仍然维持在 8 万桶；5 年之后，双方合作发现了迄今为止中国最大的海上油田——蓬莱 19-3 海上油田。

菲利普斯目前在中国的员工约 400 人。菲利普斯的前景和优厚的薪酬当然令员工感到自豪和满足。但记者注意到，自由挥洒的工作气氛和家庭般的温暖，是菲利普斯拥有极高的员工忠诚度的主要原因。正如廖颖所说的："除了努力工作，我们没有理由做任何伤害公司的事情，那将是对自己的不负责任"。

菲利普斯大家庭

在菲利普斯，公司员工家庭之间的聚会每个星期都有，事实上，"大家庭"早已成为整个菲利普斯公司的文化。全球 39 个国家，36 000 名员工通过菲利普斯内部的网络联系在一起，各个国家分公司的情况，全球员工的信息，都会通过菲利普斯的内部电视台、报纸采集后，在内部网络上进行发布。

2001 年，菲利普斯（中国）的一位女员工怀孕后回家待产，在离开公司的前一天，公司为她举行了例行的 PARTY，让这位女员工意外的是，除了中国员工精心准备的礼物外，连菲利普斯美国总部也发来了特快专递预祝小宝宝的诞生。

员工考核历来是公司信任的"试金石"。菲利普斯引入了 EXL 评价体系，分为"是否具备竞争力"、"对公司业务计划的贡献"、"追求卓越的能力"三个部分。考核方式为"360 度考核"，任何一个员工上级、下级、同级，甚至与之合作的外公司都会对员工进行考核。

在菲利普斯大家庭气氛的感染下，菲利普斯的考核由上下级面对面来完成，上级要"当面"给下级打分，并"当面"指出员工的不足；而在提拔员工时，菲利普斯成立了"员工发展委员会"，负责为员会提供机会，如果员工的表现比较突出，"员工发展委员会"将建议将这个员工提拔到一个新的高度。

自由地工作

无论是早上 7 点，还是晚上 9 点，位于北京东三环盛世大厦 11、12 层的菲利普斯（中国）公司，每天都会有员工在工作——他们是自觉留下加班的。"我们的员工有积极工作的态度，自己会寻找压力将工作做到完美"，史瑞德说道。

事实上，员工自觉加班并不新鲜，不一样的事实在于，在菲利普斯，员工们谈论更多的是，自觉加班的动力并不是来自高强度的工作本身，而是来自于员工在充分信任之下，自主安排工作的责任感。

与许多跨国公司不同，菲利普斯（中国）公司实行弹性工作制，公司的员工可以自己选择早上 8 点至 9 点的任何时间来到公司，工作时间依此顺延 8 个小时，与此同时，上、下班则完全不用打卡。

在工作量安排上，菲利普斯强调员工自觉地完成工作，而并不提倡在主管的监视和命令下工作。薛东明是廖颖的主管，通常薛都会通过公司的内部网络给廖发邮件安排工作，"他只是告诉我两件事，一是工作的内容，二是如果需要帮助，可以向他询问，"廖颖说。

工作的压力更多地是来自于不够优秀和失业的压力，在菲利普斯，这种压力所带来的负面影响被尽量地缩小。面对不合格的员工，菲利普斯尽量地给予他改进的机会，提供给他更多的培训，希望他能够尽量留下来”，史瑞德说，在他看来，对于每个员工，菲利普斯都要花钱、花精力去培养，实在不能轻易地放弃，“放弃就意味着培训的失败”。

一切似乎都显得不可思议，菲利普斯对于员工甚至有点“宽容过度”了，但是，菲利普斯在“公司效率”和“享受工作”中找到了平衡，员工的工作潜能和对公司的责任感被充分地调动了起来。

在菲利普斯，为了保证人员和生产的安全，每个员工都有权力随时停止生产。2001 年 4 月，在菲利普斯与中海油合作的西江 302 钻井平台上，司钻郭志武发现第二层甲板发电机房出现明火，郭志武立即切断电源，生产因此停止了 2 个小时，公司的收入损失了 30 万美金，而郭志武却得到了提拔。

员工利益

1998 年冬天，菲利普斯西江作业平台，作为承包商的深圳赤湾海洋石油设备修造公司的电焊工徐某，在下油管时不慎砸断了右手指，消息传到菲利普斯（中国）公司，公司领导立即决定用 6 000 美元租用直升机将徐某送往医院，为徐某的手指再植赢得了时间，手指保住了。

在菲利普斯，员工是公司最大的财富，员工的利益至高无上。在菲利普斯，每个员工都有权拒绝危害自己或他人的工作，如果上班时，员工遇到危险，员工可以拒绝上班；如果加班到晚上 7 点以后，员工必须打车回家，否则将被视为危险的举动。

“我们关注的是你的生命和他人的生命，菲利普斯要做中国最安全的公司”，菲利普斯西江作业区总经理邓智云说。在菲利普斯，随处可以看到对员工生命及安全的重视。公司显著的地方，办公室的重点区域，都有《办公室的安全与健康》，主要内容是防滑倒，防摔倒，防倒退、防绊倒、防物体打击、防撞翻、防夹住、防碰撞、预防计算机眼病等。

不仅是健康和安全，菲利普斯的员工对于职业的规划与发展都有更高的要求。在菲利普斯，员工的培训是作为业绩考核的一部分内容，“我们提出的口号是要做雇员首选的雇主，培训就要扎扎实实地去做”，西江作业区总经理邓智云说。

按照菲利普斯的公司规定，每个员工每年工作时间的 2%～4%都要用来接受培训，也就是说，每个员工一年至少要接受两个星期的培训；而在西江作业平台，菲利普斯几年来花在培训上的费用是 700 万美金。

在菲利普斯的北京总部、天津塘沽、深圳蛇口、湛江，菲利普斯（中国）建立了四个培训基地，每个公司主管都必须根据员工自身的职业发展需要来安排培训，而员工也可以根据自己职业生涯的设计主动提出培训申请。

制度护航

菲利普斯对员工的管理中，充分体现了把员工当作资源而不是成本的管理思想和管理方法。最大限度地开发出员工的责任感、忠诚度和工作潜能，是“菲利普斯之道”的中心理念。“菲利普斯之道”并未偏离“在商言商”范畴。员工享有的种种优厚待遇和自由度不是目的而是手段，如何开发潜能和主动性，从而提高工作绩效，才是真正的目的。

人力资源管理的精髓存在于制度和措施的“张弛度”之中。我们不能简单地把菲利普斯之道归结为“出手大方”。人力资源管理是一门看似轻松实则艰难的艺术。甚至可以说，人力资源管理其实是在严格约束与高度解放之间走钢丝的艺术。约束与解放是两个不可或缺的因素，缺少任何一方，或者在平衡、协调二者关系时差之毫厘，都有可能失之千里。

在菲利普斯，虽然上班不用打卡，但是借助公司内部网络，公司可以清楚地知道员工工作时间和工作进展的准确信息。“员工是否出成绩，你完全可以感觉到，而不用总是盯着他”，史瑞德说。

赢取员工的信任，给予员工更多的自由时间，菲利普斯实际上制定了严格的工作流程和制度约束。新年伊始，菲利普斯的每位员工都会收到一封由公司总裁亲笔签名的书信《我们的承诺》，信中规定有关菲利普斯的职业行为准则及道德规范，每位员工都要仔细阅读并签名，确认后交回公司存入员工档案。

在《与承包商打交道》一则中，明确规定承包商的礼品，超过 20 美元就坚决不能收，遇到类似情况必须要请示；在《报销》一则中，明确规定不能越权审批，在紧急情况下，可以同等级别进行审批。

面对“白领腐败”，菲利普斯的宽松环境能否经得住考验？不妨来看看菲利普斯的采购制度。与其他日用品公司不同，菲利普斯的采购只有“进”的权利，而很少有“出”的权利。菲利普斯的采购全部采用国际化的招标，如果没有采用招标，必须有充分的理由并接受调查，采购权限严格按照公司规定执行，达到相应的数目报公司审批并经母公司批准。

菲利普斯的整个采购过程都是通过公司内部的 ERP 来实施，并与全球联网，时刻接受审核；与此同时，公司采购的每一笔业务留档，每年接受三次审计，“严谨的管理程序杜绝了采购环节中出现的漏洞”，西江作业公司采购部经理陈先生说。

无论是制度规定、还是工作流程设计，甚至办公室的安排，菲利普斯都力求严格。比如，在菲利普斯，员工的工作环境基本上是相互独立的办公间，而在财务和采购部门，则全部是开放的工作平台，菲利普斯对此的解释是，这种工作布局有利于员工之间的相互监督。

托马斯•盖德认为，成功的公司的标志之一，就是建立一种“公司宗教”，即一种在公司内部形成的价值、愿景和利益的共同体。不难看出，菲利普斯也有自己的“公司宗教”。众所周知，任何宗教有两大因素——律法和恩典，也就是“威”与“恩”，“怕”与“爱”。菲利普斯的成功，正在于它以一整套组织机制和操作方法，将“爱”与“怕”植入员工的内心，使公司成为一个稳固的价值和利益的共同体——这就是菲利普斯之道。

案例思考：

1. 从公共关系角度来看，菲利普斯的内部员工沟通主要表现在哪些方面？
2. 通过学习案例，菲利普斯的成功对中国企业的内部公关处理产生哪些启示？

二、实训题

请以小组为单位以学生所在学校为对象，进行调查，从在校教师的工作强度、校方对教师的激励状况等方面进行调研比较分析。分析激励计划有无起到预期设想，分析原因，并完成一篇题目为：《×××教职工激励状况分析报告》的调研报告。

模块八　公共关系策划训练

任务一　公关调查
任务二　制订方案
任务三　方案实施
任务四　效果评估

公共关系是现代社会组织系统中有计划的活动和职能，所以组织公关活动不是一个孤立的行为。组织在建立与维持公众良好关系的行为中不仅仅是做到信息的传递，而是需要两者之间相互理解和信任，这就需要公关从业人员经过精心的公共关系调研、策划、实施以及评估等四个工作环节来完成。这个工作程序通常被称为“公共关系四步工作法”。从公关工作的全局来看，虽然这四个环节是独立运作的，但又前后环节联系密切，不可分割，以此构成一个完整的公关活动系统。

任务一　公关调查

学习目标

知识目标： 了解公关调查的必要性；掌握公关调查的方法与技术；掌握公关调查的具体实施步骤及各环节中需注意的事项；能够撰写公共关系调查报告。

能力目标： 能够运用所学知识制订公关调查的计划方案；并能够根据组织及事件的具体情况选择合适的调查方法收集分析正式的调查数据，衡量公众舆论。

任务导入

长城饭店的“全方位”调查

一提到长城饭店的公关工作，人们立刻会想到那举世闻名的里根总统的答谢宴会、北京市副市长证婚的95对新人集体婚礼、颐和园的中秋赏月和十三陵的野外烧烤等一系列使长城饭店声名鹊起的专题公关活动。长城饭店的大量公关工作，尤其是围绕为客人服务的日常公关工作，首先源于它周密系统的调查研究。

长城饭店日常的调查研究通常由以下几个方面组成。

1．日调查

（1）问卷调查。每天将表放在客房内，表中的32项内容涉及客人对饭店的总体评价，下次来北京时再住长城饭店的可能性有多大；对十几个类别的服务质量的评价，对服务员服务态度的评价，以及是否加入喜来登俱乐部和客人的游历情况等。

（2）接待投诉。几位客服经理24小时轮班在大厅内接待客人反映情况，随时随地帮助客人解决困难、受理投诉、解答各种问题。调查表和投诉意见每天集中收回，由客房部和公关部进行统计整理，其结果当晚交给饭店总经理，使决策层及时了解情况，次日早晨在各部门经理例会上通报情况。

2．月调查

（1）顾客态度调查。每天按等距抽样向客人发送喜来登集团在全球统一使用的调查问卷。每日收回，月底集中寄到喜来登集团总部，进行全球性综合分析，并在全球范围内进行季度评比。根据量化分析对全球最好的喜来登饭店和进步最快的饭店给以奖励。

（2）市场调查。前台经理与在京各大饭店的前台经理每月交流一次游客情况，互通情报，共同分析本地区的形势。

3．半年调查

喜来登总部每半年召开一次世界范围内的全球旅游情况调研会，其所属的各饭店的销售经理从世界各地带来的信息，互相交流、研究，使每个饭店都能了解世界旅游形势，站在全球的角度商议经营方针。

这种系统的全方位调研制度，宏观上可以使饭店决策者高瞻远瞩地了解全世界旅游业的形式，进而可以了解本地区的行情，微观上可以了解本店每个岗位、每项服务乃至每个员工工作的情况，从而使他们的决策有的放矢。

综合调查表明，任何一家饭店，光有较高的知名度是远远不够的，要想保持较高的“回头率”主要靠优质服务，使客人满意。怎样才能使客人满意呢？经过调查研究和策划，喜来登集团面对竞争推出了“SGSS”（Sheraton Guest Satisfaction System）方案，中文直译为“喜来登宾客满意系统”，意译为“宾至如归方案”。提出要在3个月内对该店上至总经理，下至一般服务员进行强化培训，不准请假，合格发证上岗。在每人每年100美元培训费的基础上另设奖金，奖励先进。随着这一方案的推行，长城饭店更加闻名遐迩了。

——资料来源：张岩松等《公共关系案例精选精析》经济管理出版社

1. 根据案例表述，你认为长城饭店的竞争优势表现在哪些方面？长城饭店在公关关系调查方面有哪些值得我们学习的地方？

2. 如果对于该组织公关从业人员而言，你认为做好日常公关工作需要从哪些方面来考虑？具体内容又包括哪些？

从个人的角度来说，社会上的每一个人都不是独立生存的，与外界或多或少地有着各种各样的联系。我们出门前照照镜子，整理自己的装扮，为的是能够保持良好的形象，给别人留下一个好印象。组织亦是如此，不论是何种类型的社会组织，都希望在社会公众中树立一个充满正面能量的组织形象。具体到政府机关来讲，如果它在公众心中工作服务透明度高，公信力强，它就能赢得公众的信赖与支持；如果是一个企业，它的产品性价比高，售后服务完备有保障，便能在市场上站得稳脚跟，做得长久，形成企业的核心竞争能力。但是这些都不是我们通过想象就能得知的。我们需要信息的沟通与反馈，如何做？这就需要我们的公关从业人员有针对性地进行公关调查活动。可以说，公共关系调查是公关活动过程中非常重要的一部分。

一、公关调查的必要性

1930年，毛泽东在《反对本本主义》一文中提出了“没有调查，就没有发言权”的著名论断。他指出：“你对某个问题没有调查，就停止你对某个问题的发言权。”这形象地表达了调研对于决策活动的重要性。

同时期的西方社会学家、管理学家R・西蒙，就公关专业领域发表过这样的言辞：“不论人们如何表达公共关系活动的流程，调查研究都是举足轻重的。如果把公共关系活动流程视为一个‘车轮’，调查研究便是这个‘车轮’的‘轮轴’”。因此，我们可以这样认为，调查研究是企业开展公共关系的先导，是整个公共关系的轴心。不论人们如何设计及实施公共关系活动的流程，调查研究都是举足轻重的。

1．为组织形象定位提供指向及数据论证

公共关系目标就是帮助企业实现自身正面形象的塑造。正如上述说明，要设计、塑造良好的组织形象，我们需要对组织在社会公众心目中现有的形象进行准确的定位。依靠什么来定位？获取及时、精准、有效的组织外部相关信息，把握公众舆论。因此，我们必须了解和掌握公共关系调查的理论和方法。利用公关调查所获信息来指导后面公关活动的策划，通过具体的数据分析来评估结果，指导下一步行动。当今大部分组织都会采用调查数据来评估当前组织状况，预测未来事件发展趋势。

同步思考：

企业公关调查的价值表现在哪里？做好企业公关调查对企业来说有什么重要意义？

根据美国心理学者约瑟夫・卢夫特（Joseph Luft）和哈瑞・英汉姆（Harry Ingham）1955年在分析人际关系和传播时提出了著名的“约哈瑞窗”理论，认为人们在处理相互关系的过程中内心世界也发生着微妙关系。比如说，交往总要向对方披露一些什么，否则无法形成传播关系，而一旦披露，就又可能降低安全感。在这对悖论中，人的心理被划分为四个区域：“开放区”，自己和他人都知道的信息；“盲区”，他人了解而自己不了解的信息；“隐秘区”，自己知道而他人不知道的信息，除了隐私，还包括不愿意暴露的弱点；“未知区”，传播各方都不知晓的信息。对于人际关系而言，我们需要通过交流、磨合才能知晓“开放区”的信息有没有全面传达，更深入了解我们“盲区”、“未知区”里的信息。同样，对于企业公关而言，也需要信息的收集和数据的分析，才能清楚地定位自己在公众心里的价值，才会了解自己的优势与劣势，制订切实有效的组织公关策略。

2．向公关策划行动及决策提供必需的信息

调查工作是公关活动过程中不可缺少的一个环节，它为最初的公共关系活动及策划提供必要的有效信息，用客观事实说话，帮助管理者提供决策依据。因为只有通过调查，我们才知道公众的需求在哪里，我们怎样才能做出符合公众期望的行动，进而才能作出符合公众要求和愿望的决策，并认真执行，使公关活动达成既定的目标。

朝鲜战争能否避免

朝鲜战争前夕，美国脑库之一的美国德林公司，集中大量人力、资金试图解答一个问题："如果美国出兵朝鲜，中国的态度将会如何？"

在美国决定出兵朝鲜的前 18 天，德林公司拟将研究报告出售给美国对华政府研究室，标价 500 万美元。美国有关决策者却将它视为无稽之谈。在美军全线溃败之后，美国政府才以 280 万美元买下了这项研究成果。这项研究成果的最终结论是：中国将出兵！

美国在朝鲜战争中损失了几百亿美元以及数十万官兵的生命。如果美国政府早先买下这项研究报告，如果美国政府能够接受这项研究的结论，并充分估计到这场战争的后果，这段历史也许应该能够重写。

——资料来源：1998-2001 年的中国——第一篇 挑战与机遇：知识经济冲击中国

也许这并不能算是一个典型的公共关系活动案例，但它却真切地表明了调研对于组织的管理决策有着非同一般的重要价值。

3．帮助组织了解及测量公众舆论，提升组织公关活动的成功率

公众舆论是由公众的各种意见和态度构成的集合体。它并不是一个点值，而是一个区间值，也就是说，公众舆论一直处于不断扩大或是缩小的动态变化之中。当一个事件出现后，少数人的分散孤立的观点、态度通过媒体平台迅速扩散、串联，最终汇聚成声势浩大的公众讨伐意见时会对组织的形象以及经济效益产生巨大的负面影响，甚至会造成组织危机。而公关调查可以根据舆论各部分分解值的大小，测算出公众舆论的倾向和影响力，从而有效地把握公众舆论环境。

"有奖求教"，家具俏销

万斯家具厂的产品连续 3 年滞销，究其原因，在于与用户的实际需要和具体要求脱节。针对这一弊病，厂长巴莫开出了一张处方。

尊敬的顾客：

我厂根据变形金刚的启发，最近聘请了一批高级家具设计工程师，为你们设计了一种可变形的多功能家具。为了使这种家具既能满足您的需要，解决您住房窄小的困难，又能给您带来方便、舒适和美的享受，恳请您来信指教，我们将根据您的意见进行设计。

凡来信指教的顾客，将在报上公布名字，发一个优惠20%的购物卡，凭此卡可购买一件多功能的家具，意见被采纳的指教者，赠送一件多功能家具。

万斯家具厂厂长巴莫

××年3月1日

这封有奖求教信在报上刊登后，收到1814封指教信。巴莫严守信用，立即在报上用大号黑体字“可变形多功能家具凝聚着这些先生的智慧和心血”，排印了一个通栏标题，在这个标题下，依来信的先后顺序公布了指教者的姓名，并给每个指教者寄出一封感谢信和优惠卡。这种家具一投放市场，立即被抢购一空，一个月的销售等于过去3年的销售总量的960倍。

——资料来源：吴建勋，等《公共关系案例与分析教程》

组织通过公共关系调查，了解公关舆论，并使组织及时扩大积极的舆论，了解公众需求，这将会给组织带来更大的效益回报。

4．能够为组织后期评估公关活动的有效性保留参照信息

组织通过前期调查，了解了自我期望形象与实际社会展示形象之后，接下来就需要比对分析，寻找两者之间的问题和差距，然后缩小和弥补两者之间的差距。例如，《有线电视周刊》（TV-Cable Week）在市场发行之前，通过调查发现，受众对于介绍节目清单、播放频道及播出时间的关注度不高，如果期刊只是做这些信息并不能引起消费者的订购欲望，具体的定价及分销渠道等方面会存在较大的问题。但是公司依旧如期推出该种报纸杂志，果不其然杂志推出后，定价和分销等问题逐一暴露出来，以至于整个项目以失败告终。事后决策人员回顾了整个过程，分析比较了调研过程及结论，肯定了前期调研的重要性，也为之后的公司营运管理总结了宝贵经验。

二、公关调查的含义及其主要内容

（一）公关调查的含义

所谓公共关系调查是指通过运用定性和定量的研究方法，准确地了解公众对组织的意见、态度和反应，发现影响公众舆论的因素，并从中分析和确定社会环境状况、组织的公共关系状态及其存在的问题，为组织制订切实可行的公共关系筹划方案提供客观的依据。公关调研使组织了解其在公众心目中的形象地位，展开公关工作的条件、困难，竞争对手的情况，实现目标的可能性，为组织决策提供科学依据，增强公关活动的针对性，提高公关活动的成功率。

（二）公关调查的主要内容

1．组织基本情况调查

组织基本情况调查就是针对企业自身的形象做出正确客观的评价，这也是确立恰当的公共关系目标的基础。那么，怎样实事求是地评价企业自身的形象呢？这就必须对下列问题进行调查研究。

（1）企业的知名度和美誉度。所谓知名度是指企业被公众了解和认识的程度，而美誉度是指公司被公众信任和赞美的程度。

（2）经营管理情况。调查企业成立以来的一些重大事件及其在社会上、在舆论界的反响；企业的经营目标；企业对社会的贡献；企业市场分布、市场占有乃至市场竞争情况；企业产品、服务、价格特点；企业管理特点；企业环境条件、名称、标志性图标等。

（3）职工队伍的情况。企业职工队伍变化情况；目前职工的状况，如年龄、性别、文化程度、爱好特长等；企业主要负责人的情况等。

（4）消费者对产品（或服务）的评价。包括各类用户对本企业和其他生产同类产品的企业在交货期、技术服务、售后服务情况、信用情况等方面的评价以及对产品宣传的反应。

2. 组织公众舆论调查

企业的自我认识还只是一种自我评价，要找到“形象差距”，还必须了解公众的认识，切实掌握企业在公众心目中“是什么？怎么样？”可以说，这是更重要的一方面。公众舆论调查的主要内容有：

（1）公众知晓的量以及比例、分布情况等。

（2）知晓公众对事件信息的了解掌握程度，是正面信息还是负面信息。

（3）公众对于事件信息的意见和态度是什么，赞成或是反对以及满意与否等。

公众认知不外乎两种：①与企业自我认识接近或一致；②与企业自我认识相反。而相反的态度正是企业公共关系部门所要了解的东西，以便致力于促进相互了解、同情、支持。良好的组织公关状态就是以所了解掌握的公众需求为基础，塑造尊重公众权利，满足公众需求的组织形象。

联合航空公司的飞行调查

联合航空公司（United Airlines Omnibus）的飞行调查充分证明了掌握公众需求，引导公众舆论能够给企业带来巨大的社会、经济效益。联航的飞行调研每季度进行一次，主要是关于飞行工作人员的情况，帮助公司了解人事变动以及监控顾客对其服务的满意程度，这样可以在低成本情况下，收集大量有价值的资料。顾客对服务的反应情况，可以和以前的记录进行比较。例如，假设公司打算改变飞机上的菜单，联航调研可能就会发现，在改换菜单后不久，乘客对食物的满意度下降了。这些定期收集的资料极为重要，因为管理人员可以根据资料快速发现其他类似趋向，如顾客对机场休息室、等候时间及机舱清洁等问题的满意程度。由此，机场管理人员可以采取紧急行动，以弥补工作中的不足。

——资料来源：张灿鹏《市场调查与分析预测》清华大学出版社

3. 组织社会环境调查

组织社会环境调查是一个范围很广的概念，包括企业以外的一切事物、现象，如文化、法律、社会、自然等，是关乎企业生存、成长、衰退、退化的重要因素。调查内容主要包括：

（1）国家法律政策环境，指企业行使各项职能之前需要了解所在国各项法律法规、国家政策的制定和实施情况及其对企业可能产生的影响，掌握诸如《公司法》、《劳动法》、《合同法》、《反不正当竞争法》等商业法律知识。

（2）区域市场竞争环境，指对市场中存在的各种形式的竞争者的情况调查及分析，了解企业在竞争市场中所在的位置及自身与竞争对手相比所具有的优势、劣势以及机会和威胁所在。

（3）区域社会文化环境，社会文化的差异会造成公众对于公关活动方式的承受能力的差异以及接受信息程度的不同。而我们的文化环境由同一区域内人们成长和生活的社会逐步形成的人们的基本信仰、价值观念以及生活准则所构成。不同社会文化环境下的公众对于信息传递的方式有不同的理解和反应。

同步思考：

先搞清这些问题：

有一家宾馆新设了一个公共关系部，开办伊始，该部就配备了豪华的办公室，漂亮迷人的公关小姐，现代化的通信设备……但该部部长却发现无事可做。后来，这个部长请来了一位公共关系顾问，向他请教怎么办，于是这位顾问一连问了以下几个问题：

“本地共有多少宾馆？总铺位有多少？”

“旅游旺季时，本地的外国游客每月有多少，港澳游客有多少？国内的外地游客有多少？”

“贵宾馆的‘知名度’如何？在过去 3 年中，花在宣传上的经费共多少？”

“贵宾馆最大的竞争对手是谁？贵宾馆潜在的竞争对手将是谁？”

“去年一年中因服务不周引起房客不满的事件有多少起，服务不周的症结何在？”

对这样一些极其普通而又极为重要的问题，这位公共关系部部长竟张口结舌，无以对答。于是，那位被请来的公共关系顾问这样说道：“先搞清这些问题，然后再开始你们的公共关系工作。”

——资料来源：张岩松，等编著《公共关系案例精选精析》经济管理出版社

思考与讨论：

（1）你是如何理解公关顾问的话“先搞清这些问题，然后再开始你们的公共关系工作”的？公共关系调查对组织有何意义和作用？

（2）公关顾问提的几个问题体现了公关调查的哪些内容？

三、公关调查的程序

对任何工作，都要抱着认真和负责的态度来做，就能取得你意想不到的结果。如何做到认真和负责？在公关调研工作的起始，需要我们熟悉公关调查的工作程序，这也是我们提升工作效率的保证。公关调查与其他社会调查的程序、方法类似，主要由以下五个阶段组成：

1．公关调查的准备阶段

企业公关调查准备阶段的主要工作内容就是确定信息需要。在具体着手制订调研计划之前，需要先评估企业组织的信息需求，以此确立公关调查的任务方向。

企业展开公关调查可能是基于组织经营管理决策的需要，也可能是因为客户的信息反馈或要求。但仅凭一个笼统的要求就开始制订运作调研计划是不切实际的，公关调查人员必须对企业或是客户所提出的信息需求进行评估，包括调查背景分析、与企业或是顾客决策层讨论明确调查目的及任务方向，调查信息需满足的条件、调查费用预算以及评估调查

活动开展的必要性及可行性，明确公关调查的工作思路。

2. 公关调查计划拟定阶段

确定调查目的及任务方向后，公关调查人员开始拟定调查的计划，综合考虑费用、时间、数据的精度要求，调查的难易程度，以及调查资源条件等多方因素来拟定正式的调研计划。同时，我们还需要考虑调查的时间控制。形成一个工作时间表，来掌控公关调查的时间进度。一般而言，一个事件的发生或是一个信息需求的有效处理时间都是非常有限的，如果在调查时间上没有掌控好，会对事件的后期反应处理产生负面的影响甚至误事。特别需要注意区别“公关调查计划”与“公关活动策划”两个概念，一个目的是为了确定公关方向，另一个目的是为了有计划、策略地实施公关活动的方案。

3. 公关活动相关资料的整理分析阶段

准备工作告一段落，调查计划拟定完备后，就可以开始着手数据的实际采集工作了，公关调查工作也进入操作与实施阶段。经过培训的公关调查人员根据调查任务、目标设计调查问卷，按照计划的规定选择样本抽取方案。数据收集上来之后，开始对数据进行处理，并最终形成一个结构良好、完整的数据库。当然，数据筛选、处理及分析都不是目的，我们的目的是为了从数据中找出某种意向或是结果向决策层汇报。

4. 形成书面调查结果阶段

形成书面调查结果，也就是要我们对有了结果的数据信息进行归拢整合，撰写思路条理清晰的调查报告。调查报告是我们对前一段公共关系调查实施的阶段性认知成果的书面总结。它有自己的文本骨架形式。一般而言，一份正式的书面调查报告包括：标题、引语、目录、正文、结语、附录几个部分组成。

5. 总结评估调查过程及结果阶段

调查评估贯穿于整个公关调查过程。调查评估的内容包括调查的效率、有效性以及调查费用的效能评价。调查评估对完成部分进行信息的反馈，这也有利于下一步工作的设计和调整，使得整个调查活动变得灵活、机动，为调查目标的达成以及问题识别、数据处理等提供了基本的操作平台。

同步思考：

企业公关调查的程序中哪些环节是基础工作？做好企业公关调查最关键的环节在哪里？

四、公关调查的方法

按照数据资料的来源不同以及采集数据的方式差异，可将公关调查的方法分为两大类：文献搜索法和实地观察法。根据数据资料的性质不同，又可以将公关调查的方法分为定性调查（深度访谈法）和定量调查（问卷调查法、抽样调查法）。

（一）文献搜索法

文献搜索法又被称为“二手数据收集方法”。二手数据是指在调研人员手头上的项目之前，已经由其他人为了其他的目的而收集并记录下来的有关数据。相比较原始数据，二手数据收集方法简单，成本相对低廉，时间周期较短，所以是调研方法的首选，一般企业只有在文献搜索资料不足以解决问题时，才决定执行实地调研。

（二）实地观察法

实地观察法，也被称为实地调研法，是指调查人员亲临现场通过现场观察来获取信息的调研方法。一般而言，观察人员在自然的状态下，避免人为制造情境的情况下会比较真实，但有时在自然状态无法观察的情况下也可以亲临现场参与被观察者的活动。例如：调研销售人员的服务态度和质量，可以选择默默在一旁观测，或者让观察人员扮成购物者现场深入体验等。

（三）深度访谈法

深度访谈法又称深层访谈法，是一种无结构的、直接的、个人的访问，在访问过程中，一个掌握高级技巧的调查员深入地访谈一个被调查者，以揭示对某一问题的潜在动机、信念、态度和感情。与小组座谈会一样，深层访谈法主要也是用于获取对问题的理解和深层了解的探索性研究。不过，深层访谈法不如小组座谈会使用那么普遍。比如，为发掘目标顾客在某产品所引起的深层动机时，可采用深层访谈法；在这些过程中，研究者为消除受访者的自我防卫心理，可以采用各种方法，如文字联想法、语句完成法、角色扮演论之类的技巧来对顾客进行访问。深层访谈法适合于了解复杂、抽象的问题。这类问题往往不是三言两语可以说清楚的，只有通过自由交谈，对所关心的主题深入探讨，才能从中概括出所要了解的信息。

比较常用的深层访谈技术主要有三种：阶梯前进、隐蔽问题寻探以及象征性分析。阶梯前进是顺着一定的问题线探索。例如，从产品的特点一直到使用者的特点，使得调查员有机会了解被访者思想的脉络。隐蔽问题寻探是将重点放在个人的“痛点”而不是社会的共同价值观上，放在个人深切相关的而不是一般的生活方式上。象征性分析是通过反面比较来分析对象的含义。要想知道“是什么”，先想办法知道“不是什么”。例如，在调查某产品时，其逻辑反面是产品的不适用方面，“非产品”形象的属性，以及对立的产品类型。

调查员的作用对深层访谈的成功与否是十分重要的。调查员应当做到：①避免表现自己的优越和高高在上，要让被访者放松；②超脱并客观，但又要有风度和人情味；③以提供信息的方式问话；④不要接受简单的“是”、“不是”回答；⑤刺探被访人的内心。

同步思考：

某企业想要了解自己的员工近期工作效率降低的原因，应该选择什么样的调查方式？如何进行调查？

（四）问卷调查法

调查问卷是专门为从被调查者那里获得有关某个主题的信息而设计的一组或一系列的问题。一般来说，问卷由四个部分组成：开头部分、甄别部分、主体部分、背景部分。其中，开头部分用于识别问卷、调查者、被调查者姓名和地址等；甄别部分是先对被调查者进行过滤，筛选掉不需要的部分，然后针对特定的被调查者进行调查；主体部分是调查问卷的核心内容包括所要调查的全部问题，主要由问题和答案所组成；背景部分通常放在问卷的最后，主要是有关被调查者的一些背景资料。该部分所包含的各项问题，可使研究者根据背景资料对被调查者进行分类比较分析。

问卷调查法就是通过将制定好的问卷发放或者通过邮寄等方式递送给选定的调查对象，并要求其按规定完成问卷填写并回收至调查机构。问卷调查法被广泛运用于各种抽样调查和市场普查中。在数据收集过程中，问卷设计的质量起着核心的作用。问卷的专业与否还直接影响统计调查机构在社会公众中的形象。

1．具体问卷设计时应遵守的原则

（1）相关原则——调查问卷中除了少数几个提供背景的题目外，其余题目必须与研究主题直接相关。

（2）简洁原则——调查问卷中每个问题都应力求简洁而不繁杂、具体而不含糊，尽量使用简短的句子，每个题目只涉及一个问题。违反这一原则的例子如：“你是否赞成加强高中的学术性课程和教师的竞争上岗制度？”

（3）礼貌原则——调查问卷中尽量避免涉及个人隐私或隐私的问题，如收入来源。避免那些会给答卷人带来社会或职业压力的问题，使人感到不满。问题的措辞礼貌、诚恳，人们才能愿意合作。

（4）方便原则——调查问卷中题目应该尽量方便调查对象回答，不必浪费过多笔墨，也不要让调查对象觉得无从下手，花费很多时间思考。

（5）定量准确原则——调查问卷中如果要收集数量信息，则应注意要求调查对象答出准确的数量而不是平均数。例如，“在您的班级中六岁入学的有几人”和“在您的班级里学生平均几岁入学”，前者能够获得班级六岁入学儿童的准确数字，而后者则无法得到这样的信息。

（6）选项穷尽原则——调查问卷中题目提供的选择答案应在逻辑上是排他的，在可能性上又是穷尽的。例如，“您的最后学历是什么”的备选答案有：A、中专 B、本科 C、硕士研究生三个答案，显然没有穷尽学历类型。有的题目应提供中立或中庸的答案，例如，“不知道”、“没有明确态度”等，这样可以避免调查者在不愿意表态或因不了解情况而无法表态的情况下被迫回答。

（7）拒绝术语原则——调查问卷中避免大量使用技术性较强的、模糊的术语及行话，以便使被调查对象都能读懂题目。违反这一原则的例子，如“您认为您的孩子社会智力如何？”。

（8）适合身份原则——调查问卷中题目的语言风格与用语应该与调查对象的身份相称。因此在题目编拟之前，研究者要考察调查对象群体的情况，如果对象身份多样，则在语言上尽量大众化；如果调查对象是儿童、少年，用语要活泼、简洁、明快；如果调查对象是专家、学者，用语应该科学、准确，并可适当运用专业语言。

（9）非导向性原则——调查问卷中所提出的问题应该避免隐含某种假设或期望的结果，避免题目中体现出某种思维定式的导向。例如：“作为教师，您认为素质教育能够更好地促进学生的健康成长吗？”

（五）抽样调查法

抽样调查是一种非全面调查，它是从全部调查研究对象中，抽选一部分单位进行调查，并据以对全部调查研究对象作出估计和推断的一种调查方法。抽样调查从研究对象的总体中抽取一部分个体作为样本进行调查，据此推断有关总体的数字特征。抽样调查方法较为科学准确，抽样调查的结果通常也是令人信服的。公关调查活动要面对的公众十分广泛，这时就需要依靠一个科学的抽样方法，依据一定的科学程序、方法、步骤抽取有代表性的调查样本，从而获取近似被调查总体的相关情况。

同步思考：

不同的公共关系调查方法有何特点，请比较说明。

任务二　制订方案

学习目标

知识目标：了解公共关系策划方案的含义；理解并掌握有效公共关系策划方案制订的基本程序；掌握公关策划方案制订的方法。

能力目标：能够运用所学知识撰写公共关系策划方案；能够根据具体情况选择采取不同的策划方法与公众沟通。

任务导入

杜邦“Nomex”纸借势造势市场推广

一、案例背景

“Nomex”——一种合成的芳香族聚酰胺聚合物，是杜邦众多专利产品中的一种科技含量很高的产品。作为杜邦中国先进纤维部拳头产品之一的“Nomex”纸是应用于H级干式变压器的一种高性能的首选阻燃材料。杜邦中国先进纤维部在中国已有10余年发展历史，产品范围广泛，有非常成熟的经营理念和营销策略。

中国政府计划在今后两年内投资2 800亿元人民币用于城市电网与农村电网改造工程。中国变压器行业正处于由老式油浸式变压器转向新一代干式变压器的转型阶段。

十余年来，中国环球公共关系公司承担着其高科技产品“特富龙”进行的市场推广活动。此次杜邦中国先进纤维部再次委托中国环球公共关系公司就“Nomex”纸打入中国市场进行公关策划与实施工作。结合杜邦中国的市场经营理念，中国环球公关公司策划了“Nomex”纸的终极用户，中国电力企业的行业主管部门——中国电力企业联合会主办的“中国城市电网发展与城网改造技术研讨会”这一高性能干式变压器的推广与应用的公关活动。

二、公关活动的计划与实施

首先，通过多种渠道展开调查：利用媒介监控，分析目前“Nomex”纸的直接用户和终极用户市场状况。利用环球资深的顾问队伍，走访相关政府主管部门。利用新华社国内部的部委报道小组就国家相关行业政策、市场趋势进行访谈。对数十家综合类和专业类媒体进行问卷调查。通过互联网、新华社及其他相关政府部门的信息中心调查产品的详细情况。

然后，得出结论：目前中国变压器市场为“买方市场”，终极用户——各级电力企业对产品的影响作用远远超过“Nomex”纸的直接用户——干式变压器的生产厂家。政府正在大力推行城网、农网改造，城网改造是国家重点建设项目，高科技产品更是重中之重，政府支持是“Nomex”纸推广活动成功的关键。目前“Nomex”在国内媒介中的认知度几乎为“0”，在调查的数十家媒介中没有一家知道杜邦的这个高科技产品。“Nomex”纸是当今欧美最为先进与流行的阻燃材料，具有体积小、重量轻的优势，是干式变压器首选的阻燃材料，在日本、韩国也广泛应用于“纸火锅”等生活用品中。

同时，也发现了公关难度和现实的问题：“Nomex”纸的直接用户及终极用户基本为国有企业，计划性强，对新的高科技产品不易接触，为信息导入增加很大难度。恰逢政府机构改革，主管电力企业和变压器生产企业的部门较多，如：国家经贸委，国家计委，机械工业部，国家电力公司及其所属各大电网公司。这为选择与最终确定活动的合作方造成相当大的难度。由于媒介对“Nomex”产品的认知度低，需要向相关专业类与综合类媒体逐一介绍情况。为了扩大宣传广度与深度，最佳的新闻角度、专业的新闻切入点、适用的新闻材料是媒介工作的难点。“Nomex”纸是杜邦公司长期的科研成果，其专业性强，科技含量高。如何使用户、媒介对其技术性、权威性有充分的了解是这次推广活动的关键问题。

确立公关目标：加强与中国政府主管部门的沟通并向其传递信息——新一代的高科技产品干式变压器必将逐渐成为市场的主流产品。

目标受众是政府主管部门，输变电行业，变压器行业，其他（计委、经贸委）业内人士，电力行业，机械行业，研究人员，研究所，设计院和新闻媒体。

为达到以上目标，中国环球公关公司建议“Nomex”纸推广活动采用的策略为：“借势造势”。

经过与行业主管部门商讨，并进行了大量调研，证明目前我国输变电市场正在规范化轨道中良性发展。国家政府目前正在大力开展对城市及农村电网输变电系统的改造工程，并大量引进外资，积极倡导使用世界先进变压器。这种形势为“Nomex”纸深入我国输变电市场提供了恰当的时机。在活动中，突出H级干式变压器的优良技术性能和广阔的应用前景，达到促使我国政府主管部门对产品的认可和加深广大最终用户对产品的认识。

1．确定活动形式

根据大量的调研及以往高科技产品推广活动的成功范例，中国环球公关公司建议杜邦中国先进纤维部此次推广活动以“技术交流研讨会”的形式为主并配合以新闻发布会及新闻专访活动。研讨会的形式突出高科技产品在变压器发展中的重要作用，从正面宣传“Nomex”纸的同时也淡化了商业气氛。以研讨会的形式可以吸引大量的政府部门、专业用户、科研机构，提高活动的质量。

确定活动主题：“中国城市电网发展与城网改造技术研讨会”。变压器的推广与应用。以我国城市电网发展与改造为题，集中体现杜邦中国先进纤维部关注中国城网改造的发展，并以自己的高科技产品为中国输变电事业作出贡献的愿望。

2．分工与合作

中国环球公关公司经过大量的调查、磋商、筛选工作，为达到将重要信息直接有效地导入终极用户——国内各大电力企业的目的，建议本次技术交流研讨会的主办方为中国电力企业联合会。中国电力企业联合会是国家电力公司下属的最大的企业协会，其会员包括了国家电力公司在内的所有大、中型电力企业。国家电力公司第一副总经理时任中国电力企业联合会的会长。

选择杜邦中国先进纤维部作为活动的协办方。杜邦以其高科技先行者的形象作为此次活动的协办方，为此项活动的专业性提供了保障。

中国环球公关公司作为活动的承办方，作为新华社下属企业——中国环球公共关系公司与各级政府部门、媒介有着广泛而深厚的合作关系。十余年来，对高科技产品的推广及其对研讨会组织工作的丰富经验，是此次研讨会的成功保障。

确定活动内容：中国环球公共关系公司建议采用主体发言的形式进行专题讨论和现场问答。这样增加了研讨会的专业性和针对性。演讲内容以国家电力行业的发展现状和产业政策为主，并配以变压器技术的发展与革新，避免就“Nomex”产品本身谈“Nomex”。邀请国外专家现场发表关于国际领先变压器技术的论文并安排现场问答，增加了研讨会的国际性、专业性和权威性。

3．项目实施

高科技产品的形象。在研讨会现场设置照片和实物展板，使产品的高科技形象更加直观。为了给与会者留下深刻而持久的印象，选用了以杜邦高科技产品为材料制作的手提包及安睡宝作为礼品。邀请美国ⅢEE协会变压器分会绝缘老化组主席在作为专家研讨会上就“Nomex”纸在干式变压器中的应用进行主题发言。

（1）新闻稿的撰写。为适应参加新闻发布会的专业媒体的需求，新闻稿的专业部分由新华社的专业记者撰写。新闻稿中的宏观部分由中电联的信息中心提供。新闻稿以国家产业政策及大量数字为依托展开，让受众感觉真实可靠。

（2）合理的会务安排。专题发言与现场讨论相结合。在闭幕词中，由中电联领导致谢杜邦中国先进纤维部。安排主办方、协办方在会场休息，闭幕式晚宴及会后合影时充分接触。

——资料来源：《中国优秀公关案例选评》复旦大学出版社（内容有删减）

1. 公关策划的方法有哪些？本案例策划采用的是什么方法？
2. 本案例中的公关目标是什么？你认为本案例策划的精彩之处在哪里？

公关方案，即谋划公关对策，在公关活动中实施公关策划的环节。所谓公共关系策划，是指公共关系从业人员为达成组织目标，在充分进行各方信息分析调查基础上，对总体公关战略及具体公关活动所进行的谋略、计划和设计过程。它在公共关系实践过程中极其重要，直接关乎公关活动的生死存亡是公关活动运作的核心环节，同时也为后续方案实施以及公关评估提供运作平台。

一、公关行动方案制订的流程

制订公关行动方案为的是使组织公关工作能够通过前期策划使公关目标与具体行动方案配合起来，产生一个组织的合力。公关方案将各个独立的行动串联起来，形成一个统一目标的体系，使之能够在灵动中展现运作过程的可操控性，掌握公关行动的主动权。一个安全可靠的公关行动方案，在制订的过程中需要遵循以下几个步骤：

1．确立目标

公共关系的目标，是公关行动的航标。但是公共关系的目标范围十分宽泛，我们根据公共关系沟通内容，可将组织公关的目标分为以下四种类型：①传播信息；②联络感情，通过感情投资获得公众对组织的信任与爱戴；③改变态度，让公众接受组织及其所提供的产品、服务、文化等；④引起行为，为了诱导公众产生组织所希望的行为方式。

2．确定公众

公共关系是以不同的方式针对不同的公众展开的，而不是像广告那样主要通过大众传媒那样把各种信息传播给大众。要使活动能有效实施，需要确定组织决定作为自己公关活动主要对象的那一部分公众，即目标公众。

目标公众确定之后，公关人员还应对目标公众进行详细的了解和深入的研究，主要是分析目标公众的权利和要求。一般说来，不同的公众有不同的权利要求，了解目标的权利和要求，并将其与本组织的目标和利益加以权衡、比较，以便确定公关计划的基本要求。

3．拟定公关活动主题

公共关系活动主题是对公关活动内容的高度概括，它对公关活动起着指导作用，如青岛东方明珠美食娱乐城公关营销活动的主题是“助推岛城新闻业”，这一活动主题就是对四项公关活动内容“赞助青岛体育记者协会办公场地、与青岛体育记者协会联合举办全国首届体育记者卡拉 OK 大赛、与青岛小记者学校联袂举办教师节庆祝活动、新闻专访”的高度概括，它既能指导公共关系活动实施者按照统一的活动宗旨开展各项活动，积累公共关系活动效果，又能引导公众正确理解各项公关活动的意义，领悟组织开展公关活动的目的。

公关活动主题是公关活动方案的总纲，公关活动中的每一项具体活动乃至演讲稿、宣传画、包装袋、广告等都要体现这一主题。能否提炼出鲜明的公关活动主题，公关活动主题能否吸引公众、抓住人心，乃是公共关系策划成败的一个重要标志。根据具体的公关目标，设计鲜明、简洁、亲切的主题，有利于逐步推进每一项公关活动的完成和总目标的实现。

主题的表现方式有多种多样，它可以是一个口号，也可以是一句陈述或一个表白。主题设计得是否精彩恰当，对公关活动的成效影响很大。要设计出一个好的主题，必须满足四个要求：①公关主题必须能充分表现目标；②公关主题要适应公众心理的需要；③公关主题应独特新颖，富有个性，印象深刻；④公关主题的表述应做到简短凝练，易于记忆和传播。

4．选择活动时机及媒体

不同的传播媒介都有自身的特性，既各有所长、又各有所短，只有选择合适媒介，才能取得良好的传播效果。在选择传播媒介时，应注意以下几个结合：传播媒介选择与公关目标相结合；传播媒介选择与传播内容相结合；传播媒介选择与传播对象相结合；传播媒介选择与经费预算相结合。

5．编制预算

任何一项公关活动都需要花费一定的人力、物力和财力，通过编制预算，使公关人员预先了解活动的投入成本，做到心中有数并能在事前进行统筹兼顾的全面安排，保证公关工作正常开展，便于监督管理，堵塞漏洞。公关预算主要包括三个方面：经费预算、人力预算以及时间预算。

6．撰写活动策划书及应急方案

撰写活动策划方案是公共关系策划的最后一项工作。公关人员根据组织的现状，提出各种不同的活动方案，每一个方案都是策划者智慧的结晶，但这些方案未必都适宜，也未必能同时采用。因此对这些方案进行优化和论证才能选定最终方案。撰写活动策划方案工作可分为两个步骤：第一，撰写正式方案；第二，撰写应急方案。

同步思考：

下列说法中哪些是策划？

A. 把一把梳子卖出去；把一千把梳子卖出去；把梳子卖给和尚的思维和办法。

B. 在大街上吆喝卖一瓶酒；在大街上卖一千瓶酒；在 10 条大街上各卖一千瓶酒的思维和办法。

什么是策划？把一把梳子卖出去叫推销，把一千把梳子卖出去叫营销，把梳子卖给和尚的思维和办法是策划；在大街上吆喝卖一瓶酒是推销，在大街上卖一千瓶酒是营销，在 10 条大街上各卖一千瓶酒的思维和办法是策划。

二、公关行动方案优化的方法

从理论的层面来讲，我们将公关活动的流程分为调研、策划、实施、评估四个大的环节，但往往我们遇到的实际情况是策划与调查几乎同时出现。调查围绕既定目的去摸底，策划则依靠调查得来的数据协助组织达成最终的公关目的，两者关系密切难以分割。由于策划涉及的都是未来的情况，时间的超前性需要组织特别考虑，公关从业人员在制订公关行动方案时，需要通过一定的测量技术，提前一年以上对失业、经济社会发展以及通货膨胀等因素进行合理预测。常见的公关行动方案优化的方法主要有以下几种：

（一）工作流程时间表

工作流程时间表是实现对公关活动时间掌控的基础方法。从业人员在制订策划方案之前需要做到的就是要先确定公关工作流程的关键环节和任务，并根据过往经验或行业标准，按照活动既定流程来制订完成每项工作所需花费的时间周期，形成一个工作时间流程时间表，对工作的完成情况做到心中有数。工作时间流程表的制订，一方面可以帮助企业明确公关事件运作过程耗时较长的，成本较大的环节；另一方面也能够帮助公关从业人员掌握工作进度及问题处理的薄弱环节，根据实际情况快速调整战略、积极应对。

（二）目标管理法

美国管理专家德鲁克在他 1954 年出版的《管理的实践》一书中，首先提出了“目标管理和自我控制的主张”的观点，认为“企业的目的和任务必须转化为目标。企业如果无总目标及与总目标相一致的分目标，来指导职工的生产和管理活动，则企业规模越大，人员越多，发生内耗和浪费的可能性越大。”

简而言之，目标管理（Management by Objectives，MBO）就是让企业的管理人员和员工亲自参加工作目标的制订，在工作中实行“自我控制”，并努力完成工作目标的一种管理制度。

美国管理过程管理学派主要代表人，管理学家哈罗德·孔茨在其撰写的《管理学》著作中认为，管理就是在组织中通过别人或同别人一起完成工作的过程。而目标管理的方式正是由组织高层领导发起，组织全体成员共同参与的结果。组织实施目标管理的全过程主要包括如下几个关键阶段：

1. 设定组织总目标

任何组织立足于社会都有自己的使命，或者我们称之为组织愿景。但是光有组织愿景，而没有具体的达成愿景的组织目标，一切又都是空谈。组织愿景的确立指引着组织前进的方向，也大致决定了组织总目标的基本区块。组织依据自己的实力与环境条件，设定符合组织愿景又切合组织发展实际的具体目标时需要考虑三个因素：①组织目标设置要利于组织核心专长的发展；②组织外部环境的变化；③组织目标的可衡量性。

2．设计组织总目标层次分解方案

将组织总目标按照组织行政架构进行横向和纵向的分解。具体来说，第一步，是将组织总目标按照组织体系层次和部门逐步展开，直至每一个组织成员。这是一个自上而下的过程，但这只是一个初级目标，并不是最后定型的目标。第二步，组织中每个层次、部门、成员根据自己的岗位设置工作职责要求结合初步下达的目标进行比较分析，修订目标后再向上呈报。经过多次上下反复，确定组织总目标分解的目标体系，再下达给组织各层次、部门和成员，使组织中每个成员都清晰地知晓自己的工作目标、具体要求、自主权限以及组织激励，使组织运营方向明晰、责任明确、有序发展。

3．目标是否完成的相关考评

目标管理的核心在于目标分解后能否成为组织中每个部门、人员的工作业绩的衡量标准。因此，业绩考评是目标管理的最后环节。这种考评有两种操作模式：一种是组织各部门及成员的自我考评；另一种是组织上级部门对下级部门的业绩达标考评。也可两种方式混合使用，先自评再上级复评，但要求各级部门实事求是、客观公正。

目标管理法的实施除了要注意把握几个关键阶段之外，制定目标，并不是简单随便的事，而是需要依据 SMART 原则。其中，S 代表具体（Specific），指目标确立要切中特定的工作指标，不能笼统；M 代表可度量（Measurable），指所定目标是数量化或者行为化的，验证这些目标的数据或者信息是可以获得的；A 代表可实现（Attainable），指预定目标在付出努力的情况下可以实现，避免设立过高或过低的目标；R 代表现实性（Realistic），指目标完成过程是实实在在的，可以证明和观察；T 代表有时限（Time bound），注重实现目标的特定期限。

目标管理是一个策划过程管理，通过制定组织总分目标；长短期目标来实现组织计划目标的完成，对组织公关活动的有效性有着非常重要的帮助。

（三）网络计划技术

网络计划技术的原理，是把工作或项目分成各种作业单元，然后根据作业单元的前后顺序，通过网络图对整个工作或项目进行统筹规划和控制，以便用最少的人力、物力、财力资源，用最高的速度完成工作，如图 8-1 所示。

图 8-1 为网络计划技术的基本步骤，

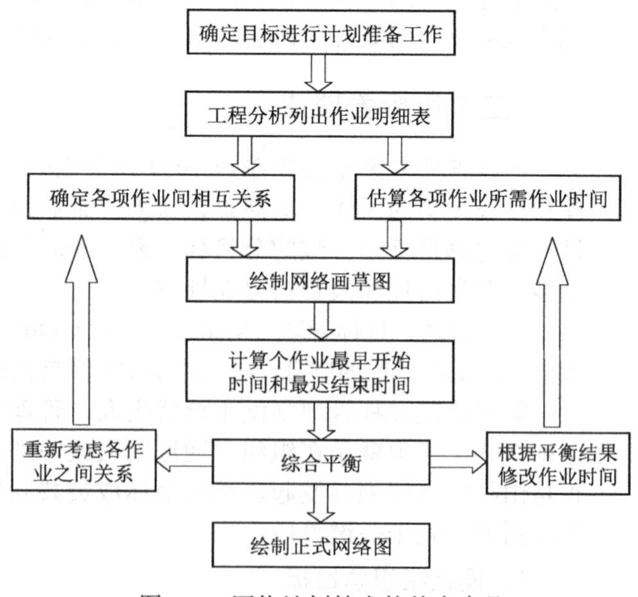

图 8-1　网络计划技术的基本步骤

绘制网络图是运用该技术的基础。所谓网络图就是将工作任务分解为工作步骤，根据这些工作在时间上的衔接关系，用箭线表示他们的先后顺序，画出一个有各项工作联系并注明所需时间的箭线图，即网络图。

这个技术适用于具有明确起点及终点的活动，可用于公关关系策划活动。为说明该项技术的具体运用，我们以一个虚拟案例为例。假设小丽是南方有限公司公共关系部的员工，公司要求她为员工社区志愿者项目制作一个小册子。她的第一个步骤就是列出制作小册子所需的主要任务。在网络计划技术中，这些任务通常被称为作业明细。表 8-1 便是小丽为完成工作列出的所有作业明细。

表 8-1　南方有限公司制作员工志愿者项目小册子的所需作业明细表

1. 启动项目
2. 与参加项目的一些员工访谈，获取详细情况及个人兴趣
3. 编写小册子文本
4. 获取员工在项目中为社区服务的照片
5. 将照片并入文本中
6. 翻阅其他组织的类似宣传品获取灵感
7. 准备编排、定稿
8. 制定工程预算（包括印刷）
9. 获取对终稿、照片、编排及预算的最终同意
10. 做必要修订，将小册子提交至印刷厂

试用网络计划技术进行分析，计算完成工作关键路径。

从始点事项出发，沿箭头方向前进，连续不断地达到终点事项为一条通道。一个网络图往往存在多条路线。图 8-2 为南方有限公司小丽为制作员工志愿者项目小册子而进行的网络图。比较各路线的长短，其中最长一条为关键路线，关键路线上的工序被称为关键工序。关键路线的路长决定了整个计划实施所需的时间，据此合理安排各种资源，对各工作任务环节进度进行控制是利用网络计划技术的主要目的。

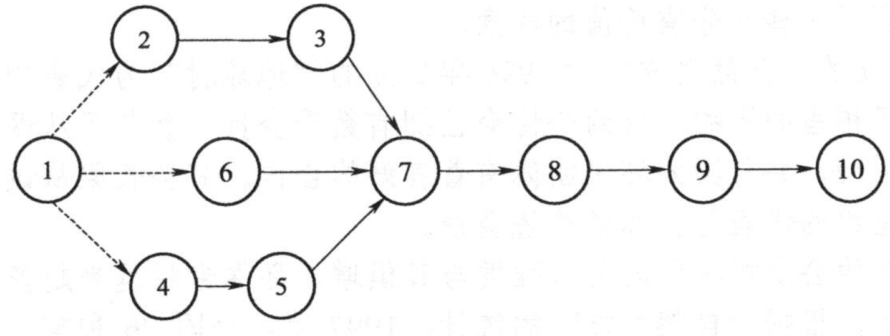

图 8-2　网络图

任务三　方案实施

学习目标

知识目标：了解公共关系方案实施的含义；理解并掌握有效公共关系方案实施的基本

程序；掌握公关策划方案实施的方法。

能力目标：能够运用所学知识参与一个公共关系策划方案具体实施过程；能够根据具体情况选择采取不同的信息传播方式，与公众建立畅通的信息沟通桥梁。

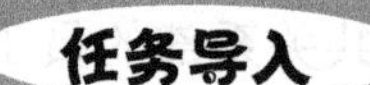

任务导入

21 世纪主题

——壳牌公司环保专题公关案例

壳牌集团是全球最大的企业之一，也是全世界最大的能源公司之一，在 130 多个国家从事经营。公司的核心业务包括石油和天然气的勘探和开采、油品、天然气和发电、化工以及可再生能源。

壳牌以负责任的企业公民为目标，在其有业务活动的各个国家广泛发起并参与各种类型的社会公益活动，称为社会投资。1998 年壳牌集团的社会投资总额达 9 200 万美元，主题也涉及多个方面，其中环保在总支出中占 9%。

壳牌（中国）有限公司秉承集团宗旨，积极从事社会投资，并选择了环保、道路安全与教育作为三大主题。自 1995 年起，随着壳牌在中国业务的迅速发展，社会投资也逐渐增加，仅 1998～1999 年度投资总额便达 200 万元人民币。

在我国，环保问题显得尤为突出。这一方面是由于政府的着力关注，另一方面也是由于环境污染已经到了“是可忍孰不可忍”的地步。以水污染为例，根据原国家环保总局公布的 1998 年《中国环境状况公报》，在受监测的 176 条城市河段中，竟有 52%的河段污染程度属较重，即 V 级或劣 V 级，而在全球大气污染最严重的十个城市中，我国就占了八个之多。由于这两方面的原因，环保就成为一个大众更多关注的问题，也成为一个企业公关的良好主题。

在确定了环保主题后，壳牌以寻找潜在合作伙伴和目标受众为主线，进行了广泛的调查分析，从中发现了一些十分有价值的线索。

以 1994 年成立的“自然之友”和 1996 年成立的“地球村”为代表的民间环保团体十分活跃，并已有了相当的影响。这两个协会已拥有数千会员，参与了从保护藏羚羊到出版环保丛书的各种活动，并与国外环保团体有着良好的合作。其会长梁从诚先生和廖晓义女士还曾作为民间组织的代表与克林顿总统会谈。

以媒体为代表的公众对环保的关心程度与日俱增，环保专栏越来越多地出现在报纸、杂志和电视电台上。根据“自然之友”的统计，1997 年，全国 76 种有代表性的报纸，如人民日报、光明日报、中国青年报等共发表 22 066 条与环境相关的报道，年均每报为 290.34 条，几乎是每天一条，比 1996 年的 250.8 条和 1995 年的 135.8 条有明显增加。

环保更多地与教育结合在一起，呈现“从娃娃抓起”的势头。环保内容不但出现在中小学生的自然、生物等课程中，还出现在教委、团委、青少年科技馆等，这组成了一个立体的教育网，提供了一个良好的切入口。针对中小学生的各种书报读物中也有很多环保话题和知识。

环保虽然已是一个热门的话题，各种环保活动也是此起彼伏，但是绝大多数仍处在宣传层面上，实际动手搞环保的还是凤毛麟角。尤其是在中小学生当中，环保工作停留于知识的传播，广大学生思想活跃，但实践机会少，动手能力显得不足。

1．展开公关目标项目策划

在中小学生中宣传环保的迫切性，普及环保知识，提高环保意识，树立“人人有责”的责任感；更重要的是，通过亲身参与，增强中小学生的动手能力，建立“我能够做到”的信心，变环保意识为环保行动；以孩子影响家长、教师以至更广泛的大众，倡导“人人动手搞环保”；树立壳牌作为一个负责任的企业公民的形象，增强社区亲和力。

（1）结合环保与教育（教育也是壳牌集团社会投资的一大主题，占总投入的 31%），动脑与动手，由学生自己设计环保方案，经评选获奖的方案可以获得壳牌 3 000 元的资金支持，由设计方案的学生自己动手实施。

（2）选择最佳合作伙伴，最大限度地调动各方面的资源。壳牌在北京、上海和广州分别与当地教委合作，一方面保证了活动的广泛性，另一方面也使“壳牌美境行动”的开展有了充足的人力资源保障。在北京，“自然之友”也参加了该活动的组织。

（3）强调动手，在评奖中就考虑方案的可实施性，而所有获奖方案都必须提交实施情况报告。

（4）把握时机，将活动的启动时间设定在六·一儿童节至六·五世界环境日前后，这样能够获得更高的媒介覆盖率，吸引大众关注，同时参与活动的中小学生可以利用暑假时间设计环保方案，经评选后获奖方案又可以较快地在秋季和寒假期间得到实施，保持了与学年起始时间的吻合，避免了组织上不必要的麻烦。

（5）充分利用媒介扩大活动的影响，传达“你也能做到”的信息。

（6）最大限度地利用活动成果。活动组织者与参加者共同想方设法，更好地利用孩子们的创造成果。

2．细致的项目实施

1998 年年初与三地教委和“自然之友”就组织“壳牌美境行动”达成一致，确定行动目标、方案、费用、各方权利与责任等；准备海报等物资，拟定评奖方案，通过教委将活动通知下发至各个中小学。

1998 年 6 月初在三地同时举行启动仪式，参加者包括教委和环保局官员、民间环保团体的代表、媒体和壳牌公司代表。启动仪式都采取了与环保活动相结合的方式，如北京是以清理日坛公园垃圾的实际行动宣布开始：在各个中小学张贴海报，鼓励广大学生参与；对参加“壳牌美境行动”的各个中小学进行不定期的访问，了解活动进程，解决实际问题。

1998 年 9 月开始收集环保方案，组织各方专家进行评奖；1998 年 11 月为获奖方案发奖，获奖师生开始实施其方案；1999 年年初收集实施报告，汇编成册。

——资料来源：所能网络 http://www.alldel.com

1. 本案例中公共关系活动的目标是什么？公共关系活动的公众都有哪些？

2. 本案例中取得成功的主要原因是什么？阅读本案例，分析描述案例中都运用了哪些信息传播方法？

正确地制订具有创意的公共关系计划方案固然重要，但更重要的是将公共关系计划付诸实施，才可能真正产生效用。公共关系实施是在公共关系计划方案确定后，将方案所确定的内容变为现实的过程，它是整个公共关系工作的中心环节。因此，组织公关行动可以说主要围绕着目标受众、信息传播和接收信息的路径三个基本方面来组织的。

一、信息的传播及方式

一般而言，我们讲公共关系行动指的是在目标受众范围内实施信息的传播、扩散行动。在这一行动中，主要包含三个关键环节：

（1）选择目标受众。公共关系行动过程开始、结束都伴随着目标受众。组织一旦识别出目标受众后，可以研究受众的特征，可以就正在讨论的议题制定出影响受众信息接收的关键途径及方式。

（2）信息传播。传播是指社会信息的传递或社会信息系统的运行。信息是传播的内容，传播的根本目的是传递信息，是人与人之间、人与社会之间，通过有意义的符号进行信息传递、接受或反馈活动的总称。长期以来，社会学家与传播研究者高度关注各种革新在社会体系内发生的途径。公众或者目标受众是公共关系人员努力要影响的社会体系。因此，将信息传播的知识应用到公共关系过程中十分重要。

（3）接收信息的路径。对公众接收信息的路径进行研究发现目标受众接收信息的路径有以下五种：①通过印刷、广播、电视、报纸杂志等大众媒体知晓信息；②从某一些通过专递有效信息而从中获益的个体或群体，例如：推销员；③老顾客或是公信力较强的政治机构、行业协会等；④目标受众所尊重的朋友、亲戚；⑤个人的尝试经历。

“联通赞助‘科考’公益活动”

——甘做无名英雄？

2005年9月中旬至10月下旬，中国科学院科学家对可可西里地区进行为期40天的大规模科学考察，中国联通以首席合作伙伴和“独家通信支持单位”身份，为本次科考活动提供了金额高达2 000万元（包括两辆经过定制和改造的通信车）的现代化通信设备和通信资源。除此之外，为了确保此次科考的通信畅通，联通进行了长达几个月的筹备，并为此培训了14名高原通信工作人员，7人随队进入可可西里，7人待命。

相比于2 000万元的巨大投入，联通在传播宣传上的声音就显得微弱得多。

官方网站：活动指定网站搜狐户外频道发布活动的最新进展，文章对联通的赞助有所提及。主页面最下方有联通专区，内容大多是与此次活动无关的产品信息。打开主页面的联通链接点后，在新闻版块有关于可可西里活动的新闻主题链接，但其他内容与此无关。

联通网站：全国各地的联通网站转发活动消息，但形式仅限于新闻。

其他媒体及网站：由于是新华社供稿，许多媒体、门户网站及其他一些通信类网站有关于此次活动的新闻报导。

央视报道：央视5套对此次活动进行了跟踪报导，曾提及联通的赞助行为。

联通的公关活动就在如此微弱的传播下，静悄悄地进行着……

——资料来源：中国知网 http://kbs.cnki.net“联通赞助‘科考’公益活动”——甘做无名英雄？

公益公关，说到底还是一种商业投资行为。对于企业而言，通过公关获得传播效果、提升形象是公关的核心目的。但在联通独家支持中国科学院可可西里科考探秘行动的公关活动中，显然对于传播这一核心问题关注得不够。可以说，联通通过赞助此次活动所形成的信息传播，只是媒体的自发传播，联通的主动性在推广中完全没有发挥出来，公关传播所追求的广度和深度更是无从谈起。

二、公关从业者的传播行动

确定适当的影响渠道，选择目标受众之后，组织应该按照基本的行动类别来准备信息，组织公关从业者开展公关信息传播行动。在大型组织中，这些职能方面或公共关系附属领域有时由不同的部门来处理。组织往往也使用不同的媒体，其结果是在公关从业者的信息传播行动类似一个交叉、复杂的关系模型。组织为达到预期公关效果，从客观上也就会对公关从业者的具体工作产生一定的要求。

（一）公关从业者实施公共关系的要求

要使公共关系实施真正达到预期效果，在实施过程中应达到以下几点要求：

1. 有效地排除实施中的障碍

虽然公共关系计划经过认真论证，但在实施过程中也难免遇到这样那样的障碍这些障碍有内部的也有外部的，有主观造成的也有客观造成的。正视种种障碍并采取有效的措施予以排除，才能保证计划的有效实施。影响公共关系实施的障碍主要有以下几方面：

（1）主体障碍。这类障碍主要是产生于实施主体自身，包括组织的人员素质、管理水平、计划与论证存在问题与失误等，从而造成公关目标障碍、公关创意障碍、公关预算障碍等。

（2）沟通障碍。这类障碍会影响信息传播的真实性，使组织无法顺利实现与对象公众的沟通，如语言障碍、习俗障碍、观念障碍、心理障碍、组织障碍等。

（3）环境障碍。公共关系实施环境障碍是来自于实施环境的各种制约因素、对抗因素、干扰因素。这些因素会从正面（促进）和反面（制约）影响着实施工作的开展。

2. 及时妥善处理实施过程中的突发事件

对公关方案的实施干扰最大的莫过于重大的突发事件。如果组织不能及时妥善地处理，不但使整个方案无法实施，甚至会给组织带来巨大的危机。产生突发事件的原因有多种，但不论何种原因导致的突发事件，最关键的做法是应当保持头脑冷静，防止感情用事，认真剖析原因，正确选择对策，以使对组织形象损失降到最低。

3. 正确选择方案实施时机

正确选择时机是提高公关方案成功率的必要条件。如果在方案实施过程中，对于时机进行精心选择与安排，整个公关方案将会借助于恰当的时机而收到良好的效果。一般来讲，在实施公关方案时，正确选择时机应注意把握以下几点：

（1）要避开或者利用重大节日。凡是同重大节日没有任何联系的活动都应避开节日，以免被节日活动冲淡。凡是同重大节日有直接或者间接联系的公关活动方案则可考虑利用节日烘托气氛，扩大公关活动影响。

（2）要注意避开或者利用国内外重大事件。凡是需要广为宣传的公关活动都应避开国内外重大事件，以免被重大事件所冲淡。凡是需要为大众所知，又希望减小震动的活动则可选择重大事件发生之时。

（3）避免同一天或同一段时间里同时开展两项重大的公共关系活动，以免其活动效果相互抵消。

三、媒体选择

为了能给公众传递预期的信息，谨慎地整合信息固然重要，但选择适当的媒体来承载信息同样不能马虎。组织在考虑媒体选择方面主要依据单个因素：外部公众、时间紧迫性以及组织公关经费预算三个方面。

1．外部公众

21 世纪是信息爆炸的世纪，每个人每天都会接触大量的冗余信息，公众在信息筛选的过程中，会严格按照自己的喜好、利益相关性等标准进行。我们需要识别公众的兴趣点，以及公众接受信息的习惯和方式。以便明确我们信息的编辑、传播方式能够引起外部公众的注意力。

2．时间紧迫性

媒体挑选不是没有时限，无限比较各类媒体的优劣势，如果是危机公关事件，一般来说发起突然，时间紧迫，需要马上解决，而且要快速与外部受众见面，那么杂志等媒体就不是合适的媒体选择。我们第一时间想到的应该是受众何时能够接触到信息这一关键问题。

3．组织公关经费预算

对于企业来讲，公关活动是费用，是企业的支出项，除了危机公关处理能马上感觉得到效果外，其他的品牌塑造等公关行为看重的是长期利益，是企业的形象工程，近期来看一直都会处于“折本”的状态。所以，当企业公关经费有限的情况下，媒体选择也往往会受到经费预算的限制，通常我们考虑最多的是：是否需要不同媒体传递同一个声音。

当然，公关媒体选择还需要我们比较不同媒体的优缺点，将媒体的优缺点与组织公关活动预算、时限、外部受众特点等因素结合起来考虑，会更有助于公关从业人员选择最合适的媒体及信息传布方式。

任务四　效果评估

学习目标

知识目标：了解公共关系效果评估的含义；理解并掌握有效公共关系效果评估的基本

程序；掌握公关实施效果评估的方法。

能力目标： 能够根据具体情况选择采取不同的公关效果评估方法，对组织公关实施客观公正的效果评估；能够运用所学知识撰写公共关系效果评估报告。

任务导入

零成本植入《功夫熊猫》成都策略成功营销

一座被誉为熊猫故乡的中国西部城市，一部在全球市场上票房和口碑俱佳的好莱坞大片，一场3年前的邂逅，其碰撞所形成的化学反应，让这个夏天的大银幕川味十足。

重出江湖的“功夫熊猫”不仅带来了笑声和掌声，更引发了一系列的思考：一个中国的西部城市，如何“零成本”植入一部美国大片？以熊猫作为城市形象的代言人，成都运用了哪些策略？在国际营销如此重要的全球化时代，“熊猫策略”制造了哪些“成都经验”？

好莱坞动画片《功夫熊猫2》在中国公映。据不完全统计，上映9天的《功夫熊猫2》票房已经突破3亿大关。全球也掀起观影热：在韩国，上映首周末，“阿宝”吸引了超过150万人次的观众；在美国，“阿宝”驾临全美3 925家影院的7 500块银幕，首周末卷走4 800万美元的票房收入。

一、公关目标——打造一部“川味”好莱坞大片

这一次，踌躇满志的不仅仅是“阿宝”，还有熊猫故乡成都在《功夫熊猫2》里植入的川味风情，不动声色地向世界打着招呼。

“真正打动对方的，是中国电影市场”

在影片中，担担面、四川火锅、鸡公车（黄包车）、宽窄巷子、青城山……这些成都元素，对电影是一种升华，对所有《功夫熊猫》的影迷来说，好比加入了特别的佐料。成都、熊猫和电影已经融为一体。成都，真正称得上是电影的形象代言人。”美国梦工厂动画公司首席执行官杰弗瑞·卡森伯格说。

一部美国大片，成为一座中国的西部城市的形象代言人，听上去很不可思议。但在参与推动这场国际“联姻”的人看来，一切又是那么自然。

二、公关策略

2008年夏天，汶川大地震后不久，《功夫熊猫》在全球热播。有媒体透露，在核心创作团队中，只有两个人见过真熊猫，“阿宝是网上搜索出来的！”

成都是熊猫故乡，如果能在一部具有影响力的好莱坞大片续集中植入成都元素，必将提升成都的城市形象，刘戈捕捉到了这个信息。

作为成都城市形象提升协调小组的成员之一，刘戈开始写信，一封写给美国梦工厂动画、一封写给梦工厂动画在中国的总代理派拉蒙电影公司，邀请创作团队到成都，亲密接触大熊猫。梦工厂很快回应，主创人卡森伯格带队来到成都考察。

“熊猫是生动的国际通行符号，容易获得最大多数人的认可”。《功夫熊猫2》也是成都的自然选择，这个因拥有96只大熊猫而号称全世界大熊猫故乡的城市，已经把熊猫看作国际营销的一张王牌。

三、具体实施

2008年10月21日，卡森伯格带着20多人的主创团队到成都“寻根”，探访了大熊猫基地、金沙遗址、青城山、都江堰和宽窄巷子，老外们对“熊猫故乡”一见钟情。用导演珍妮佛·尼尔森的话来说，想象不出，如果没有那次考察，《功夫熊猫2》最终会成一个什么样子，“电影很大一部分情节是在去了成都之后加上的，我们要把这些原汁原味地告诉全世界观众。”她至今还记得，第一次抱起仅几个月大的熊猫幼崽时，那种幸福的触感。这次“一见钟情”在意料之中。派拉蒙电影公司中国市场负责人陈喆这样解释双方的合作：成都为梦工厂动画提供了创作的灵感和依据，“成都，是最自然的选择”。而在刘戈看来，真正打动对方的，是中国的电影市场。唯一让成都方面意料不到的是，梦工厂动画是自费考察。刘戈回忆说，他们第一次来成都，租了大巴接待，全部花费只用了6 000多元。这就是成都元素的“植入”成本。

2010年3月27日，在成都熊猫基地的大熊猫美兰，带领中国30余个城市一起关灯1小时，美兰成为“地球一小时”全球推广大使；两个月后，“成都全球征召熊猫守护使计划”向全世界提供照顾大熊猫1个月的机会，掀起了一阵熊猫热，52个国家和地区超过6万人提出申请，美国媒体甚至表示，这是本年度全世界最酷、最好的工作。

2011年1月，成都城市形象片亮相CNN黄金时段，一只憨态可掬的大熊猫游览着火锅店、小巷子甚至菜市场，向世界展示川蜀风貌。

曾获艾美奖的国际著名主持人奈杰尔·马文也为成都做了免费宣传：“超过90只的熊猫生活在熊猫基地；每辆出租车的引擎盖上都喷涂着大熊猫的图案；可爱的孩子们戴着有熊猫形状的帽子……刚刚从两年前地震的阴影中重新崛起的成都，用它的方式感动了我。”他拍摄的纪录片《马文的熊猫王国历险记》在英国全国广播公司FIVE的主要频道首播，并卖给全世界超过100个国家和地区的电视台。

2011年4月中旬，梦工厂动画召开新闻发布会，不少提前观影的行内人惊羡不已，新加坡电视传媒集团的高级总监郑良雄就是其中之一。他认为，成都的山水、风俗是熊猫生长的特质，加入这些元素，会让影片更有趣味性；成都利用《功夫熊猫2》进行城市营销也非常巧妙。“梦工厂动画和成都都是《功夫熊猫2》的大赢家。”

四、公关活动评估

成都城市形象提升协调小组的段武熙对“熊猫策略”有着清晰的思考和定位：“熊猫是生动的国际通行符号，容易获得最大多数人的认可。”成都正在做的工作，就是告诉世界，“熊猫的国籍是中国，熊猫的故乡在成都”。

“做满足主题的传播，选最好的平台，讲究最有效率的投入”

说起“熊猫策略”，不能不提到这样一群低调的“操盘手”——成都城市形象提升协调小组。

作为小组组长，谢文的办公室有些简陋：办公桌、放着毛毯的沙发和一个公文柜。墙角放着两个纸箱子，“大多是项目策划方案”，两个箱子叠在一起，有1米多高。

在“务虚”的宣传工作中，成都城市形象提升协调小组制定了“务实”的工作机制：每次活动前，一定要列出具体的策划方案；活动后，一定要有效果评估和项目评选。这一机制已经成为整个成都市委宣传部创新工作的典型案例。楼道里张贴着去年星级项目评选公告，“熊猫守护使”活动被评为“五星级”。

这个团队很混编。成员来自成都的新闻机构和公关公司，被分成了不同的小组：国家媒体组、广电媒体组、平面媒体小组、海外媒体组、新媒体组、特殊项目组……他们不仅懂得新闻传播、形象营销的规律，更是某些领域的内行与专家，以便随时向媒体和公众提供专业的信息服务。比如，国家媒体组是城乡统筹领域的专家，而新媒体组则是成都吃喝玩耍的活地图。

用成都市委常委、宣传部部长何华章的话来总结，这叫“专业对接”：“专业对接，只能靠智慧，不靠钱。”

“专业对接”后面，何华章还有另外8个字：“精细植入、有效传播”。他清楚地认识到，成都花不起大钱，市委宣传部也不可能以企业方式运作，无法大规模在媒体上投放广告。

“有效”是成都城市营销最重要的衡量标准。成都市委宣传部副部长熊艳的理解是：“一定是要做满足主题的传播，选最好的平台，讲究最有效率的投入。”

《功夫熊猫2》正是一次低成本的“精细植入”，这部好莱坞大片在全球赢得票房的同时，将成都“范儿”吹到了海外。借助全球化的电影作品进行城市国际营销，成都的“功夫”堪称巧妙。

影片结尾，“阿宝”的亲生爸爸出现在一座青山的凉亭里。这为续集再次留下了悬念。

（案例来源：人民日报2011年6月）

1. 筹办大型公共关系活动的难点是什么，结合本案例谈谈你的看法？

2. 结合案例阐述成都城市公关活动评估的意义何在？假如你是该次活动主办方人员，在实施公关评估工作时，你将从哪些方面进行？

公共关系的评估是公关活动最后的一个程序，也是下一轮策划的开始。公共关系评估指有关专家或机构根据某种科学的标准对公共关系的整体策划、准备过程、实施过程以及实施效果进行测量、检查、评价和判断的一种活动。通过公关评估，可以总结成功的经验，分析失败的教训，进一步提高公关活动质量与水平。同时可以发现公共关系活动的缺陷与不足之处，为组织今后公共关系具体目标政策和行为提供调整的依据。公共关系评估结果面临两种可能：成功或失败，但无论是成功还是失败，其经验与教训都将成为下一个公共关系活动或环节改进的基础。因此，公共关系评估有其重要的作用。

从循环的角度看，效果既是一次公共关系目标追求的归宿，也是下一次公共关系活动的出发点，没有这次对公共关系工作的评估，就不可能制订新的公共关系计划。开展评估工作，能使内部员工认清本组织的利益和实现途径，以便将自己的本职工作与实现本组织的战略目标紧密地联系在一起，变为一种自觉的行动。在目前的研究与实践中，公共关系是一个长期效应，效果不能立竿见影，有一定的滞后性。公关评估也常常难以定量分析，所以“效果评估”是公共关系理论与实践发展的软肋和瓶颈。只有通过大量的评估实践逐渐总结评估体系。

一、公关调查效果评估的内容

公共关系评估是公关活动的全方位的检测，组织希望得到的不仅是总体的印象评估，而且是非常具体的和准确的评估结果。一般而言，我们所讲的公共关系活动的全面评估主要包括以下几个方面的内容。

1. 公共关系目标评估

此项评估即评估总体目标是否正确；围绕这个目标的各种实施目标是否具体；检验目标是否成为现实，或者在多大程度上成为现实；组织内部成员对活动的目的是否透彻了解；组织内部各部门对活动是否积极合作和大力支持等。

2. 公共关系计划评估

此项评估主要包括：分析公共关系计划的可行性和计划的实现情况等，发现公共关系计划制订得是否正确合理、是否周密；计划实现的程度、范围、效果怎样；计划实施方法、程序是否需要调整或修正；主体是否明确且富有号召力；计划预算是否适当。

3．公共关系经济效益评估

虽说公共关系在于平时的渗透，是一个长期效应，效果不能立竿见影，存在滞后性等特点，但也不是说就不用评估公共关系经济效益。通过评价公共关系活动，检验组织的产品销售量是否有所增长，增长多少等问题。

4．公共关系社会效益评估

评估公共关系社会效益，就是让组织除了考查近期经济效益外，还要分析长远效益。有些活动近期效益明显，但没有长远效益；有些活动虽然没有近期效益，但长远效益明显，能够为社会组织的未来发展创造有利条件。只有既考察近期效益，又考察长远效益，评估的结论才能做到科学公正。通过评估公共关系活动，检验组织的知名度和美誉度是否有所提高，提高了多少等问题。

二、公关调查效果评估的流程

一般地讲，评估工作可分为以下三个阶段：

1．评估准备阶段

在评估准备阶段中，应确定评估的目标和标准；安排评估的人员和时间进度。重温公共关系目标，看看既定的目标是否实现。

2．整理分析阶段

在整理分析阶段，运用各种评估的具体方法，全面搜集各种所需的评估资料和信息。应参考评估标准对所搜集的各种资料或信息进行分析比较、统计对照，检查既定公共关系目标是否达到，检查预算执行情况与效果。并在评估分析的基础上，提出计划实施中尚存在的没有解决或新发展的问题，并进一步分析产生这些问题的原因。

3．撰写报告阶段

公共关系评估报告是评估工作的最终成果，它主要说明的是“我们做得怎么样？为什么会这样？”评估工作实质上也是一种调查工作，是对整个公共关系活动的调查。因此，评估报告的格式与调查报告的格式相似，只是内容和针对性有所区别。一般包括以下内容：①描述整个公关活动过程；②简捷地概括活动所取得的主要结果及其存在的不足；③科学地预测尚未解决的一些问题在今后的发展趋势；④提出相应的解决办法，为决策者决策提供充分的信息根据。

在全面检查、评估分析、提出问题的基础上，公共关系人员应根据情况和需要调整工作计划和目标，并向决策部门报告分析结果，以便领导者统筹考虑组织的目标和任务。同时，还要针对新问题并根据组织的总目标、总任务，设定公共关系下一个阶段目标。

三、公共关系评估的标准及方法

（一）制定公共关系评估的标准

公共关系评估应从公共关系工作开展的准备过程、实施过程和实施效果三方面进行。

因此，评估标准应包括这三个方面的标准。

1．公共关系工作准备过程的评估标准

（1）内部材料是否充分。例如，查看前几个程序中是否充分利用资料和分析判断的准确性。重点是及时发现在环境分析中被遗漏的、对项目有影响的因素，以及检验所准备的信息资料是否符合问题本身、目标及媒介的要求。检验时强调的是信息内容的真实性与合理性。

（2）信息的表现形式是否恰当。检验有关传递的信息资料及宣传品设计在文字语言的运用、图表的设计、图片及展示方式的选择方面是否合理、新颖，是否能达到引人注目、给人以深刻印象的要求。

2．公共关系工作实施过程的评估标准

（1）发送信息的数量。评估在实施过程中在电视广播讲话的次数、发布信件及其他宣传材料以及新闻发布的数量，以及宣传性工作如展览等进行与否及其努力程度。

（2）信息被传播媒介所采用的数量。报刊索引和广播记录一直被用来作为查对传播媒介采用信息资料数量的依据。其他宣传活动如展览、公开讲话的次数，也反映了组织为有效地利用各种可能渠道将信息传递给目标公众的努力程度。

（3）接收到信息的目标公众数量。将收到信息的各类公众进行分类统计，从中找出目标公众的数量及其结构。可以借助于报纸杂志的发行量、会议及展览的出席人数等作为评估的参考数据。

（4）注意到该信息的公众数量。了解传播信息的实际效果。

3．公共关系工作实施效果的评估标准

（1）了解信息内容的公众数量。

（2）改变观点、态度的公众数量。

（3）发生期望行为和重复期望行为的公众数量。

（4）达到的目标和解决的问题。

（5）对社会和文化的发展产生影响。这种影响同其他各种因素共同起作用，并在较长时间里以复杂的、综合的形式表现出来。

（二）选用适合的公共关系评估的方法

公共关系评估的方法主要有以下四种：

1．观察反馈法

观察反馈法是由评估人员直接参与实施过程，进行实地考察，记录各个环节实施的状况和顺序以及进展情况。

2．舆论和态度调查法

舆论和态度调查法是在公共关系活动的前后分别进行一次舆论调查，检查公共关系活动对公众的态度、动机、心理、舆论等方面的影响。通过舆论与态度调查，借助“组织形象地位图”，检查组织知名度和美誉度的改善情况；运用“组织形象要素调查表”，检查组织形象要素的具体构成有了哪些进步；通过“形象要素差距图”，检查组织实际形象与期望形象之间的形象差距有多少改善。

3．自我及外部公众评估法

自我及外部公众评估法是根据组织内部各职能部门的资料和组织外部广大公众的信息反馈来评估。可以通过从不同渠道汇报上来的各种资料，如数据、图表、报告，作为评估的重要依据。

4．新闻报导分析法

新闻报导分析法是指根据组织在新闻媒体的见报情况来评估公共关系效果的方法。新闻舆论的敏感度很高，是反映组织形象的一面镜子。根据新闻传播的数量、传播的质量、传播的时间、传播媒介的影响力、新闻资料的使用等方法来进行评估，可获知本组织形象的状态。

上述各种评估方法都有自己的特点，不同组织可根据自身的实际情况具体选择和应用这些方法。也可以综合运用，通过几种方法相互比较、相互引证，得到一个全面的、综合性的评估结论。若公关项目只是单一目标的短期计划，那么选择其一即可。

四、公共关系评估报告

1．公共关系评估报告的格式

按照评估的目的与要求，公共关系评估报告的结构可以采用不同的格式，灵活安排结构。结构服从于内容表达的需要。通常，公共关系评估报告书的结构格式依次包括：

（1）封面。封面的主要内容包括评估书或项目的题目、评估时间、评估人（单位名称）以及保密程度、报告书编号。题目要反映出评估的范围和对象。排版应醒目、美观。

（2）评估成员。反映哪些人参加了评估工作，负责人是谁。

（3）目录。便于阅读报告书的人使用。

（4）前言。反映评估任务或工作的来源、根据、方法、过程以及其他特别需要说明的问题。也有的评估报告书把评估的方法、过程等写进正文部分。

（5）正文。正文是评估报告书最重要、最主要的部分，也是评估报告书的主体，包括评估的原则、方法、范围、分析、结论、存在的问题、建议等。

（6）附件。附件内容是对正文内容的详细说明和补充，是正文的证明材料。

（7）后记。后记主要说明一些相关的问题，如报告书传播的范围，致谢参加人员及相关单位等。

2．撰写公共关系评估报告应注意的问题

公共关系评估报告书的写作是有相当难度的。在写作过程中，既要求执笔人员客观、公正、全面，又要求报告书可读、简洁、明了。为此，除格式方面的要求外，在写作过程中，还应注意如下问题：

（1）定量与定性相结合。通常，评估结论是定性的，但必须用定量的指标作说明。注意定量与定性的密切结合。

（2）建议与策略具有可操作性。只有切合实际情况的建议才具有可操作性。

（3）语言准确、精练。尽量用最少的文字、篇幅来说明问题，提出建议。切忌太多的学术词汇，让评估报告的阅读者难以理解。

（4）结论客观具体。评估结论要客观，既要看到成绩、效益，又要看到缺点和不足。在结论中，要避免“可能”、“大概”、“也许”等模糊语言。所有的结论都应该找到相应的材料作证明。

课后训练

一、案例分析

一场世纪婚礼　一次国家公关

2012年2月，威廉王子和平民凯特的“世纪婚礼”引发全球各界的强烈关注。相比30年前查尔斯王子和戴安娜王妃的那场世纪婚礼，“80后”威廉与凯特的结合少了几分奢华和高高在上的感觉——游行路线更短，婚纱更朴素，蜜月时间更短。全球民众一边观看网络视频，一边在微博上点评婚纱，与英国王室近年来向平民靠拢的努力契合。

各国媒体大肆报道英国王室大婚消息，有的形容凯特嫁入王室是“终极灰姑娘童话”，也有报道说，这次婚礼见证了王室修复形象显效，是一次成功的国家公关。

一、修复形象，婚礼让王室与民众建立新关系

婚礼盛况让普通民众和全球媒体都兴奋不已。由戴妃“御用”摄影师泰斯蒂诺为一对新人拍的合照，登上英国《太阳报》、《每日镜报》及《每日快报》头版。《独立报》在头版也刊登多幅大婚相关照片，并幽默地写道：“没兴趣王室大婚？请直接翻到第6页。”

美联社的文章说，站在白金汉宫的阳台上，面对楼前兴奋的英国民众以及电视机前的全球观众，威廉王子深情地给了妻子凯特一个“世纪之吻”。这一吻既象征着威廉凯特这对新婚夫妇步入人生新阶段的幸福开始，也代表着英国王室重整旗鼓的新契机。

无论怎样，这场婚礼给了英国人一位新的平民王妃，她那身广受好评的婚纱与迷人亲和的微笑成为当天的最大亮点，连英国《太阳报》都不得不说：“真是一个凯特日！”

二、国家公关，童话故事中包含太多无奈

在莎士比亚的故乡，这的确是个童话般的故事。“但这样的童话故事中又包含着太多的无奈，尤其是对于英国王室。”《华盛顿邮报》话锋一转，在英国王室稍显落魄的背景下，这样的童话故事也隐含着很多的无奈。《华尔街日报》也称，英国王室为了摆脱以前的阴影，这一次公关计划制作精良，并对王室开支进行了明智的削减，这无疑是无奈之举。“这将成为标志英国王室长久以来试图修复‘家族企业’这一努力的主要里程碑，同时对于全球最知名的王室家族温莎王朝来说，也将是迈向一个不同以往而又扑朔难料的未来的重要一步。”《泰晤士报》说。

王室现在的部分功能是向海外推销英国。《时代》周刊刊登了英国历史学家亨特的评论文章称，王室应利用其影响力来进一步加强英国的“软实力”。

三、各国媒体头版婚礼报道标题

英国《每日邮报》“为大婚能吸引世界目光感到光荣”

英国《太阳报》“母亲会感到骄傲”

英国《卫报》“两人结婚，20亿人注视”

德国《图片报》“凯特会成为我们心中的公主”

俄罗斯《共青团真理报》“凯特令人想起戴妃”

澳大利亚《澳大利亚人报》“灰姑娘童话连好莱坞都垂涎三尺”

印度《印度快报》“终于等到他们说‘我愿意’了”

加拿大《多伦多太阳报》“加拿大人乐见这对夫妇的光明前程”

美国《时代》“梦幻时刻，看威廉两次亲吻他的新娘”

日本《朝日新闻》“威廉王子迎娶凯特”

四、保有民心，王室拥有九成民众支持英国仍需要君主

多年来，英国媒体的保皇派和自由派各自把持底线，对王室的态度并没有因为某某王室成员的表现而发生根本改变。但民间，关于王室存在必要性的讨论却一直不曾消停。

2012 年 4 月，英国《卫报》随机调查了 1003 名英国成年公民，结果显示，近七成英国人（67%）认为实行君主立宪使得英国在全世界受到尊重。九成公民认为，英国十年之内都需要君主；超过一半的人认为君主这一角色有必要延续 50 年。这一调查结果显示了英国王室仍然能够赢得大多数英国人的心。“如果要想让王室童话百世流芳，就必须克服众多挑战。”美国《华尔街日报》提醒说，虽然英国王室仍保留着能随时陷入丑闻的“本事”，但周五的盛典却显示出，王室从企业和明星形象制作人那里学到了一些东西，更为缜密地打造自身未来的命运。

或许，这场婚礼是否万众瞩目并不重要，重要的是婚礼的两个主角觉得开心，如英国《卫报》网站一首打油诗所说：让我们把政治抛弃，投入这一天的传奇，最重要的是，这只是一场婚礼。

案例思考：

1. 通过阅读案例，思考并尝试结合具体案例说明这一场世纪婚礼是如何与纷繁复杂的国家公共关系联系起来的？

2. 阅读案例，思考本案例的公关媒体策划及处理方式，以及给我们带来哪些启示？

二、实训题

请以小组为单位在学校附件选择一家日用品商店，对其推出的针对大学生会员征集的公关活动进行调查，分析调查结果，并协助该企业或分店策划并实施一项经过改进的同类公共关系活动。

模块九 公关活动训练

任务一 庆典活动
任务二 展览会
任务三 社会公益活动
任务四 新闻发布会

任务一 庆典活动

学习目标

知识目标： 了解庆典活动的公关意义；掌握庆典活动的种类；熟悉庆典活动的常规程序；掌握庆典活动的工作要求。

能力目标： 能够运用所学知识策划大型的庆典活动；能够根据活动的主题合理选择大型庆典活动的类型。

任务导入

全聚德创自1864年，是北京烤鸭的老字号品牌。2004年7月集团举行“全聚德创建140周年暨亚运村店开业庆典”。庆典上，全聚德集团公司董事长、总经理姜俊贤同志首先致辞，庆祝全聚德140周年华诞并表示集团将为弘扬中华饮食文化，促进民族餐饮业繁荣发展，为迎接奥运盛会的举办，不懈努力，作出积极的贡献。接着与会全体嘉宾共同观看了由全聚德集团与中央新闻电影制片厂联合摄制的专题纪录片《百年全聚德》。纪录片之后，在庆典上举行《全聚德与天下第一楼》、《媒体话说全聚德》两本书的首发式。

在庆典上，全聚德集团还邀请了北京市旅游局副局长顾晓园、北京首旅集团总裁梅蕴新为全聚德亚运村店“国家特级酒家”和“五星级酒店”揭牌，之后是有标志意义的烤鸭出炉。1999年在全聚德创建135周年的时候，第1亿只烤鸭在前门店隆重出炉，5年后全聚德第一亿一千五百万只烤鸭和标志着亚运村店正式开业的第一只烤鸭出炉，原北京市副市长郭献瑞、北京烹饪协会会长杨登彦为两只具有特殊纪念意义的烤鸭片下第一刀，并在证书上签名。

此外，在中国代表团即将奔赴雅典奋战第28届奥运会之际，为了表达对中国体育健儿奔赴雅典的衷心祝愿，全聚德亚运村店宣布：全聚德亚运村店为奥运冠军设立“庆功宴”。从即日起，在历届奥运会上荣获冠军的中国运动员，一年内可到亚运村全聚德烤鸭店免费享用“奥运金牌庆功宴”。

——以上文字来自千龙网（文字有改动）

1. 这次庆典活动属于何种类型的庆典？
2. 在庆典活动的策划上有何特色之处？

庆典活动是社会组织为庆祝某一重大事件而举行的一种公共关系专题活动，如开业或周年庆，新设施奠基，展销会开幕等。目的在于联络公众、广交朋友、增进友谊、扩大影响。一个组织举行一次气氛热烈、隆重大方的庆典活动，就是一次向社会公众展示自身良好形象的机会，它体现出的领导人组织能力、社交水平及企业文化素质，往往成为社会公众取舍亲疏的重要标准，因此庆典活动必须进行精心策划和组织。

一、庆典活动的公关意义

成功的庆典活动是突出组织形象，扩大组织知名度，提高美誉度的重要活动方式。其公关意义主要有以下几个方面：

（1）外塑形象。借庆典活动可以提高组织的知名度，使企业的形象得到广泛的传播；也可以通过庆典活动融洽与政府、社区、公众等的关系，如在活动中邀请政府官员、商界领袖、新闻媒体记者、社区公众等参加活动，以此建立良好的社会形象。

（2）内强实力。组织通过庆典活动可以推出一些优惠措施、娱乐活动，以此增强内部员工的凝聚力，坚定员工为企业工作的决心和信心，进而不断增强企业的实力。

二、庆典活动的类型

（1）开业（幕）庆典，指第一次与公众见面的，为具有纪念意义的事件而举行的庆祝活动，包括运动会各种文化节日的开幕典礼，企业的开业典礼，重大工程的开工典礼或奠基典礼，重大工程的首次通航、通车典礼等活动。开业（幕）典礼活动，可以迅速打开工作局面，提高组织知名度与关注度，因此是最常用的一种庆典活动形式。

（2）周年庆典，指为庆祝社会组织成立一定周年而开展的庆祝活动。多种形式的周年庆典活动，有助于巩固组织在公众心目中的形象，进一步提高知名度，可以成为组织未来发展的重要里程碑。如2004年中国联想公司举办的20周年庆典活动，通过一次成功的庆典活动使得联想公司的知名度、美誉度、影响力等都得到了极大的提高。

（3）乔迁庆典。社会组织常会因规模的扩大等原因而搬入新址。在乔迁之际举办声势浩大的庆祝活动，可以将此信息传达给有关公众，以减少搬迁对组织的不利影响，同时也可以借机扩大宣传，达到一举两得的效果。

（4）其他重大成果庆典，指组织遇到某一具有“里程碑”性质的事件或取得重大成果而举行的活动。如新产品的开始投放市场，安全生产××天，获得××重大奖项等，以此为契机举办某种形式的活动庆贺一下，既可以向外界迅速传播这一喜庆的消息，使公众与组织共同分享成功的喜悦，同时也可以借此机会感谢公众的支持，从而增进公众对企业的认可。

同步思考：

有专家说：“历史上任何事件都有它的一周年、十周年、一百周年等，都是值得纪念的”，结合公关专题活动谈谈你对这句话的理解。

三、庆典活动的组织

虽然庆典活动的类型比较多，但是作为一种热烈、隆重的公共关系活动，尽管具体内容和形式会有所不同，但有不少的基本程序却是不可缺少的。

（1）渲染气氛。为体现庆典活动的热烈隆重，常常通过彩旗、大型拱门、热气球、花卉、舞台背景设计、鸽子放飞、航模、大型号立体显示屏等方式渲染营造喜庆、热烈的气氛。活动气氛的渲染可以既要结合庆典活动的特点，也要结合社会组织的行业特点来进行精心策划和设计。

（2）庆典开始。主持人宣布庆典活动开始，奏乐、鸣放鞭炮、放飞气球或是鸽子。

（3）介绍嘉宾。在庆典活动的筹备阶段就应做好邀请名单的拟定及嘉宾的邀请工作。嘉宾的邀请要全面，不可有疏漏，通常邀请的嘉宾包括政府有关部门负责人、社区负责人、社会各界知名人士、同行业代表、社团代表、新闻记者、员工代表、公众代表等。对于隆重的庆典活动最好力争政界要员出席，如国家领导、政府职能部门领导、地方政府首脑、地方各部门官员，他们的亮相或讲话会给活动带来很大的影响力。嘉宾的邀请工作至少提前一周完成，以便被邀宾客安排时间，在活动开始前一天还应跟嘉宾们取得联系，以确定各位嘉宾的出席情况。

（4）致贺词与致答词。这是庆典活动的主要内容，通过来宾祝词与组织负责人的答词来传播有关组织信息。贺词一般是由客方人员中有较高社会地位的人士来宣读，答词则由主方的主要负责人来担任宣读。贺词和答词都应言简意赅，起到鼓舞人心、烘托庆典活动的作用。

（5）剪彩。参加剪彩的人员应由主方的负责人和客方中地位较高、有一定声望的知名人士共同组成，也有的剪彩活动会邀请劳模或是其他市民和普通员工剪彩。通过剪彩活动，可以将庆典活动推向高潮。

（6）助兴节目。助兴节目可以是文艺表演、放映电影、年会、座谈会、抽奖、游戏、猜谜等参观工作现场活动、参观组织陈列馆等，通过这些活动可以让上级、同行和社会公众了解自己、宣传自己并完善自己。

以上谈到的只是常规的庆典活动的组织，要组织实施一次具有特色的与众不同的庆典活动，作为公关人员一定要认真调查，精心策划。在庆典活动上精心设计与主题紧密相连的，极具特色的各类活动，以此烘托庆典气氛，达到公关活动的目标。

任务二 展 览 会

学习目标

知识目标：了解展览会的特点；掌握展览会的类型；掌握展览会的流程。

能力目标：能够根据公关活动的需要恰当地选择合适的展览会类型；熟悉展览会的流程并能够策划中小型的展览会。

任务导入

2006年10月15日第100届中国出口商品交易会在广州举办，温家宝总理亲自到会并致开幕词。与新中国外贸同步而生的广交会，历经五十年风雨，无论是上个世纪六十年代的经济困难、十年动乱，还是亚洲金融风暴冲击，一年两届的广交会，从来没有间断过。五十年来，广交会极大地推动了中国对外贸易的发展。

广交会第一百届展会共有全国50个交易团、14 001家企业参展，展位总数达31 408个，总占地28.2万平方米，各项指标均居历届之最，成为名副其实的“天下第一会”。

要举办一次成功的、有影响的展览会，应从哪些方面进行组织和实施呢？

展览会是较为重要的公共关系专题活动之一，他通过实物、文字、图表等来展示成果，图文并茂，给观者以极强的心理刺激，不仅会加深参观者的印象，而且会大大提高组织和产品在参观者心目中的可信度，进而提高组织在公众心目中的信誉。同时，展览会还可以吸引众多的新闻媒介的关注，由记者将展览会的盛况传向社会，取得更大的宣传效果。所以说展览会是一种集多种传播媒介于一身的现代组织塑造形象的公关宣传形式。

一、展览会的特点

展览会通过实物、模型和图表来进行宣传，不仅可以起到教育公众、传播信息、扩大影响的作用，还可以起到使组织找到自我、宣传自我、增进效益的作用。具体来说，展览会具有以下特点。

（1）直观生动。展览会以实物展示为主，同时配以现场解说、示范表演、宣传资料、录音录像，因而生动、直观，与公众的心理相吻合，能够给人留下非常深刻的印象。另外，通常展览会的现场会播放优美的音乐、赠送实用小巧的赠品，陈列生动新颖的艺术造型，设计互动有奖游戏，放映相关电影，以此塑造良好的氛围，增强展览会的宣传效果，吸引公众的参观与选购。

（2）双向沟通。展览会一般都安排各种专门人士负责讲解、演示，当场回答参观者提出的各种问题，就参观者感兴趣的问题进行深入讨论，还可以及时获取公众对产品或活动的反馈意见，从而形成直接的双向信息沟通，加深企业与参观者之间的相互了解，有利于发展企业与公众的深层次关系。

（3）广泛传播。展览会作为一种大型的专题活动，往往能成为新闻媒体追踪的对象。展览会的预先宣传，开幕时邀请的政府官员、知名人士等，展览会期间创造的各类新闻，这些都会吸引媒体进行报道。通过媒体的报道，展览会的影响也就会不断扩大，组织的形象，产品的形象等也会在相对集中的时间内得到高效率的广泛传播。

二、展览会的类型

展览会的形式很多，从不同的角度，可以划分不同的类型。从展览会的性质分，有贸易展览会和宣传展览会；从举办的地点来分，有室内展览会和露天展览会；从展览的项目来分，有综合性展览会和专项展览会；从展览的规模来分，有大型展览会和小型展览会；从移动性角度分，有固定展览会和流动展览会；从展览时间的长短分，有周期性展览和一次性展览。接下来介绍几类主要的展览会类型。

（1）贸易展览会与宣传展览会。贸易展览会，通过展出实物产品，促进产品的销售。如“迎春花市”，“中秋月饼展销”等。宣传展览会主要是为了树立组织、产品或人物形象，通过图片资料、图表或某些实物而举办的，目的在于宣传一种观念、思想、成就。

（2）大型展览会与小型展览会。大型展览会是指规模较大，参展单位和项目多，展览技术较高的展览会，这种展览会通常由专门机构主办，参展者报名参加。小型展览会可由有关组织自办或某一单位主办，主要展示与本组织有关的主题或产品。

（3）室内展览会与室外展览会。室内展览较为庄重，时间有保证，展品易保存，不受天气的影响。室外展览会布置简单，花费较少，活动空间大，但是受天气的影响较大。

（4）综合展览会与专题展览会。综合展览会要求内容系统、参加单位众多，参展品种门类多。专题展览会，指同类别产品的展览会，这种展览会的对比性强，竞争激烈，但对于促进行业技术进步和新产品的开发有较强的推动作用。

同步思考：

中国进出口商品交易会，即广交会，创办于1957年春，每年春秋两季在广州举办，是中国目前历史最长、层次最高、规模最大、商品种类最全、到会客商最多、成交效果最好的展览会。请思考这种展览会的类型。

同步思考：

时装、农副土特产品、花卉、大型机械等的展览会分别适用哪一种类型的展览会呢？

三、展览会的组织与实施

展览会为组织开展公关活动提供了一个良好的机会，组织应该充分利用这个机会展示自己的产品，传递必要的信息，加强与社会公众的直接沟通。为使展览会办得卓有成效，展览会的组织与实施应注意做好以下工作。

（1）分析必要性和可行性。因为不论何种展览都需要投入较多的人力、物力和财力，如果不进行科学的分析论证，就很有可能或是费用开支过大而得不偿失；或是盲目举办展会而收效甚微。

（2）明确主题，确定展览方式。每次展览会都应有一个明确的主题，并将主题用各种形式反映出来，如主题性口号、主题歌曲、徽标、纪念品等。必须弄清楚是要宣传产品的质量、品种，还是要宣传组织形象；是要提高组织的知名度，还是要消除公众的误解。在明确主题的基础上，进而确定展览会的类型以及举办方式。

（3）明确参展单位，参展项目。可以通过多种广告形式对外积极宣传展会举办的相关信息，对于有潜在的参展商可以发邀请函或是寄送相关展会信息资料。举办方要对参展项目进行合理安排，包括项目的选择与设计，项目的展位区域分布等。

（4）选择地点和时机。地点的选择要考虑交通、周围环境、展览场所的大小、质量、设施等。目前，我国的大型展览会多选大城市举办，就是考虑到交通便利，参展单位方便前往，观展公众人数众多等因素。时机的选择上要考虑季节性和周期性，再就是要考虑避开或利用重大节假日的原则。如迎新春年货展销活动，就应当选在春节的前几周进行，太早了很难有节日即将到来的气氛，太迟了又难以达到销售的目的；而有些展览会又要利用节假日，因为大量公众的休假出行为展览会的人气的提升提供了可能性。

（5）准备资料、制定预算。展览会的资料，包括展览会的宣传资料，展览会展位的安排、展览会期间工作人员安排、展览会开（闭）幕式的方案等，可以说在组织展览会前一定要精心筹划，周密布置。举办展览会要花费一定的资金，如场地和设备租金、运输费、设计布置费、材料费、传播媒介费、劳务费、宣传资料制作费、通信费等。在做这些经费预算时，一般应留出5%—10%作准备金，以作调剂之用。

（6）明确参观者类型。参观者的类型将影响到信息传播手段的复杂性和多样性，有些展览会是针对既定的人群开放的，有些展览会则是以普通公众为观展对象。

（7）培训参展工作人员。展览会工作人员的素质与技能对展览公效果起着重大影响作用。因此要积极做好工作人员，如接待员、讲解员、服务员、安保员等的培训工作。

（8）成立专门的对外新闻发布机构和接待机构。该机构主要负责加强与新闻媒体的联系、邀请名人参观展览、发掘展览期间的新闻事件等，以扩大展览会的社会影响。

（9）落实展览会期间相关工作。主要有以下：参展单位签到、观展人员统计、展厅内部秩序的维持、展品与设备的安保、商务洽谈场所的提供等工作。

（10）展览会效果的测定。这个环节是对实施展览工作所带来的社会效果的检测和评估。可以通过参观者留言、观众座谈会、记者采访、问卷调查、知识竞赛等方式来评测展览会的举办效果。

任务三　社会公益活动

学习目标

知识目标：了解社会公益活动的意义、类型；掌握赞助社会公益活动的公关意义。
能力目标：能够运用所学知识为组织成功赞助一次社会公益活动。

任务导入

中国工商银行积极赞助社会公益活动

2010年，工商银行继续积极支持社会公益事业，采取捐款捐物、人力救助、智力扶持、服务回馈等方式，广泛参与扶贫开发、抗灾救灾、教育资助等活动，切实履行了大型商业银行应尽的社会责任，得到了社会各界的普遍好评，被中国扶贫基金会授予“2010年度公益明星（单位）”称号。

2010年度，工行结合自身情况积极开展在灾区的救援活动。青海玉树强震发生后，工行一方面及时向灾区捐款3 712万元和棉被、食品等价值50万元的物资，帮助灾区人民度过灾难、重建家园。另一方面全力做好抗震救灾金融服务工作，开通“绿色捐款通道”，采取捐款免收手续费、网点优先办理地震赈灾捐款等措施，确保社会救灾资金能及时到账，并配备充足的服务人员和机具，全力以赴协助各家慈善机构做好接收社会捐款的服务工作。同时建立“电话直联”服务机制，主动加强与驻守部队的沟通联系，全力做好部队客户抗震救灾所需的各项应急现金支付和现金调运工作。实施“一对一紧密服务模式”，满足交通、铁路、民航、医院、公安等系统的应急提款需求，有力地支持了抗震救灾工作的顺利开展。及时启动了抗旱救灾金融服务方案，有关分行还成立了专项工作小组，一方面与受灾地市政府保持密切联系，及时了解抗旱救灾资金需求情况；另一方面，深入灾区客户中间开展调研，分析旱灾对客户经营发展带来的影响和困难。从2009年10月到2010年一季度，累计投放抗旱救灾贷款43.3亿元，其中抗旱保苗贷款31.6亿元，引灌抗旱工厂及机具设施配套2.4亿元，支持农业经营和结构调整贷款1.8亿元，其他相关贷款7.5亿元。所有的这些都充分履行了大型商业银行应尽的社会责任，展示了良好的企业形象。

——资料来源：中国工商银行网站 http://www.icb.com

请思考社会组织应如何参与社会？

一、社会公益活动的作用

公益活动是组织从长远着手，出人、出物或出钱赞助和支持某项社会公益事业的公共关系专题活动。公益活动的内容包括社区服务、环境保护、知识传播、公共福利、帮助他人、社会援助、社会治安、紧急援助、青年服务、慈善、社团活动、专业服务、文化艺术活动、国际合作等。公益活动是目前社会组织特别是一些经济效益比较好的企业，用来扩大影响，提高美誉度的重要手段。具体来说，公益活动的作用有以下几方面：

（1）树立组织关心社会、勇于承担社会责任的良好形象。

（2）企业是社会大家庭的一员，企业不仅应当注意经济效益，也应当关心社会效益，具有高度的社会责任感。企业通过积极参与社会公益活动，不仅可以消除或缓和与社区、社会环境的紧张关系，还能够帮助自身树立良好的企业的道德人格形象。

（3）增强组织的说服力和影响力。

（4）组织在参与社会公益活动时，可以通过赞助的方式将企业的名称、产品、商标以及服务等通过新闻媒介等广泛报导出去，这也是一种变相的广告宣传，其产生的广告效益，远远超过单纯的广告宣传。

（5）增进组织与公众之间的情感关系。

（6）社会公益活动肯定有其受到帮助的既定对象，这些对象由于接受了组织的无私帮助，必然加强与组织的密切联系，组织与公众之间就形成了良好的情感沟通，这样组织与公众之间的情感关系也必然会得到进一步的提升。

二、赞助（组织）社会公益活动的注意事项

在赞助（组织）活动中，公关人员应充分考虑如何将有限的经费发挥出最好的社会效益。赞助社会公益活动有以下几个原则：

（1）考虑社会效益和组织能力。所赞助的社会公益活动是否具有广泛的社会影响，是否具有良好的社会效益，本组织是否能够承受各项具体的赞助费用。如果不考虑组织的经济能力，大小活动都去赞助，只会让组织入不敷出，骑虎难下。对于组织承担的赞助活动，也要制订好具体的计划，计划要留有余地，以防突发事件带来的被动。

（2）考虑传播效果。赞助本身是一种直接提供金钱或物质来进行的传播活动，因此必须讲究传播效果。所赞助的社会公益活动应用利于扩大组织的知名度和美誉度，同时还要分析公众及新闻界对有关赞助项目的关注程度，明确对于赞助所给予的传播补偿方式和条件。

（3）考虑赞助时机与方式。赞助应抓住当前公众关心和媒体关注的一些热点、焦点或重大事件和活动，既不要太早，也不要太迟，把握赞助的时机，善于代势、造势、用势。赞助的方式可以是出钱，也可以是出物，还可以是出人，组织可以根据实际情况选择一种或是几种组合。

三、赞助（组织）社会公益活动的步骤

（1）前期调研。赞助活动是一种高投入的公关活动，盲目的开展只会造成人力、物力、财力上的极大浪费，甚至是费力不讨好。所以前期研究组织赞助社会公益活动的必要性、重要性及可行性是一项非常重要的基础工作。前期研究主要是了解赞助对象的基本情况、确定组织赞助的方向和政策，分析赞助的成本和可能获得的效果。

（2）制订计划。计划内容应当包括：赞助的目的、赞助对象的范围、赞助费用、赞助形式、赞助实施的程序、赞助活动的时机等。计划的制订要充分考虑组织的实际情况，同时也要做好一定的预留工作。

（3）实施方案。在研究和制订计划的基础上，社会组织派出专门实施赞助活动的公共关系人员去具体落实。在实施过程中公共关系人员要注意充分运用各种切实有效的手段和方式，施展公共关系的技巧，尽可能扩大赞助活动的社会影响，使赞助活动创造最佳的效益。

（4）评估成果。任何一项赞助活动都有其预期目标，赞助活动结束后，赞助组织应对照计划对赞助活动的效果进行评估检测。总结完成或未完成、达标或未达标的原因，分析本次赞助活动中的成功所在或差距所在，以便为以后的赞助活动提供经验、参考、借鉴。

任务四　新闻发布会

学习目标

知识目标：了解新闻发布会的特点；掌握新闻发布的程序；熟悉新闻发布会前、会中、会后的工作。

能力目标：能够根据新闻发布的特点和程序组织设计新闻发布会活动。

任务导入

××市××公司发生火灾。此次火灾之后，海内外数十个媒体蜂拥而至。现场的采访结束之后，接着召开新闻发布会，但新闻发布会的现场显得颇为尴尬。

原本通知6点举行的新闻发布会因各种原因不得不推迟到近7点才举行，简要地回答几名记者的提问之后，主持人宣布新闻发布会结束。这时有的记者要求继续提问，主持人对记者的要求以“用餐时私下交流”为理由拒绝。记者不肯罢休，坚持要提问，新闻发布会的发言人只好面色凝重地按照程序来念事先准备好的稿子，以此搪塞记者，记者很不满意，气氛相当尴尬。

如何避免新闻发布会上的种种尴尬现象的发生？

一、新闻发布会的特点

新闻发布会，是指社会组织把组织的最新消息告知给新闻媒体的一种特殊会议形式，是组织传播信息让公众快速真实地知晓信息的一种有效手段。从广义上讲，新发布会又可以叫做记者招待会。从狭义上讲，新闻发布会侧重于发布新闻，记者招待会的主要目的则是和新闻媒介公众进行沟通。新闻发布会是一种两级传播：组织先将信息告知记者，再通过记者所属的大众传播媒介告知公众。它一般具有以下特点：

1. 组织机构与信息的权威性

通常情况下举行新闻发布会的都是政府部门、企业或代表一级组织的机构（具有代表某一级组织的权力），所以其发布的消息一般来说是比较权威的。

2. 难度大、要求高

召开新闻发布会对组织发言人和主持人的要求较高，发言人和主持人要求头脑清晰，思维敏捷，逻辑性和应变能力强，因此举办新闻发布会与其他专题活动相比，难度大。

3. 情感交流的双向性

在新闻发布会上，记者、主持人、发言人之间可以进行面对面的交流，可就一些问题达成共识，加强了组织与新闻记者的相互沟通。记者可以根据自己感兴趣的方面或所看重的角度进行提问，更深入地发掘消息。

4．传播的快速性

举行新闻发布会后，消息经过各大媒体的广泛传播，可以在短时间内使公众知晓远在千里之外刚刚发生的事情。重大事件的发布会的参加对象虽然人数不一定很多，但是经过媒体传播后，往往在较短的时间就能引起成千上万甚至上亿人的关注。

二、新闻发布会的组织与实施

要使新闻发布会召开成功，达到预期的效果，在新闻发布会召开之前、召开之中、召开之后都需要做好多方面的工作。

（一）会前工作

1．确定新闻发布会的必要性和主题

在确定新闻发布会的必要性时，要考虑发布会的消息是否具有传播的新闻价值，发布新闻的时机把握是否恰当。切忌不分大事小事都召开发布会，如果是这样只会让记者失望，让公众失去兴趣，同时也使组织形象受损。在发布会的主题确定上，既要考虑新闻媒体的接受性、考虑社会公众的兴趣，还要考虑主题的轰动程度。

2．确定新闻发布会举行的时间和地点

举行新闻发布会，在时间上应该尽量避开节假日和有重大社会活动的日子，以免记者不能来参加。在地点选择上主要是考虑给记者创造各种方便采访的条件，也要考虑组织自身形象的展示。

3．筛选联系媒体

确定邀请的对象，应根据新闻发布会的主题，有选择地邀请有关的新闻记者参加。要考虑媒体的类型以及媒体的级别。邀请对象一经确定，应提前7～10天发出邀请，临近开会时还应打电话联系落实。

4．选定主持人和发言人

主持人应具有较高的文化修养和专业水平，还要思维敏捷、口齿伶俐。发言人通常由组织的高级领导担任，因为他们熟悉组织的整体情况和方针、政策，发布消息和回答问题具有权威性。

5．准备相关材料

发言稿要准确、生动，并且与报导提纲保持一致。

6．要预计会议所需费用

根据新闻发布会的规格和规模做出可行的经费预算。费用项目一般有：场租、会场布置、印刷品、茶点、礼品、文书用品、音响器材、邮费、电话费、交通费等。需要用餐时还应加上餐费。

7. 熟悉新闻发布会的大体程序

（1）迎宾签到：记者和编辑到达会场后，接待人员应做好来宾的签到和名片收集工作。

（2）分发资料：由公司的主要领导或公关部门负责人向来宾分发新闻稿及相关资料。

（3）会议过程：这是整个发布会的核心环节，通常是主持人向各位来宾致欢迎辞，介绍会议概况和嘉宾，发言人发言，记者与发言人问答沟通或安排媒体专访。

8. 礼品准备

适当准备一些小纪念品或礼品，以放大影响，加深友谊。

（二）会中注意事项

（1）注重形象。主持人、发言人等参加发布会工作的相关人员应注意个人形象，仪表端庄、精神饱满。这既是对公众与新闻媒体的尊重，同时也代表了组织自身的形象。

（2）维持秩序。发布会进行过程中，无关人员不能随意进去，工作人员也要注意坚守岗位，不要乱窜乱走。主持人要充分发挥主持和组织作用，与发言人配合，围绕会议主题，控制好会议进程，调节发布会的气氛。

（3）应答技巧。主持人与发言人要态度诚恳，口径统一，发布信息准确无误，对于不愿发表或透露的信息，应委婉地向记者作出解释，一般情况下记者会尊重组织者意见的。不可因为记者偏见或带有挑衅性的问题，而当众激动发怒，要表现出很有涵养，用冷静的态度和缓和的话陈述事实，予以纠正和反驳。

（三）会后工作

（1）整理资料。注意收集内部资料与外部资料相结合，内部资料主要包括：新闻发布会上的记录材料，对会议的组织、布置、主持和回答问题等方面的评价和经验总结。外部资料主要包括：到会记者在报刊、电台、电视台上发表的新闻报道，对这些报道的内容及倾向做定性定量的分析。

（2）总结评价。根据记者的到会率、发稿率、发稿内容、来宾反应等对发布会的效果进行评价，并总结不足之处，为以后的发布会提供参考依据。

（3）采取措施。对于不利于本组织的报导，若为实际情况，应虚心接受并致歉；若为他人人为歪曲事实的报导，应采取行动，说明真相，向相关媒体提出更正要求，挽回组织声誉。

课 后 训 练

一、案例分析

2007 年 8 月 2 日，摩托罗拉在上海波特曼丽嘉酒店举行盛大庆典，发布顶级标志性手机 RAZER2 V8。

V8 的整机质感出色，屏幕显示效果艳丽，让人相当满意。它支持 GSM 四频，内置了 436MB 内存并且最大支持 2GB 的 MicroSD 卡扩展机身容量。在机身背后嵌入了一颗 200 万像素摄像头，支持 A2DP 蓝牙立体声耳机，全新设计的音乐控制按键也是 V8 的最大卖点。

摩托罗拉公司副总裁兼中国移动业务部总经理任伟光先生、总裁兼移动终端事业部亚太区市场部总经理等都到场出席了此次盛会，并对摩托罗拉 V8 进行了针对性的精彩发言。

在场的明星和媒体共同享受了全新的移动体验。现场可谓星光璀璨，除了 MOTO 各位高层的莅临以外，克里斯汀•戴维斯、黄圣依、黄晓明、李小璐、郑元畅等国内外明星悉数登场。2007 年 8 月，摩托罗拉 V8 一经正式上市销售，当时的最新零售价格达到 3 888 元，一举成为当时摩托罗拉销售机型中第一高价手机。此次展会可谓是获得了成功，媒体的曝光度也非常高，V8 手机也在中国市场上有相当长一段时间非常走俏。

结合案例谈谈展览会对组织形成的公关价值有哪些？

二、实训题

1. 以小组为单位对一家企业的相关背景资料进行调查，并为其策划一次中小型的展览会活动。

2. 请模拟一次完整的新闻发布会的全过程。

3. 请撰写一份组织赞助社会公益活动的方案。

模块十　危机管理训练

任务一　公共关系危机预防训练
任务二　公共关系危机处理程序与技巧训练

任务一　公共关系危机预防训练

学习目标

知识目标： 认识公共关系危机的含义与特征；理解公共关系危机的类型、发生的原因；明确公共关系危机的预防和预警工作。

能力目标： 能够有效地预防各类公共关系危机的发生。

任务导入

圣元乳业危机处理

2012年1月，媒体报道江西都昌县两名不到半岁的婴儿疑因食用圣元优博奶粉出现抽搐、腹泻症状，其中一名男婴不治身亡，另一名女婴送往医院抢救后，病情稳定。消息一出，将刚走出“性早熟门”的圣元乳业再次被推向了舆论的风口浪尖。澄清事实、还原事件的本相，对于圣元至关重要。最终，圣元成功化解了危机。事件经过如下：

2012年1月10日，死者去世后，家属找到超市和圣元奶粉经销商，危机事件爆发。死者家属将死者尸体摆放在超市门前停尸问责，圣元江西分公司主动向当地工商和公安部门报案，危机事件升级。

2012年1月11日圣元营养食品有限公司的客服部人员、生产总监表态积极配合相关部门调查，公司统一向外界发布信息。

2012年1月12日圣元发布《20111112BI1批次出厂检验报告》，所有检验项目检测结果均为“合格”，董事长兼CEO张亮表示，非常同情遭受了这一悲剧的家庭，与此同时，坚信这是与圣元产品无关的孤立事件，已决定不召回其任何产品。

2012年1月13日第三方检测结果出炉，九江都昌县人民政府也对该事件发布公告，江西二套《都市现场》节目组就该事件采访了都昌县工商局秦局长，事情得以澄清。

在事情澄清后，圣元及时在其官方网站公布称："九江都昌政府在江西电视新闻发布：权威检测结果已出，圣元奶粉合格，与孩子死因无关。"并在一些相关媒体发表正面文章，如网易财经《工商部门为圣元正名、龙凤胎一死一伤事件与奶粉无关》、新华网《权威检测结果还圣元奶粉清白!》、新华报业网《圣元奶粉最新事件结果：质量才是硬道理》、新浪博客、大周网《圣元奶粉检测合格婴儿死因与奶粉无关》等，为自己正名并消除事态的后续影响。至此，圣元该次事件划上一个圆满的句号。

圣元的危机是可以预见的吗？应如何预防、控制、平息危机事件？

一、公共关系危机的含义与特征

（一）公共关系危机的含义

公共关系危机，简称公关危机，是指由于突发事件或重大问题的出现，使社会组织的公众关系迅速恶化，生存和发展受到威胁，社会组织的公共关系状况严重失调，处于某种险情的状态。

（二）公共关系危机的特征

1. 突发性和渐变性

危机事件的出现都具有突发性。它们一般是在组织毫无准备的情况下突然发生，让人感到意外，给组织带来混乱和各种意想不到的困难，如各种天灾人祸往往是组织难以预测和抗拒的，其爆发的具体时间、实际规模、具体态势和影响深度，是始料未及的。

另外一方面，公关危机的爆发具有渐变性，它是逐渐形成的，是一个从量变到质变的过程。危机一般有四个发展阶段：前兆期、爆发期、处理期和消除期。

（1）前兆期：危机初露端倪，处在一个不稳定的状态。如果组织能够在这个阶段控制危机，消除隐患，就能够化险为夷，转危为安。否则，危机就会积累膨胀，全面爆发，威胁组织的正常活动、严重损害其公众形象。

（2）爆发期：这个时期，危机全面爆发。问题暴露，公众关系恶化，媒体关注，组织声誉受损。组织开展全面的抢救工作，控制危机的蔓延。

（3）处理期：处理期是危机处理的关键阶段。这个时期，组织要坚持"公开事实真相"的原则，把危机的最新消息及时向社会公布，消除新闻媒介和社会公众的猜疑、质询，以避免谣言四起，产生更大的危机，阻碍危机处理工作的有效开展。危机处理期的工作一般有调查情况、自我分析、安抚公众、联络媒体等。

（4）消除期：这个时期，紧张的抢救工作告一段落，主要消除危机的不良影响，安抚人心，恢复提升组织形象。还要准备详细的调查报告，对危机事件进行评估。

2. 普遍性和必然性

危机的普遍性和必然性是指危机是普遍存在、不可避免的。近年来众多企业都遭遇了严重的公关危机，各种公关事件层出不穷，引来舆论广泛关注。

公关危机具有普遍性和必然性，主要有三方面的原因：①人们认识客观规律的局限性和驾驭规律的能力不足，导致任何错误都可能变为现实；②在公共关系的信息传播工作中，由于信息传播的误差导致危机出现；③组织的策划、决策和执行过程出现的偏差引发危机。因此任何一个社会组织在它的发展过程中都会遇到性质不同、表现形式各异的危机。

3．危害性和建设性

公关危机的危害性是很强的。对组织，不仅会破坏组织的正常运转和生产经营秩序，而且会带来严重的组织形象危机和巨大的经济损失。对社会，危机事件会给社会公众带来直接的物质损失或身体损失，有时还会带来心理恐慌。

由于危机常具有“出其不意，攻其不备”的特点，不论什么性质和规模的危机，都必然不同程度地给组织造成破坏，同时也会给社会造成危害。而且，有时候由于决策的时间以及信息有限，往往会导致决策和行动失误，这会使企业品牌形象和企业信誉受到致命打击，甚至危及生存。从而给组织和社会带来无可估量的损失。

一方面，危机给社会和组织都带来了巨大的破坏，必须尽力防范和阻止；另一方面，危机的爆发不但暴露了组织存在的问题，还给组织提供了一个检视自我、完善自我的机会。恰当地处理危机会给组织建设良好的公共关系状态、树立组织的形象和为组织重大问题的解决创造了机会。从辩证法的角度来看：危机=危险+机遇，所以，危机既有危害性又有建设性。

会理 PS 事件

2011 年 6 月 26 日，有网友在新浪、腾讯等微博转载会理县人民政府公共信息网上一条题为《会理县高标准建设通乡路》的新闻，配图为人为 PS 将领导放到了公路上面，当日该图片在网站上被删除。

6 月 27 日上午，《潇湘晨报》等媒体对该县进行采访，工作人员进行了回应：网友的质疑是对的，新闻照片不应拼接，6 月 26 日夜间发现问题后，经过初步调查，已对涉事工作人员进行了严肃处理，并要求不允许再犯类似错误。

6 月 27 日 18 时 30 分许，会理县政府开通了新浪微博，并通过微博向社会道歉，而照片发布者亦作出声明，向社会各界表示歉意，并保证“在今后工作中绝不再发生类似情况”。

随着事件的传播，互动媒体均通过互动平台进行了“PS 大赛”称“感谢全国热心网友，让会理县领导有机会在短时间内免费‘周游世界’，‘旅行’归来后，领导已回到正常的工作轨道，也希望网友把关注的焦点，转移到会理这座古城上来”。此次幽默的调侃再次取得了网友的好感。

四川会理 PS 事件作为 2011 年的热点事件，从一开始的声讨，到“PS 风潮”再到网民称赞，仅仅经过了不足四天的时间。会理县政府管理部门对危机事件快速反应，及时发现问题，积极解决问题，全力善后问题，使危机事件及早平息。会理县政府管理部门不但成功化解危机，树立良好的形象，还在该事件的处理中抓住机遇，推广会理旅游，转危为机。会理县政府管理部门处理危机的方式以及尊重民意、积极与公众沟通的态度，在公众中获得一片赞誉。

4．紧迫性和聚焦性

危机一旦爆发，就会快速蔓延，其破坏性的能量就会被迅速释放。若不及时采取措施，危机就会急剧恶化，使组织遭受巨大的损失，陷入瘫痪状态。因此，危机发生后，组织应强调“兵贵神速”原则，在最佳时间（即事件发生的头24小时）内处理危机，注重危机公关的时效性。

在当今的信息时代，危机的信息传播比危机本身发展要快得多。危机一旦发生就会成为社会和舆论关注的焦点和讨论的话题，成为媒介捕捉的最佳新闻素材和报导线索，令社会各界密切关注。

5．关联性和不规则性

公关危机的发生不但会给一个组织以致命的打击，还会涉及许多方面，如发生在加拿大、英国、日本的疯牛病，一经媒体曝光，严重影响了牛肉产业，经济损失巨大。因此，复杂性公共关系危机一旦发生，无论是预测、处理、控制危机，还是协调与危机有关的各类公众关系，都是非常复杂的，稍有疏忽就可能导致新的或更多难以收拾的问题。

对组织来讲，危机事件具有不规则性。每次危机产生的原因、表现形式、事件范围、影响程度、损失程度都不尽相同，呈不规则出现，因此应视具体情况的不同，采取不同的危机解决方式，而不能拘泥于某种固定模式。

勾兑“门”事件

连锁企业在2011年遭遇了严重的信用危机，各种食品安全事件层出不穷，引来舆论广泛关注。

2011年7月23日，有媒体质疑，一直以汤底营养丰富作为卖点的味千拉面，其号称猪骨熬制的汤底其实是由专用的汤粉、汤料调制而出。而且钙含量与实际不符，面汤营养成分涉嫌虚假宣传。7月31日，味千被曝曾因添加剂超标被罚。

7月28日，一位叫“付小小KI”的网友在新浪微博上称，自己在广东一家肯德基门店看到还没搬进去的货中，堆放着5箱龙王牌豆浆粉，“街边的豆浆还是煮的呢，那么贵的豆浆竟然是豆浆粉!”这条微博迅速“走红”，被转发16 000多次。随即有媒体曝出肯德基所使用豆浆粉每杯成本仅为7毛钱，是其售价的1/10。媒体随后在采访众多连锁餐饮店发现，许多店面豆浆均为豆浆粉冲泡，包括真功夫。

8月，媒体记者暗访海底捞的骨头汤以及饮料包括柠檬水和酸梅汤等均是冲兑而成，海底捞新员工培训时，老师会特别提醒，回避向客人回答汤料以及饮料的成分。

9月2日，某媒体记者以服务员的身份“卧底”于青岛心海广场的俏江南餐厅，经过3天的调查，发现连锁餐饮界巨头俏江南存在员工培训走过场、工作服装异味浓、餐具没有消毒、死鱼冒充活鱼加工等问题，此外，还对餐桌上回收油的走向、食材来源以及鲜榨果汁是否为勾兑等提出了质疑。

2011年的勾兑“门”事件，以味千拉面的“骨汤勾兑门”事件作为导火索，引发了一系列的食品勾兑事件，导致多家连锁企业遭受危机冲击，这充分表现了公关危机关联性的特征。

二、公共关系危机的类型

（一）根据危机的起因分类

1. 组织自身失误造成的危机

组织自身失误造成的危机是指社会组织在其运行过程中，由于自身行为或工作出现失误，而给自身或公众带来损害造成的公共关系危机。组织的生产方式不科学、产品质量出现问题、坑骗消费者、管理不完善、服务不周、违规排放、污染环境等引起的危机，都属于此类危机。危机发生后，组织的形象严重受损，无法正常运行，甚至全部停滞。例如，“7·23”甬温线特别重大铁路交通事故引发铁道部门的公共关系危机就属于此类危机。2011年7月23日，甬温线浙江省温州市境内，由北京南站开往福州站的D301次列车与杭州站开往福州南站的D3115次列车发生动车组列车追尾事故，事故发生的主要原因有列车控制中心设备存在严重设计缺陷和重大安全隐患、上道使用审查把关不严、雷击导致设备故障后应急处置不力等。该事故除了造成40人死亡、172人受伤、中断行车32小时35分、直接经济损失19 371.65万元外，还对铁道部门的形象产生了不良影响。

由组织自身失误造成的危机具有可预见性和可控制性，所以需要建立完善的危机预报预警系统和应急机制来有效规避、控制危机。处理此类危机的首要任务是向公众公开事实真相，勇于承担社会责任，防止负面舆论和敌意的产生和蔓延，采取有效的措施进行补救，以获得公众的信任，尽快挽回声誉，减少损失。

2. 意外灾难性事件引发的危机

意外灾难性事件是指突然发生的危及公众生命财产、给组织和公众带来重大损失的事件，如2011年3月由地震引起的日本福岛核电站核泄漏事件。意外灾难性事件具有不可抗拒性，所以组织主体的直接责任不大，事件本身并不会引发组织的公关危机，关键在于对事件的处理是否及时得当，如果对事件处理不当就会引发组织的公关危机。

可以从两方面对意外灾难性事件进行处理，避免引发公关危机。一是积极抗击灾难，及时做好善后工作，把损害降到最低，为组织树立高度认真、负责的良好形象；二是做好舆论宣传工作，及时通报有关灾难事件各方面的情况，防止谣言流传，为组织营造一个公正、有利的舆论环境。

墨西哥大地震

有一年，墨西哥某旅游胜地附近的火山爆发，引发地震。新闻报导之后，当晚该旅游地的饭店就接到很多游客的电话，要求取消旅游计划，推掉已经订好的房间。当地旅游业面临重大损失。当地人马上请美国著名公共关系公司为其策划。公共关系专家来此考察，在飞机上就发现与该地同名的火山实际距离较远，旅游区并未受到影响。专家们马上拍了一部电视片：一边是完好无损的旅游区，一边是正喷流熔岩的火山。他们还组织了探险旅游团专程来观看火山爆发。电视片播出后，打消了游客的恐惧心理，不光保留了已有游客，而且吸引了更多前来观看火山喷发的游客。

——资料来源：李兴国《公共关系实用教程》高等教育出版社

3．媒体的不实报导引起的危机

媒体对组织情况的失实报道，有的是由公众向媒体投诉引起的，有的是组织与传媒界的个别记者交恶引起的，有的是工作疏忽大意造成的。对于媒体的不实报导引起的危机，组织应及时开展有效的公共关系活动处理危机。组织应以严正的态度，收集最有说服力的证据，如专家鉴定、权威部门评议、各类证明等，通过舆论告诉公众，澄清事实真相，并利用包括新闻发布会、公开声明等手段进行正当的商誉防卫，抑制谣言误导，还组织及相关产品的清白。

2009 年 11 月 24 日，海口市工商局向部分媒体发布《消费警示》，称农夫山泉股份有限公司（以下简称农夫山泉）、统一企业（中国）投资有限公司（以下简称统一企业）的有关产品总砷（俗称“砒霜”）超标，被指不能食用。海口市工商局的《消费警示》还表示，上述结果经过了海南省出入境检验检疫局检验和海口市卫生防疫站复检证实。由此引发了社会各界的关注和媒体的热议，消费者对农夫山泉和统一企业被指总砷超标的产品产生了怀疑，根据网络调查，有近 7 成的消费者表示不愿购买。农夫山泉和统一企业陷入“砒霜门”事件，而两家企业对有关产品总砷超标的检验结果表示强烈的质疑，并将样品送往国家质检总局再次检测，结果表明相关产品总砷含量合格。

“砒霜门”事件发生后，海南省工商局对此事件进行了深入调查，确认海南省出入境检验检疫局检验检疫技术中心初检结果有误，海口市工商局在工作过程中存在程序不当的地方。在工作过程中，海口市工商局在抽样时没有完全执行国家工商总局规定的工作流程，也没有按规定要求检验机构将检测结果通知相关的食品生产者。企业要求复检后，在与企业就复检具体细节没有达成一致意见的情况下，海口市工商局直接向海口市卫生防疫站送检，不符合程序要求。同时，海口市工商局在没有事先履行告知程序的情况下，在媒体上发布《消费警示》，公布错误的信息，引发媒体的不实报道，从而给生产企业造成了不良影响。

4．竞争对手或个别敌对公众的恶意破坏而引起的危机

由于某些竞争对手会通过不正当的手段获取利益和个别公众道德水平较差，一些社会组织会遭遇人为的恶意破坏，由此引发公关危机。例如，在组织的产品中投放有害物质，散布对组织不利的谣言，策划损害组织声誉的恶性事件等。作为当事的组织，除了迅速采取举措，抢救受害公众，并完善、强化组织内部管理和相关产品的安全保护措施外，还应向公安机关报案，通过司法途径，寻求法律保护，还原事实真相，争取获得公众的支持。

5．由民族情结引发的危机

国外组织的不当行为伤及本国民众的民族尊严，会引发该组织的公关危机。

（二）根据危机的性质分类

（1）信誉危机，主要指不遵守承诺、产品以次充好、违反合同约定等而形成的公关危机。信誉是组织存在和发展的根本，信誉缺失会直接威胁组织的生存。

例如，家乐福价格欺诈事件就是典型的信誉危机。2011 年 1 月，消费者举报家乐福大玩价签戏法，价签上标低价，结账时却收高价。明明是打折，促销价却和原价相同。家乐福恶意坑害消费者的行为遭到央视、新华社、新浪网等国内最重要媒体的连续、大篇幅地报导和谴责，造成了巨大的社会影响。再如，央视“3.15”晚会曾曝光，世界十大轮胎制造商之一锦湖轮胎原料大量掺假，为减少成本不按照比例掺胶，而使用大量反炼胶，严重影响轮胎的质量，给采用其品牌轮胎的汽车带来了安全隐患。这引发了锦湖轮胎的信誉危机。

（2）经营危机，指管理不善而导致的危机。如缺乏有效的管理机制、投资失误、定价策略失误等。

例如，国美电器曾被央视曝光员工借节假日套取消费者赠品及返赠的现金卡。并且，这些违法人员还借用家电以旧换新政策，通过购买旧家电、盗用消费者身份信息等多种手段，骗取国家补贴资金。国美在员工管理方面出现偏差，导致员工违反国家政策、损害公众利益。

再如，淘宝商城 2011 年发布规定，2012 年向商家收取的年费将从现行的 6 000 元调整到 3 万元或 6 万元两档，商家作为服务信誉押金的消费者保证金将从现行的 1 万元，调整到 1 万元至 15 万元不等。这成为淘宝商城遭“围攻”的导火索。淘宝方面称，截至 2011 年 10 月 15 日，112 家淘宝商城商户被攻击。淘宝商城平常每日平均成交额为 1 900 万元，攻击发动后，激增至 4 800 万元。同时，支付宝的成交付款率以往平均为 56%，而攻击期间骤降至 0.8%。如果淘宝实施新政之前与小企业主充分沟通，循序渐进给对方一个适应和积累的过程，就能够避免这场经营危机了。

（3）信贷危机，主要指因组织丧失信誉而无法募集资金，导致难以为继形成的危机。如得不到银行贷款、无法募集股份等。

（4）素质危机，指由于组织自身素质较差危及自身生存的危机。例如，员工专业技能低下、缺乏质量意识和公关意识，组织技术落后、基本设施老化、设备出现重大故障等导致的危机都是此类危机。

（5）形象危机指组织由于自身形象不佳，知名度低、美誉度差，或外观特征设计不当、定位不准造成的危机。此外，以上列举的信誉、经营、信贷、素质危机最终都会影响形象，导致危机。

三、公共关系危机的原因

（一）组织内部原因

1．危机意识淡薄

组织缺乏危机意识或危机意识淡薄，是造成组织公关危机的一个重要内部原因。在一次对《财富》500 强的 CEO 调查中发现，89%的 CEO 认为商业危机不可避免，可只有不到 50%的 CEO 表示他们有应对危机的计划。2011 年中石化天价门事件的发生，意味着企业需要加强危机意识，把危机当作社会常态，建立危机应对机制，履行社会责任，只有这样才能解除危机根源或把企业的公关危机控制在萌芽状态或及早发现公关危机以采取相应对策。

2. 经营管理不善

组织不能根据内外部环境、条件正确制定经营管理策略和公关战略，造成组织基础工作差、管理的规章制度不健全、管理方式手段不科学，使组织的生产经营活动得不到公众的支持，引发危机。如20世纪70年代的石油危机冲击着汽车制造业，迫使许多汽车商生产节能型汽车。而克莱斯勒公司的上层则坚持生产大型的豪华车以“保持自己的风格”。管理经营不善使企业一败涂地，出现了历史上最严重的亏损。

组织经营管理不善还体现在缺乏健全的公关危机管理体制。组织如果没有将公关危机管理制度化，没有健全的公关危机预警、监控机制，没有建立企业公关危机管理团队，就不能从根本上防止危机的形成和爆发，也无法控制解除已经发生的危机。

3. 组织素质低下

组织素质是指组织成员的素质。组织的管理者和员工素质低下会给组织带来危机。组织的管理者缺乏远见卓识，就会出现管理的短期行为，甚至触犯公众利益，会给组织带来致命的危机。而员工素质低下会给组织带来直接的负面影响。例如，有消费者曾在麦当劳餐厅提出多给一包番茄酱的要求，服务员竟然在扔下一包番茄酱之后，轻蔑地说：“你们中国人就是爱占便宜”，新闻媒体曝光此事件后，“麦当劳”的形象受到了极其沉重的打击。

组织成员素质低下还体现在缺乏公关危机管理的系统知识，公关危机识别能力薄弱，处理危机的综合能力低。

4. 公关策略失误

2012年，21世纪网曝光某知名品牌企业白酒塑化剂含量超标，该企业由此陷入塑化剂超标的危机中。随后，一批酒企也被牵连其中，演变成为一场行业危机。面对危机，该公司先是表示无法确定21世纪网送检的产品为其公司产品，并对检测机构权威性提出质疑，同时表示国家检测标准没有塑化剂这一项，企业将会请权威机构进行检测。随后，国家质检总局证实塑化剂超标，该企业发布公告致歉，承诺将整改，但是同时强调国家并无相关标准，坚称产品无害，被媒体质疑“道歉而不认错”。该企业在处理危机事件时，公关策略失误，从开始时不经调查先质疑，到不断拿国家标准做盾牌狡辩，甚至被权威机构认定以后仍“道歉而不认错”，其表现出来的无责任感和傲慢态度，令公众极为不满。该企业没有充分尊重消费者的利益和情感，其种种做法无法树立负责任、关注消费者权益和健康的正面形象，只能给公众留下不负责任的负面印象，从而引发更大的危机。

5. 产品质量问题或违法行为

产品质量问题或是偷税漏税等违法行为一旦曝光就会引发公关危机。例如，质检部门在肯德基的新奥尔良烤翅和新奥尔良烤鸡腿堡中检出“苏丹红”成分后，引发了肯德基的“苏丹红”危机。

6. 没有建立通畅有序的信息沟通渠道

主要表现在两个方面：①内部沟通不畅，组织成员和利益相关者之间相互不了解，管理者下达的命令也难以被及时执行；②外部沟通不畅，使公众缺乏完整可靠的信息来源，为其想象和捏造事实真相留下了大量空间。

组织没有建立通畅有序的信息沟通渠道，缺乏有效、及时、适用的信息披露制度，与媒体关系处理不当，就无法及时有效地向公众传播组织的信息和获得公众的反馈信息，过分保密，不了解舆论，都会引发危机。

7．社会责任缺失

社会责任感不强是引发组织公关危机的根本原因之一。企业社会责任要求企业对利益相关者、社会和环境造成或可能造成不利影响时，应持有公正倾向和自省纠偏意识，必要时给予补偿、履行社会责任。如果企业只考虑本公司的相关利益而忽视了相关者的利益，如股东、政府、员工和消费者的利益，对待利益相关者极其不负责任，甚至宁以牺牲利益相关者的利益来保全企业自身的利益，一旦企业的不良行为被媒体曝光，企业便会丧失公众的信任，导致危机一发不可收拾，使企业面临尴尬的境地。

（二）组织外部原因

1．不可抗力

不可抗力是组织无法抵御的突发事件，例如，地震、海啸、台风、山洪、火山爆发等自然灾害，战争、暴乱、政变等突发社会事件。这些突发事件会给组织造成巨大的危机，同时也是组织无法避免和抵御的。

2．国家体制和政策

国家体制和政策是组织外部环境的核心部分，会对组织的运营和发展产生重大影响，是组织外部不可控因素。组织不能适应国家的体制和政策就会引发危机。

四、公共关系危机的预防和预警

英国著名危机管理专家迈克尔·思杰斯特说：“预防是解决危机的最好办法。”危机事件不可能绝对避免，但却可以预防、控制、管理和化解。公共关系危机在集中爆发之前都会经历一个演进的过程，先是由失误而形成危机隐患，再由隐患而形成危机苗头，继而由苗头而发展演变为危机。所以在危机爆发之前都会出现前兆，是可以被预测到的。公共关系危机的预防可以尽可能减少危机事件的发生，降低其带来的损失。因此公共关系危机的预防是处理公共关系危机的重点。

预防企业公关危机应从以下几个方面入手。

1．提高产品质量

提高产品质量是预防企业公共关系危机的根本做法。只有从根源上保证产品的质量，才能为预防危机打下坚实的公关基础。从三鹿的三聚氰胺事件到双汇的瘦肉精事件，锦湖的劣质轮胎事件等案例中，可以清晰地看出，产品质量是造成企业危机频发的根本原因，企业只有全面提高产品质量，才能够在消费者心目中树立良好的形象，才能在竞争中处于有利的竞争地位。苹果手机不断提高科技含量使得诺基亚在手机领域的领先地位不保的案例生动地说明，只有不断提高质量才能在竞争中获胜，否则就会面临生存危机。

2．树立全员危机意识

组织要从战略上树立一以贯之的强烈的危机意识和先进的危机理念，并使之深深扎根于组织文化之中，使组织成员均能居安思危，危机意识得到强化。组织成员应意识到许多大的、灾难性的危机可能仅仅源于小的疏漏，要对危机事件的发生保持警惕性，关注与组织相关的宏观与微观因素的变化趋势，及时发现危机前兆，超前决策，争取主动，尽可能将危机消除在潜伏期。

国内外优秀的企业领袖都具有强烈的危机意识。如比尔·盖茨的“微软离破产永远只有 18 个月”、张瑞敏的“我每天的心情都是如履薄冰，如临深渊”和任正非的“华为总会有冬天，准备好棉衣，比不准备好”。

3. 定期进行危机公关培训

任何组织行为都是通过其成员的行为来实现的，因而有必要对组织成员进行危机公关知识培训。通过培训不断提高组织成员的危机意识和危机防范、处理能力，使组织成员充分了解危机信息的流程、危机处理的时间控制、危机处理的方式与手段、危机的定性及组织就危机本身对社会所做的解释、媒体的介入时间与方式等。

4. 设立危机管理机构

组织的危机管理机构由两部分组成：①组织内部，危机管理机构成员由公关部成员和负责危机涉及领域的组织高层领导直接组成，包括决策层负责人以及组织各部门的主管或优秀专业人才。还要设立高层新闻发言人或危机管理经理，专门研究处理危机的策略和措施。危机管理机构应该是组织的常设机构，因为危机类型繁多，这些人员在组织常态时除了干好本职工作外，还起着防范和预警危机的作用，当组织一旦出现危机，他们就应该在高级管理人员的组织和协调下各司其职，迅速作出决策，协调处理好危机，将损失降低到最低。②组织外部，一般要委托专业公关公司，为组织进行危机预测和预警，一旦发生危机迅速采取有效措施，将可能蔓延开的危机损失降至最低水平。

5. 建立危机预警系统

健全的危机预警系统可以及时地收集和处理各种关于潜在危机的信息，实时发布预警信号，将危机消灭在萌芽状态，实现危机前期的监控、中期的预警、后期的应急处理等环节的整合统一，为危机决策提供帮助，可及时控制和降低危机带来的损失。因此，建立高效、科学的危机预警系统是成功处理公关危机的关键所在。

一般来说，危机预警系统包括预警评价指标体系、信息系统（信息收集子系统和信息加工子系统）、决策系统和预报系统。企业在进行危机预警时，首先，通过信息系统广泛收集与企业相关的信息并对其进行分析、加工、整理，其次，在此基础上制定预警评价指标体系和评价指标计算公式，并确定警戒线。在进行决策时，测试信息的类型及对企业的危害程度，如果测算出的指标值低于警戒线，则说明企业还处于正常状态，反馈到信息系统继续进行信息收集和加工；如果计算指标超过警戒线，则表明企业进入警戒状态，立即发出危机预报，进入决策系统并采取相应的预控措施，如立即启动危机公关处理小组进行调查评估，弄清问题的起因并有针对性地进行处理，把可能出现的危机消灭在萌芽状态。

组织危机发生前的危机信息主要有危机诱发的因素信息和征兆信息。组织的危机管理机构要经常性地检测组织内外部环境，收集显性、隐性的危机信息和信号，及时发现危机的征兆，找出可能发生危机的诱因，对可能出现的公关危机事件进行预测、预报和预控，将问题消灭在萌芽阶段。例如，收集公众对组织及其产品的评价信息，评估组织与各类公众的关系状态，及时解决发生的问题，提高组织的声誉；掌握国家政策信息，及时调整组织的运营策略与活动；了解竞争对手的动向，完善自我；收集组织自身生产经营和公共关系状态信息，进行自我诊断，采取措施强化薄弱环节。

在网络高度发达的环境下，组织应加强网络危机预警。可以从三方面搜集网络信息，进行危机预警：

（1）监测大型门户网站、大型网络社区和电子版媒体，如新浪、搜狐、雅虎、网易、腾讯、环球日报、人民日报、天涯和猫扑等主流新闻源，因为这些地方往往是公众最愿意曝光组织问题的地方。此外，根据组织活动和产品的分布区域，重点关注各个地方性的网络社区，做到全面监测。

（2）利用搜索引擎进行危机预警。组织要与搜索引擎供应商建立起合作机制，定期利用搜索引擎，如百度、谷歌和雅虎等进行清查带有关键词的新闻，发现问题及时解决，杜绝不良信息上升为网络危机的可能。

（3）利用微博进行危机预警。组织建立官方微博，在对微博进行日常信息监管的过程中，应密切关注公众留言动态，并快速回应公众的留言，一般认为24小时以内回复公众的质疑是最恰当的，当公众在组织微博上的留言得到快速回应时，公众会觉得受到了很大的尊重，这会降低问题的处理难度。此外，组织微博还需要设置大量链接，保持与意见领袖的联系，特别是与权威网络媒体、权威机构的官方网站及与其他博客的链接。

除了从以上三方面进行网络危机预警外，组织还应要求内部各部门定期检查组织网络设备和防火墙系统的安全性和稳定性，及时更新和升级杀毒软件及防黑客攻击软件，为组织软环境的安全升级。

6．构建双向的信息沟通机制

构建双向信息沟通机制包括对内和对外公众信息沟通机制的构建。对内，应与员工、股东等公众对象进行信息沟通；对外，应与消费者、政府、媒体、利益相关者、同行、权威机构和意见领袖等外部公众进行信息沟通。

建立起组织与公众之间良好的沟通渠道对于组织预防危机是最有意义的举措之一。沟通对组织来说是个长期的工作，良好的沟通可以与公众形成互动，达成共识消除误解，并不是危机来了才开始“临时抱佛脚”，组织必须树立“无所不及”的沟通意识。尤其要注重对消费者、政府、媒体、员工、权威机构和意见领袖等重要公众的信息沟通。

组织与政府加强沟通，建立良好的政府关系，可以使组织获得良好的生存环境，有效地预防危机；组织在日常的管理活动中与媒体加强沟通，积极配合媒体的采访，同时定期举行一些重要活动，邀请媒体界的人士参加，以便媒体更好地了解企业、宣传企业。通过与媒体的日常互动，建立良好的媒体关系，不但能获得外部公众对于组织良好形象的认可，还能帮助组织了解媒体运作，在发生危机时有效地争取媒体的配合，降低危机伤害；组织注重与权威机构、意见领袖保持联系，可以争取他们对组织的认可，有利于提高组织形象，预防危机。一旦危机出现，他们也可以有效地引导危机舆论的走向。

7．制定全面的应急预案体系

任何一个组织的危机防范措施再周密，也无法做到“万无一失”，保证危机绝对不会发生。所以组织必须“未雨绸缪”，制定全面的危机应急预案体系，以便危机来临时能够快速反应，正确地处理危机，而正确地处理危机是成功化解危机的前提。因此，应根据组织的实际情况和形势发展的需要，定期对组织运营的各个环节，包括生产、制造、服务、品牌、销售、投融资等各个环节进行分门别类的危机分析，把各种可能发生的危机事件都考虑进去，针对出现的不同危机，分别制定包括新闻发布、媒体沟通、产品售后等内容的专项应急预案，防患于未然。

8．不定期举行不同范围的危机爆发模拟训练

利用危机爆发模拟训练检验和提升组织快速处理危机的能力。不定期是为了避免定期训练所形成的心理惯性，降低了训练的实际效果。组织应根据具体情况确定训练计划，时间间隔不能太长，间隔时间太长会失去危机训练的意义。每次危机模拟训练结束，认真反思暴露出来的问题，并迅速予以整改。并且通过模拟训练不断完善组织的危机应急预案。

同步思考：宜家的公关危机预防

全球著名家具厂商宜家（IKEA）公司于2010年2月～12月期间在全球宜家商店出售弗斯多咖啡壶、茶壶。但玻璃壶金属支架的压力会导致玻璃壶破裂，有烫伤和割伤的危险。宜家方面表示，已经收到20份玻璃壶破裂的报告，包括12份因咖啡壶、茶壶液体泼溅而导致的烫伤报告和1份割伤报告。因此，宜家公司宣布召回弗斯多咖啡壶和茶壶，建议购买过弗斯多咖啡壶、茶壶的顾客立即停止使用该产品，并将其送回宜家商场商品退换处进行退货。

宜家的做法有什么重要意义？是否所有有缺陷的产品都需要公开地召回？

任务二　公共关系危机处理程序和技巧训练

学习目标

知识目标：认识并理解公共关系危机处理的意义、原则、程序、技巧以及新媒体策略。
能力目标：能够运用新媒体处理各种公共关系危机，达到危机处理的目的。

任务导入

达芬奇家具造假的危机公关

2011年7月10日，央视《每周质量报告》节目曝光被称为亚洲规模最大、档次最高的国际家居奢侈品牌达芬奇家居销售的天价卡布丽缇家具，并不像其宣传的那样为100%意大利生产，而是由东莞长丰家具公司加工生产，所使用的原料也并非意大利名贵木材，而是高分子树脂材料、大芯板和密度板。节目播出后各大媒体纷纷转载此消息，达芬奇家居陷入造假风波。

在危机爆发的第3天即7月12日，达芬奇致电媒体号称将于13日在京召开新闻发布会澄清。7月13日，在这场被称为“达芬奇的哭泣”的新闻发布会中，达芬奇家具中国区CEO

潘庄秀华承认所代理的部分美国家居产品为国产，但仍坚称所代理的意大利品牌均为意大利生产。发布会上，潘庄秀华一厢情愿地讲起自己的创业史，更召集与自己有切身利益关系的所谓意大利等国的家具生产商，企图以此证明其所销售家具在原产地这一问题上的清白。发布会期间，潘庄秀华不接受记者提问，对消费者关心的质量问题及赔偿问题只字不提，最后哭啼离席。

新闻发布会的澄而不清，引发消费者及媒体的更大愤慨和猜测。随之，“达芬奇密码”不断被揭开，更多的内幕被挖掘：其国产家具在上海保税区“一日游”后成为洋品牌，全球采购故意混淆视听，宣传失实……面对不断爆发的各种问题，达芬奇似乎学会了谨慎甚至沉默，在达芬奇家居官方微博删除之前的所有微博后，仅发表了一份《致消费者公开致歉信》。信中说已经展开清查工作，同时开通沟通邮箱。但对于是否会对消费者进行赔偿以及公众关心的产品质量问题仍无提及。

随着北京、广州等地工商部门的介入，各地消费者维权要求索赔的呼声一浪高过一浪。在此窘境下，于危机爆发后的第12天。达芬奇终于低下了“高贵的头”，表示问题家具可以退货及承担相应处罚，并公布了热线电话接受消费者咨询，同时宣称提供家具原产地证明。但截至7月27日，仍未出现实际行动。

请指出达芬奇对家具造假事件处理的失误。

危机处理是指组织在自身运作中对发生的具有重大破坏性影响、造成组织形象受到损伤的意外事件进行全面处理，有组织、有计划地制定和实施一系列管理措施和应对策略，包括危机的控制、解决以及危机解决后的复兴等，减轻危机所带来的严重损害和威胁并使组织转危为安的一整套工作过程。

一、公共关系危机处理的意义

公共关系危机处理的意义在于：首先，公共关系危机会给组织带来直接或间接的经济损失，成功处理危机可以减少组织的经济损失；其次，最大限度地降低组织的形象损失，重塑组织的形象；再次，协调与外部公众的关系，增强组织内部公众的团结，为组织的发展创造良好的环境；最后，成功处理危机可以消除组织自身存在的弊端，有效提高组织的知名度和美誉度，为组织的发展带来机遇。

二、公共关系危机处理的原则

组织发生危机事件后，为了使危机处理迅速、顺利、有效、有序地进行，需要遵循危机处理的几个主要原则。

1. 系统运行原则

在进行危机处理时必须系统运作，在化解一种危机时，要防止其他危机的发生，以免顾此失彼。只有进行全局把握，透过表面现象看本质，创造性地解决问题，才能转危为安。

因此，在危机来临时，组织应系统协调，统一传播口径与内容，掌握对外发布信息的主动权，由新闻发言人统一对媒体、公众做出解释说明，并统一目标和行动，有效开展后续工作。这样才能避免混乱无序，出现其他危机。

2. 权威证实原则

当组织与公众的看法不一致，需要还原事实真相时，应秉持“权威证实”原则，借助公正权威的专家和机构帮助解决危机，以此获取公众信任。在很多情况下，权威专家或机构的介入会对危机处理起决定性作用。一味地自说自话，只会被公众理解为狡辩和自圆其说，招致公众反感，更加激怒舆论。

一般来讲，企业可以邀请政府部门、行业协会、市场研究机构以及有关专家、学者等社会知名人士，就危机事件进行调查和判断，然后通过媒体发布信息，让公众了解事情的真相，从而达到消除危机的目的。

3. 真诚沟通原则

危机大师克里斯·里涵（Chris Lehane）指出：“危机公关的一个法则是你永远不能把魔鬼关在一个瓶子里，这个魔鬼就是真实情况。实际上，在这种情况下，公众期望看到的是公司尽全力公布信息。”

在危机事件发生后，组织应该主动与新闻媒体联系，尽快与公众沟通，说明事实真相，消除公众的疑虑与不安。如果一味隐瞒和掩盖事实真相只会引起更多的误解和猜疑，甚至激怒公众。危机就是对组织诚信度的考验。组织坚持实事求是，主动承担责任，以诚恳的态度、负责的精神打动公众，求得他们的谅解和宽容，才能树立起诚实认真的良好形象。

组织应明确公众最希望了解的真相。中国人民大学教授胡百精在主持“中国危机管理现状调查”时发现，在危机状态下，媒体最关注的三个核心议题分别是：局面是否得到控制？危机为何发生？危机受害者是否得到了妥善安置？所以，组织在危机事件发生后，应在第一时间内把这三个问题的答案告知公众。

值得注意的是，如何把事实真相告知公众也是一门艺术。有专家认为，告知应坚持三个原则：①寻找“共同关心”的问题进行理性、周全的告知；②寻找最适宜的人、时机和渠道进行有效告知，要注重人、情境、方式的组合；③系统规划告知的内容要素、过程节奏和信息通路，反对“随机撒播”和“权宜之计”。

同步思考：西门子和海尔的砸冰箱事件

微博名人罗永浩曾在2011年9月多次发微博斥责西门子冰箱质量问题，这些微博被网友广泛转发，而他并未得到西门子的任何答复，于是一怒之下跑到北京总部当场砸烂三台冰箱，借此督促西门子公司承认问题并提出解决方案。事件发生后，西门子仅发表了一通极为官方的道歉声明，实际是对产品本身的质量问题的闭口不谈。西门子由此深陷舆论危机，品牌形象遭到严重损害。

无独有偶，海尔早在1985年就发生了砸冰箱事件，但性质完全不同。1985年，海尔从德国引进了世界一流的冰箱生产线。一年后，有用户反映海尔冰箱存在质量问题。海尔公司在给用户换货后，对全厂冰箱进行了检查，发现库存的76台冰箱虽然不影响冰箱的制冷功能，但外观有划痕。时任厂长的张瑞敏决定将这些冰箱当众砸毁，并提出“有缺陷的产品就是不合格产品”的观点，在社会上引起极大的震动。这一砸，砸出了一个世界名牌，砸出了消费者信任，也帮助海尔走向世界，践行自己真诚到永远的品牌理念。

西门子和海尔的冰箱都被砸掉了，但效果完全不同，请谈谈你的看法。

4．速度第一原则

危机出现的第一个 24 小时非常重要，组织必须在这个时间段内采取果断措施，控制事态，使其不扩大、不升级、不蔓延。一旦拖延，危机就会迅速蔓延和恶化，情形会变得难以收拾，将要付出更多的成本来平息危机。特别是在当今高速传播的网络时代，组织更应快速处理危机事件，当舆论导向被公众占先，对组织是很不利的。

2005 年肯德基的“苏丹红”事件让这个快餐连锁界的巨头一时成为众矢之的。但在该事件中，肯德基践行了“速度第一”的原则，其处理危机事件的速度令人惊叹。还在肯德基被调查期间，其产品被送检是否含有“苏丹红一号”尚未出结果时，上海百盛餐饮就向有关媒体主动发表声明，坦承在自己的产品中发现“苏丹红”成分，同时第一时间对公众表达了遗憾之意，并主动承担责任。等到检查结果出来，证实了“苏丹红”的存在，肯德基已经抢占了先机，并让自己处于处理危机中的有利地位。肯德基“苏丹红”危机事件的公关堪称经典。因为肯德基应对及时，勇于自曝家丑，主动向消费者致歉，这使得肯德基灵活、主动、诚恳的态度迅速被各大新闻媒体报道，很好地在第一时间引导了舆论的导向，赢得了媒体的关注和支持，将危机的影响在最短时间内降到最小。

同步思考：新加坡航空公司的危机公关

2000 年 10 月 31 日晚 11 点，新加坡航空公司（后简称“新航”）747-400 客机在台湾桃园机场起飞失败坠毁。

11 月 1 日凌晨 1 点，新航台湾分公司召开记者会；

11 月 1 日凌晨，新航 CEO 致歉，并宣布支付每人 2.5 万美元慰问金；

11 月 2 日，新航 CEO 抵台，120 名新航员工支援；

11 月 3 日，台湾“飞安会”初步判定失事原因为飞机跑错跑道；

11 月 4 日，新航宣布赔偿金计划后，报导集中于赔偿额度、死伤人数、乘客背景、失事原因、检察官起诉、新航背景；

11 月 9 日后，报道开始淡化；

2001 年 2 月，初步鉴定报告出炉。

新航的飞机起飞坠毁后，新航在不到两个小时的时间里就召开了记者会。

——资料来源：荣晓华《公共关系——理论、实务、案例、实训》

请分析新航能够快速反应的原因。

5．承担责任原则

危机发生后，公众会关心两方面的问题：一方面是利益的问题，另一方面是感情问题。组织应以公众的利益为重，要有强烈的社会责任感，勇于承担责任。同时，组织应该站在受害者的立场上表示同情和安慰，并通过新闻媒体向公众致歉，以负责、真诚的态度化解公众深层次的心理、情感问题，从而赢得公众的理解和支持。

央视曾在 2011 年 3·15 晚会曝光了国美电器员工借节假日套取消费者赠品和返赠的现金卡，并借用家电以旧换新政策骗取国家补贴资金。事后，国美电器立即采取应急措施，表示将彻查事件，并坚持与消费者站在同一立场。这种积极面对、尊重事实的态度不仅让国美化解了道德危机，更树立了自己是关心消费者实际利益的好企业的形象，承担起为消费者维权的社会责任，有效地化危为机。由此可见，只有勇于承担责任，才能赢得消费者的同情和理解，重新找回公众的信任和尊重。

反观同时被晚会曝光的锦湖轮胎，却缺少负责任的大企业风范。锦湖轮胎在其轮胎质量问题被曝光后，一直坚称报道“不准确”，始终进行顽强抵抗，对媒体后续曝光出的其他问题也都予以否认，最终在国家质检总局的铁证面前不得不低头，而其宣布对有质量问题的轮胎进行召回更是在事件发生了一个月之后。锦湖在媒体口诛笔伐下仍然“顽抗到底”，“空口喊冤”，虽然暂时赢得同情，免于承担经济损失，但从长远的角度看，终将会加剧消费者对其的反感，影响组织的发展。锦湖轮胎危机处理毫无章法，触犯逃避责任的大忌，没有提出切实解决问题的措施和方法，消费者对其品牌的信心和信任一点点消失殆尽。

三、公共关系危机处理的程序和技巧

一般来讲，危机处理的步骤和对策如下：

（一）调查危机事件，认清全貌

要从三方面进行调查：①事件的性质和状况，包括事件发生的经过、时间、地点、原因、控制情况和发展趋势等；②事件的后果和影响，包括事件造成的破坏、损失和社会影响；③事件涉及的公众对象，包括与事件有关的责任者、受害公众，与事件处理有关的见证人、机构和新闻媒体。组织面对突如其来的危机，应做到临危不乱，以最快速度调查事故起因，认清危机事件的全貌。

（二）启动应急预案，快速行动

启动应急预案有助于快速、正确地处理危机。危机管理机构应立即行动，启动应急预案，对危机处理形成权威性的意见，设立专门的发言人，统一口径，协同行动。对危机事件造成的破坏进行救护或善后，安抚有关各方人员。

（三）尊重事实，主动承担责任

组织要尊重事实、承担责任，以危机事件的影响范围、涉及的公众和传播内容为依据选择适当的传播媒介，把真相公布于众。如果传播对象是本企业内部员工时，可选择内部报刊、有线广播、简报进行传播。如果介绍某件事情的活动过程，选用电视较好。媒介的选择还要与组织的宣传成本挂钩，尽量以最小的成本创造最大的效益。

危机发生后，组织要把公众利益放在首位去处理问题，这样既能体现组织的社会责任感，又能赢得公众的信任。否则，只会加深危机的负面影响，最终会给组织造成不可挽回的损失。

（四）及时沟通，真诚面对公众

危机事件出现后，组织既要采取切实的措施控制危机，也需要把危机事件的起因、解决的办法通过媒体告知公众，这样公众才能感知组织的责任感，从而迅速转变对组织的态度。

1．对上级有关部门

危机发生后，组织要及时向上级有关部门汇报，并与其保持定期联系，以求得指导和支持。危机过后，还要向上级主管部门提交总结报告，包括处理经过、解决方法和以后的预防措施。

2．对内部员工

有关调查表明，在企业遭遇危机时，33.33%的人表示会积极地帮企业出谋划策，尽自己所能；15.19%的人表示人微言轻，什么都不做；20.51%的人表示在企业、组织的危急关头会根据现实情况做出选择；30.97%的人选择会寻求跳槽机会。可见，在危机时刻，企业员工是最恐慌的。这时，稳定员工情绪、树立其信心非常重要。组织要向员工告知事实真相和采取的措施，让员工及时、充分了解危机情况和企业整体状况，保持员工乐观、积极和忠诚的态度，使员工同心协力，共渡难关。

与员工缺乏沟通，将会导致企业内部慌乱无序，谣言、猜疑盛行，这不利于危机处理。

3．对受害者

首先，认真了解受害者的情况和听取其意见，即使受害者有责任，也要避免在事故现场追究其责任，不要在事故现场与受害者发生争执；其次，诚恳道歉，承担责任，尽力做好善后工作，在评估公众损失的基础上，尽快向受害者及其家属公布补偿细则，赔偿必要的经济损失。如果受害者对处理结果不满意，公关人员应站在中立的角度进行协调，争取受害者的同情和理解；最后，由专人负责与被害者接触，如无特殊情况，在危机事件处理过程中不随意更换工作人员。

4．对新闻界

对新闻界表示坦诚与合作的态度。危机发生后，组织要重视媒体对于危机的影响力，统一口径，由专人接待媒体，提供真实准确、公众关心的信息，帮助新闻界做出正确的报导。

当记者发表了不实的报导时，可以尽快向该媒体指明失实的地方，要求公正处理，提供与事实相关的资料，请对方更正。但要注意尊重媒体，避免产生敌意。

除新闻报导外，还可在媒体上发表致歉公告，向公众道歉，表示诚意，从而缓解危机带来的影响。

5．对消费公众

积极与消费公众沟通。危机事件发生后，消费公众关注的焦点集中在利益和感情这两个方面，组织应把消费公众利益放在首位，通过媒体和零售点公布事件经过及处理办法和今后的预防措施，对公众表示歉意和安慰。同时，组织要热情接待前来询问有关情况的消费公众，正视他们的问题并认真处理，才能赢得他们的信任。

6．对组织所在地的政府

危机发生后，组织还应与所在地的政府加强沟通，请政府给予指导和支持，借助政府的公信力可以帮助组织取得公众的谅解，获取公众的信任，有效地化解危机。

7．对业务往来单位

及时向业务往来单位通报危机事件的相关信息和处理对策，如有必要，派专人到业务单位巡回解释。定期告知业务单位危机事件的处理情况，危机平息后，向其表达诚恳的歉意。

同步思考：班特利油船大爆炸事件

班特利海湾石油公司曾发生过一起油船大爆炸事件，有50人丧生，只有在控制塔上的一个人活了下来，但已经吓得神经错乱。不到3天，就聚集了300多名记者，新闻界向海湾石油公司挑战，要求尽快说明真相，要让活下来的那个人出来讲话，但他已无法出来作证，简直是一片混乱。

麦克·里杰斯特先生在中国公关培训班上讲了他处理这一危机事件的基本做法。

第一步，危机发生后的前10天，每天举行两次新闻发布会，与记者保持沟通，使反面消息降低到最低程度。

第二步，邀请当地公司的管理人员出席新闻发布会，让他们介绍公司对事故的善后处理措施，告诉记者公司是如何与死者家属沟通的，是如何让警察来辨认尸体的，是如何清理海难现场的。

第三步，与当地政府联系。因为开始建石油中转站时，政府是同意的。把有关情况通报给政府，表示一定给予赔偿；在社区方面，由于平时注意搞好关系，所以事发后也就给了该石油公司很大帮助。

第四步，积极进行海湾环境污染的处理。沙滩上的许多原油，每次涨潮后，都找人把海滩上的石油清除掉。一直去努力清除污染，说明公司是负责的。

第五步，在爱尔兰做广告，向人们表示深深的歉意，并表示将尽快查出油船爆炸的真正原因。

请分析班特利海湾石油公司处理危机的做法。

（五）危机善后处理

美国危机管理专家诺曼·奥古斯丁说过：“一次危机既包含了导致失败的根源，又蕴藏着成功的种子。发现、培育，进而收获潜在的成功机会，就是危机处理的精髓。”对组织而言，公关危机既是危险又是机遇。危机可能引发组织机构的改变、社会关系和价值观念的重构，给组织带来转型、再造的机遇。危机提供了一个崭新的认识视角，提供了改善组织形象、进行结构优化和关系调整的机会，组织应该学会从危机中找到机遇，使濒临绝境的组织转危为安，使组织在公众心目中树立更加优秀的形象。因此，危机过后，组织一定要加强善后工作，重塑组织形象。

（1）消除消极影响。组织可以采取措施从物质、人身和心理三个方面消除突发事件所造成的消极影响。物质方面的消极影响，是指危机事件在物质方面给组织、受害者和社会造成的损失。在物质损失中，除了直接毁坏的资源、财富、设备等损失以外，还包括间接造成的连锁损失和处理危机所耗费的人力、物力和财力。

人身方面的消极影响，是指对人的生命和身体健康构成的危害。公众的生命安全至关重要，组织应采取措施尽力补救。

心理方面的消极后果，是指危机事件给公众心理上带来的消极影响。可以从以下几方面消解公众的消极心理：①合理避责。危机结束后，组织应向公众分析和解释危机的爆发诱因和发展过程，合理避责。例如，组织可以强调危机的偶发性，确实是出于意外，或者技术难度过高而导致应对不力；也可以告知公众组织已经尽了最大的努力，却仍然未能规避损害。②战略性自责。组织可以通过公开道歉、忏悔来寻求公众的宽恕。例如，牛根生在蒙牛“三聚氰胺”危机中即通过各种手段向社会表示自责和道歉。然而，战略性自责风险较大，需要在非常有把握的情境下采用。③团结公众。组织向公众描绘美好愿景或者新的发展机会，号召公众同组织一起同舟共济，以此团结公众。

以上方法能够在一定程度上唤起公众的同情和理解，消解公众对组织的消极心理，使公众走出危机阴影。

（2）持续与新闻媒体加强联系，保持与公众的信息沟通顺畅。与公众的信息沟通顺畅有利于避免公众的猜疑、误传，从而有效重建组织的形象。

（3）开展塑造组织形象的公共关系活动。策划并参与社会公益活动，如主动加入社区、行业建设，树立负责任的组织公民形象。积极参与社会公共事务，出席各类公共场合并发出自己的声音，传播自己的价值主张。这样既能体现企业的社会责任感，又能获得更多的公众支持。

（4）进行认真而系统的总结。危机发生后，组织要对危机发生的原因和相关预防和处理的全部措施进行系统的调查；对危机管理工作进行全面的评价；对危机涉及的各种问题综合归类，分别提出整改措施，并责成有关部门逐项落实。俗话说：“前车之鉴，后事之师”，总结危机处理经验，可以更好地完善组织的危机应急预案，不断增强组织处理危机事件的能力。

四、公共关系危机处理的新媒体策略

新媒体是指基于网络平台的传播媒介，如博客、微博、播客、论坛、即时通信等。与传统媒体相比，新媒体传播具有适时性、快捷性和交互性。新媒体使得受众在信息选择性接收和双向交流的过程中充当意见领袖的角色，体现了个人化反馈和群体性反馈的价值。那些在传统媒体时代可能根本不会引起注意的事件，通过新媒体传播，可能在一夜之间酝酿成重大危机。在公共关系危机处理中，组织应充分利用新媒体多样性的信息传播优势，达到有效化解危机、转危为安的目的。

1. 利用新媒体个性化的反馈增强危机处理中组织与公众双向沟通的有效性

公众可以利用新媒体提供的言论相对较为自由的空间抒发己见，实现了与传播主体及时、平等的沟通，保证了信息第一时间的传播，提升了公众在信息传播过程中的互动性、参与性。在危机处理中，组织应当注重新媒体平台中的公众言论，在与受众的双向沟通中，及时把握舆论动向，了解民意需求，从而更好地调整危机策略，有效达成危机公关的目标，实现公关主体和受众双赢的局面。

2010年，当“刹车门”、“踏板门”风波让日本丰田公司陷入产品品质危机时，丰田市场部在网络上及时就汽车质量问题做出了大规模的民意信息收集，在大众信息的反馈中，丰田立足于消费者立场，实施了有效的危机切割，将质量问题限定于特定车型，对问题汽车进行了全球范围内的召回，完成了一次高效经典的危机公关。

与公众有效沟通，保持信息通畅还能控制谣言、消除谣言。

2. 利用新媒体专业化的反馈提高危机处理中组织信息发布的真实性

新媒体为组织的危机处理提供了高效的沟通媒介和交流平台，这方便在某领域有深入研究的专家个体介入，方便庞大的受众群体通过新媒体多样性的信息发布途径担当了信息反馈主体的角色，从而出现了诸如人肉搜索、专业评估等对组织发布信息的真实性的鉴定新方式，这促使组织提高了信息发布的真实性。

网络时代没有秘密，公关危机会被新媒体在无形中放大，组织的危机信息发布稍有不慎就会让组织陷入新的舆论危机。因此，新媒体时代的公关危机很容易连带出诸多危机，这就导致了公关主体的能力有限与公关危机的无限连锁反应的矛盾，造成“蝴蝶效应”。在新媒体传播模式的影响下，在危机处理中，组织提高信息发布的真实性显得尤为重要。因此，组织只有尊重事件真相，提高发布信息的真实性，增加自身行为的透明度，才能在面对公关危机时有条不紊地提供应对策略，尽快摆脱公关危机。

2011 年，由郭美美炫富引发中国红十字会危机。中国红十字会在危机处理中，由于不提供具体的证明材料，信息发布缺乏说服力，从而引发更大的信任危机。在危机处理之初，与郭美美炫富有嫌疑关系的中国红十字总会、商红会、天略公司，都纷纷极力撇清与郭美美的关系。但是，由于中国红十字会不提供具体的证明材料，信息发布缺乏说服力，公众并不买账。在新媒体平台上，强大的人肉搜索使得中红博爱公司、中国商业系统红十字等组织之间的关系逐渐明晰，公众对于郭美美事件的关注已经从其单纯炫富行为及真实身份的挖掘转移到对于中国慈善机构运作规范性和透明程度的质疑，使得中国红十字会陷入了更加尴尬的舆论质疑危机。

3．利用新媒体的群体化反馈对目标受众进行分层关怀

新媒体的广泛运用扩大了危机公关的受众规模，带来群体化反馈。群体化反馈是个体化反馈的宏观体现，更鲜明表达了网民个体倾向的集合，反映了网民群体对某一社会事件的关注。

在危机公关的处理过程中，在新媒体技术的传播模式下，必然会带来信息的大范围迅速扩散，以 2011 年出现的郭美美事件为例，2011 年 6 月 22 日前，在百度上搜索郭美美的次数还几乎可以忽略不计，但在 22 日当天就达到了 3.9 万次，6 月 23 日数据增长到 13.1 万次。

公关受众与组织天然地有着共同的利益点和兴趣点。在新媒体传播时代，组织应对受众细分为临时受众、周期受众、稳定受众、非公众受众、潜在受众、知晓受众和行动受众等群体，公众对危机事件的群体化反馈体现出对于不同群体自身利益的保护意识，因此，组织应当对目标受众进行分层关怀，分群体关注其在新媒体信息平台上的反馈意见，提供基于受众偏好、心理满足等有针对性的公关服务，从而更好地完成组织的公关职能。

新媒体的迅速发展，对于现代危机公关而言，不仅为公关主体与受众提供了高效的双向互动平台，实现信息及时反馈，加快危机事件结束进程等优势；同时也因其个性化、专业化、群体化等特点带来了危机公关受众面积扩大，组织发布信息权威性和公信力削弱等挑战。因此，公共组织应加强了解新媒体对于危机公关的影响，在基于尊重事件真实性原则的基础上，针对目标群体受众，展开高效的危机公关行为。例如，可以在网络上与网民交流，成立公司官方微博，加强与网民的互动与舆论引导。举办一些相关论坛，邀请记者、环保组织、网络或者媒体的“舆论领袖”等角色参加。

麦当劳善用微博化解危机

麦当劳北京三里屯店销售过期食品等违规行为被央视3.15晚会曝光之后，在中国引起了轩然大波，消费者和媒体都对麦当劳的食品安全问题产生了疑问。麦当劳充分利用其官方微博在一小时内对事件做出了回应，表明了自己的态度，对消费者表达了歉意，同时明确了今后的改善行动，麦当劳的这条回应微博引发了媒体和大众的广泛转发和评论。

借助微博的强大力量，使得这条信息获得了在新媒体时代的最大程度的信息传递速度和效率，向多达上千万人次传递了麦当劳对于问题的回应姿态。正因为麦当劳善于利用微博平台，抢占先机处理危机，才为麦当劳针对这次危机进行的后续处理和善后措施带来了最广泛的正面评价，并对传统媒体的后续报道产生了积极的影响。

课 后 训 练

一、案例分析：

（一）

案例一："郭美美事件"的危机公关

2011年6月20日，新浪微博上一个名叫"郭美美Baby"的网友在网上公然炫耀其奢华生活，并称自己是中国红十字会商业总经理而在网络上引起轩然大波。无数网民开始疯狂挖掘这个年轻女子的身份以及其与中国最大慈善组织中国红十字总会的关系，并由此引发了一场空前的慈善组织信任危机。公众开始质疑中国红十字会背后的利益链条，对中国红十字会等慈善组织的信任急剧下降。据民政部中民慈善捐助信息中心介绍，全国捐赠数据监测显示，"郭美美事件"发生后，公众通过慈善组织进行的捐赠大幅降低，2011年6～8月，全国慈善组织接收捐赠额度降幅达到86.6%。中民慈善捐助信息中心发布的《2010年中国慈善透明报告》表明，超过九成社会公众对于当前慈善信息公开情况不满意或不太满意。

在"郭美美事件"中，中国红十字会反应迅速，予以辟谣。在"郭美美Baby"以"中国红十字会商业总经理"之名在网上炫富之后的第三天，中国红十字会就在官方网站发表声明称"郭美美"与红十字会无关，但是声明并不等于证明，公众心头的疑虑没有消除。网民旧事重提，从救灾时的"万元帐篷"到上海卢湾区的"万元餐票"，再到红十字会的审计问题，争议声一波盖过一波。

2011年6月28日下午中国红十字会召开新闻发布会，仅邀请六家媒体参加，其他闻讯赶来的媒体记者则被工作人员阻挡在外，因此发布会被多家媒体记者称为"秘密"新闻发布会。

虽然中国红十字会解释了红十字总会和商业系统红十字会的关系、审计署认定的采购超标等问题，但对公众期待了解的内容，例如，如何对各分支机构进行监督、采购超标问题的详细解释、报案后的案件进展情况等，新闻发布会都没有提及。

7月4日，中国红十字会获得微博认证，正式开通官方微博，开通当天发布四条微博，其中三条介绍国际红十字运动历史和中国红会历史，一条为中国红十字会秘书长王汝鹏的答博友问，然而，每一条微博后的评论几乎都是骂声一片。在之后的微博发布中，内容也程式化交代一些红十字会的会议和工作安排，缺乏具有说服力和亲和力的材料。

案例二：《世界新闻报》窃听事件的危机公关

2011年7月4日，英国《卫报》头条爆料英国老牌“小报”《世界新闻报》在2002年非法窃听失踪少女米莉·道勒及其家人的电话，并擅自删除语音信箱中的信息，扰乱警方破案。消息一出，英国举国哗然。这场窃听门事件涉及了英国的政界和警界，并通过新媒体的方式在全世界进行媒体直播和扩散，使英国政府的声望岌岌可危。

2011年7月6日，英国议会针对《世界新闻报》的窃听丑闻，召开紧急会议，制定突发事件媒体应急预案，聘请媒体危机公关顾问，首相卡梅伦承诺展开独立调查。

英国议会适时进行有关窃听丑闻的问讯现场电视直播，同时政府利用全媒体和社交媒体等手段向公众透明展示整个调查过程。

随着英国警方的介入，新闻集团及其旗下媒体更多的违法行为被揭露出来，有人为此承担刑事责任。2011年7月17日，布鲁克斯被伦敦警方逮捕，至此因与“窃听门”有牵连而被捕的人增至十人。同时，警方的丑闻也并没有因为主调查方而遮蔽，同日晚间，伦敦警察局长斯蒂芬森因卷入窃听丑闻宣布辞职。

英国政府向公众承诺，将最大限度保证公众隐私权，并对所有形式的非法窃取信息的犯罪展开调查，除了手机窃听，还包括专门侵入电子邮件账户的黑客行为：英国媒体过去的新闻活动也会被审查，一旦发现有损害公众隐私的行为，将予以惩罚。

请以“郭美美事件”和“《世界新闻报》窃听事件”为例，比较分析其危机处理的得失。

（二）康芝尼美舒利事件

2010年11月26日，央视新闻频道播报了一则关于“2010年儿童安全用药国际论坛”的报道。报道称：“尼美舒利用于儿童退热时，对中枢神经及肝脏造成损伤的案例频频出现。根据中国药物不良反应监测中心的数据，尼美舒利在中国上市的6年里已出现数千例不良反应事件，甚至有数起死亡病例。”尼美舒利似乎成了儿童退烧药中的三聚氰胺。这一则出自2010年儿童安全用药国际论坛的传言与质疑，经由媒体推波助澜，在中国引起了一场药品安全恐慌。

两个月后，消息开始在网上疯传，并被媒体重新提起，争相报道解读，并将矛头直指以“尼美舒利”为主要成分的儿童退烧药“尼美舒利颗粒（瑞芝清）”的生产厂家海南康芝药业股份有限公司。海南康芝药业意识到危机来临，在2011年2月14日发布公告进行澄清：“针对上述报道（指21世纪经济报道对尼美舒利事件的报道），公司澄清如下：该报道的内容与事实严重不符，如文中提及的严重肝损害、死亡病例等内容，均与瑞芝清无直接关系。我公司产品瑞芝清（尼美舒利颗粒）是国家食品药品监督管理局（SFDA）批准生产和销售的处方药，批准文号为：国药准字H20020137。公司严格按照GMP要求生产，质量符合国家药品标准。国内外文献及大量事实证明尼美舒利是安全的药物。根据国家不良反应监测中心发布的《药品不良反应信息通报》，近十年来在我国没有尼美舒利相关不良反应的信息通报，我公司产品瑞芝清上市九年来，从未发生过严重不良反应。公司专注于儿童健康事业，一贯坚持做百姓放心药、安全药的经营理念。公司经营状况良好，业绩不断提升，公司仍将努力推动瑞芝清（尼美舒利颗粒）市场销量的持续增长。”

但是，至 2011 年 2 月中下旬，媒体报道称全国多地大药房已开始下架“尼美舒利颗粒”等含有尼美舒利的药物。

为了化解危机，海南康芝药业股份公司使出的第一招是避实就虚，转移话题。在儿童退烧药“尼美舒利”的安全性遭到公众质疑后，立即爆出将竞争对手上海强生制药公司以“不正当竞争”之名告上法庭，并暗指“强生”是造成此次“尼美舒利”事件的“幕后黑手”。第二招是媒体造势，抛出“匿名信邮件”新闻。事件经过如下：3 月，一封被称为“强生打击尼美舒利”的匿名绝密邮件出现，邮件称这场引发大众心理恐慌的尼美舒利安全性炒作事件，是一起由尼美舒利竞争对手某跨国药企精心策划的商战，意在排挤对手，帮助旗下同类药品抢占市场份额。随后，康芝药业发表声明，有“一些别有用心之人通过各类媒体散布并无端扩大‘尼美舒利颗粒’的副作用，从而达到恶意诋毁‘瑞芝清’产品声誉的目的”。为此，康芝声称已经向有关部门举报，并在公司网站首页转载羊城晚报记者的报道“跨国药企被指幕后策划‘尼美舒利’事件再曝黑幕”，同时，在其网站主页还转载了另一篇媒体文章，即文汇报 3 月 31 日记者采写的报道“网友追踪药业恶性竞争迷踪”，很明显，海南康芝药业是希望通过这样的公关策略来维护形象。

然而儿童药物的安全性，信受社会的强烈关注。康芝药业未能就媒体的质疑报道给出一个明确而有说服性的回应，反而将矛头指向其他药品企业。此事是否真正涉及不正当竞争，那是另外一个问题。公众急需知道的是，尼美舒利是否适用于儿童，为何欧美国家禁止或限制尼美舒利作为儿童退烧药，其安全性将如何保证。

请指出海南康芝药业股份有限公司处理尼美舒利危机事件的弊端。

二、实训题

请对本校曾经发生的危机事件进行分类，并为高职院校可能发生的各类危机事件制订应急预案。

参考文献

[1] 寇玉琴．现代公共关系学[M]．上海：立信会计出版社，2008．
[2] 杨俊．新型实用公共关系教程[M]．北京：高等教育出版社，2008．
[3] 何伟祥．公共关系原理与实务[M]．大连：东北财经大学出版社，2009．
[4] 白巍．公关论[M]．北京：中国经济出版社，2009．
[5] 万国邦，李荣新．公共关系教程[M]．北京：机械工业出版社，2009．
[6] 蔺洪杰．公共关系原理与实务[M]．北京：中国人民大学出版社，2009．
[7] 齐小华，殷娟娟，陈先红．公共关系案例研究[M]．武汉：武汉大学出版社，2009．
[8] 朱春辉，李果桦，余杰．公共关系：原理与实务[M]．北京：北京理工大学出版社，2009．
[9] 谭昆智，汤敏慧，劳彦儿．公共关系策划[M]．北京：清华大学出版社，2009．
[10] 谢炜．中国公共政策执行中的利益关系研究[M]．上海：学林出版社，2009．
[11] 费明胜，郝渊晓．公共关系学[M]．广州：中山大学出版社，2009．
[12] 陈先红．现代公共关系学[M]．北京：高等教育出版社，2009．
[13] 森特，杰克逊．森特公共关系实务[M]．7 版．谢新洲，译．北京：中国人民大学出版社，2009．
[14] 陶应虎．公共关系原理与实务[M]．2 版．北京：清华大学出版社，2010．
[15] 中国国际公共关系协会．最佳公共关系案例（第 9 届）[M]．北京：企业管理出版社，2010．
[16] 周安华，苗晋平．公共关系：理论实务与技巧[M]．3 版．北京：中国人民大学出版社，2010．
[17] 葛洪武，葛建男．公共关系[M]．北京：人民邮电出版社，2010．
[18] 乜瑛，郑生勇．公共关系学[M]．2 版．杭州：浙江大学出版社，2010．
[19] 林景新．管理者必读的十堂危机公关课[M]．广州：暨南大学出版社，2010．
[20] 查灿长．公共关系学[M]．上海：上海大学出版社，2010．
[21] 廖为建．政府公共关系[M]．北京：中国人民大学出版社，2010．
[22] 任正臣．公共关系学[M]．北京：北京大学出版社，2011．
[23] 岑丽莹，屈云波．中外危机公关案例启示录[M]．北京：企业管理出版社，2010．
[24] 荣晓华．公共关系：理论、实务、案例、实训[M]．北京：高等教育出版社，2010．
[25] 王伟娅．公共关系概论[M]．大连：东北财经大学出版社，2010．
[26] 邵继红，赵应文．企业公共关系[M]．武汉：武汉理工大学出版社，2010．
[27] 谭昆智，齐小华，马志强．现代公共关系学导论[M]．北京：清华大学出版社，2010．
[28] 李道平．公共关系学[M]．4 版．北京：经济科学出版社，2011．
[29] 吴靖．公共关系[M]．广州：广东出版集团有限公司，2011．
[30] 蒋楠．公共关系原理与实务[M]．北京：中国人民大学出版社，2011．
[31] 陈易佳．公共关系案例[M]．上海：复旦大学出版社，2011．
[32] 边翠兰．公共关系理论与应用[M]．北京：首都经济贸易大学出版社，2011．
[33] 唐雁凌，姜国刚．公共关系学[M]．2 版．北京：清华大学出版社，2011．
[34] 道·纽森，朱迪·范斯里克·杜克，迪恩·库克勃格．公共关系本质[M]．9 版．于朝晖，译．上海：复旦大学出版社，2011．

[35] 斯科特（David Meerman Scott）. 新规则：社会化媒体营销和公关[M]. 赵俐，谢俊，张婧妍，译. 北京：机械工业出版社，2011.

[36] 张梅贞. 网络公关[M]. 武汉：武汉大学出版社，2012.

[37] 张云. 公共关系：理论、实践与案例[M]. 上海：华东师范大学出版社，2012.

[38] 李兴国. 公共关系实用教程[M]. 北京：高等教育出版社，2012.